KB190550

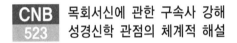

CNB 523 목회서신에 관한 구속사 강해
성경신학 관점의 체계적 해설

목회서신

- 디모데전후서, 디도서 -

이 광 호

2014년

교회와성경

지은이 | 이광호

영남대학교와 경북대학교대학원에서 법학과 서양사학을 공부했으며, 고려신학대학원(M.Div.)과 ACTS(Th.M.)에서 신학일반 및 조직신학을 공부한 후 대구 가톨릭대학교(Ph.D.)에서 선교학을 위한 비교종교학을 연구하였다.

'홍은개혁신학연구원'에서 성경신학 담당교수를 비롯해 고신대학교, 고려신학대학원, 영남신학대학교, 브니엘신학교, 대구가톨릭대학교, 숭실대학교 등에서 학생들을 가르쳤으며, 이슬람 전문선교단체인 국제 WIN선교회 한국대표를 지냈다.

현재는 실로암교회에서 담임목회를 하며 조에성경신학연구원, 부경신학연구원 등에서 강의하며, 달구벌기독학술연구회 회장으로 봉사하고 있다.

저서
- 성경에 나타난 성도의 사회참여(1990)
- 갈라디아서 강해(1990)
- 더불어 나누는 즐거움(1995)
- 기독교관점에서 본 세계문화사(1998)
- 세계 선교의 새로운 과제들(1998)
- 이슬람과 한국의 민간신앙(1998)
- 아빠, 교회 그만하고 슈퍼하자요(1995)
- 교회와 신앙(2002)
- 한국교회 무엇을 개혁할 것인가(2004)
- CNB 501 에세이 산상수훈(2005)
- CNB 502 예수님 생애 마지막 7일(2006)
- CNB 503 구약신학의 구속사적 이해(2006)
- CNB 504 신약신학의 구속사적 이해(2006)
- CNB 505 창세기(2007)
- CNB 506 바울의 생애와 바울서신(2007)
- CNB 507 손에 잡히는 신앙생활(2007)
- CNB 508 아름다운 신앙생활(2007)
- CNB 509 열매 맺는 신앙생활(2007)
- CNB 510 웨스트민스터 신앙고백(2008)
- CNB 511 사무엘서(2010)
- CNB 512 요한복음(2009)
- CNB 513 요한계시록(2009)
- CNB 514 로마서(2010)
- CNB 515 야고보서(2010)
- CNB 516 다니엘서(2011)
- CNB 517 열왕기상하(2011)
- CNB 518 고린도전후서(2012)
- CNB 519 개혁조직신학(2012)
- CNB 520 마태복음(2013)
- CNB 521 히브리서(2013)
- CNB 522 출애굽기(2013)

역서
- 모슬렘 세계에 예수 그리스도를 심자(Charles R. Marsh, 1985년, CLC)
- 예수님의 수제자들(F. F. Bruce, 1988년, CLC)
- 치유함을 받으라(Colin Urquhart, 1988년, CLC)

홈페이지 http://siloam-church.org

목회서신

CNB 523

목회서신

A Study on the Pastoral Epistles
by Kwangho Lee
Copyright ⓒ 2014 by Kwangho Lee

Published by the Church & Bible Publishing House

초판 인쇄 I 2014년 3월 11일
초판 발행 I 2014년 3월 15일

발행처 I 교회와성경
주소 I 평택시 특구로 43번길 90 (서정동)
전화 I 031-662-4742
등록번호 I 제2012-03호
등록일자 I 2012년 7월 12일

발행인 I 문민규
지은이 I 이광호
편집주간 I 송영찬
편집 I 신명기
디자인 I 조혜진

────────────────────
총판 I (주) 비전북출판유통
주소 I 경기도 고양시 일산구 장항동 568-17호 (우) 411-834
전화 I 031-907-3927(대)   팩스 031-905-3927
────────────────────

CNB카페 I http://cafe.daum.net/C.N.B.(교회와 성경)

목회서신

A Study on the Pastoral Epistles

2014년

교회와성경

CNB 시리즈
서 문

CNB The Church and The Bible 시리즈는 개혁신앙의 교회관과 성경신학적 구속사 해석에 근거한 신·구약 성경 연구 시리즈이다.

이 시리즈는 보다 정확한 성경 본문 해석을 바탕으로 역사적 개혁 교회의 면모를 조명하고 우리 시대의 교회가 마땅히 추구해야 할 방향을 제시함으로써 교회의 삶과 문화를 창달하는 것을 그 목적으로 하고 있다.

따라서 이 시리즈는 진지하게 성경을 연구하며 본문이 제시하는 메시지에 충실하고 있다. 그렇다고 이 시리즈가 다분히 학문적이거나 또는 적용이라는 의미에 국한되지 않는다. 학구적인 자세는 변함 없지만 궁극적으로 하나님의 나라를 지향함에 있어 개혁주의 교회관을 분명히 하기 위해 보다 더 관심을 가진다는 의미이다.

본 시리즈의 집필자들은 이미 신·구약 계시로써 말씀하셨던 하나님께서 지금도 말씀하고 계시며, 몸된 교회의 머리이자 영원한 왕이신 그리스도께서 지금도 통치하시며, 태초부터 모든 성도들을 부르시어 복음으로 성장하게 하시는 성령께서 지금도 구원 사역을 성취하심으로써 창세로부터 종말에 이르기까지 거룩한 나라로서 교회가 여전히 존재하고 있음을 그 무엇보다도 중요하게 여기고 있다.

아무쪼록 이 시리즈를 통해 계시에 근거한 바른 교회관과 성경관을 가지고 이 땅에 진정한 그리스도인의 삶과 문화가 확장되기를 바라는 바이다.

시리즈 편집인

김영철 목사, 미문(美聞)교회 목사, Th.M.
송영찬 목사, 기독교개혁신보 편집국장, M.Div.
오광만 목사, 대한신학대학원대학교 교수, Ph.D.
이광호 목사, 실로암교회 목사, Ph.D.

머리말

이 책은 안산 푸른 교회(권형록 목사)의 사경회(2013.4.8-10)를 위해 준비되었다. 부족한 사람을 귀한 자리로 불러줌에 대해 진심으로 감사드린다.

하나님의 말씀을 기초로 한 참된 교회라면 지상에 흩어진 모든 교회들은 하나로 연결되어 있다. 그 교회들 가운데는 비교적 가까운 지역에 있는 교회도 있겠지만 지구 반대편에 있는 교회도 있다. 또한 동일한 언어를 사용하는 형제들도 있으나 언어가 전혀 통하지 않는 성도들도 있다. 그렇다고 할지라도 동일한 하나님을 믿고 있다면 분리될 수 없는 하나의 보편 교회를 이루고 있는 것이다.

우리는 개 교회주의를 지양하지 않으면 안 된다. 지나친 개 교회주의는 인간들의 종교적인 이기심으로 말미암은 것일 뿐 도리어 전체 교회를 약화시킬 우려가 있다. 나아가 교회들 사이에는 세속적인 환경과 여건으로 말미암는 차이가 발생하지 않는다. 지구상에서 아무리 부유한 자들이 모인 교회라 할지라도 세상에서 가장 가난한 형편에 놓인 교회보다 낫다고 할 수 없다.

오히려 그와는 정반대일 수도 있다. 외관상 부유한 지식인들이 모여 있으나 하나님의 진리에 대해서는 초보적인 단계에 놓여 있을 수 있다. 그리고 겉보기에 지극히 초라하게 보일지라도 실상은 영적으로 성숙한 교회들도 상당수 있다.

건강한 교회를 세우기 위해서는 세속적인 조건들을 요구하지 않는다. 세상의 지식인들과 권력자들 혹은 성공한 부자들이 많이 있다고 해서 교회가 건강해지는 것이 아니다. 성숙한 교회를 세워나가기 위해서는 하나님의 말씀에 대한 올바른 깨달음이 있어야 한다. 그것을 위해서는 교회의 직분자들 특히 감독자인 장로 직분자들의 자세가 매우 중요하다.

저들의 자세가 하나님으로부터 멀리 떠나 있다면 결코 건강한 교회가 세워지기를 기대할 수 없다. 그들이 올바른 직분사역을 감당할 때 비로소 교회가 건강하게 자라갈 수 있는 것이다. 이를 위해서 우리에게 중요한 교훈을 주는 책들이 소위 '목회서신들'이다.[1] 우리는 흔히 신약성경 가운데 바울이 쓴 디모데전후서와 디도서를 목회서신이라 부른다.

그 서신들 가운데는 세상에 존재하는 하나님의 교회를 위해 필요한 직분들과 교회를 올바르게 세우는데 필요한 많은 교훈들이 기록되어 있다. 우리는 그 교훈들을 근거로 하여 교회를 세워나가야 한다. 따라서 모든 성도들이 그 책을 올바르게 잘 이해해야겠지만 특히 교회의 감독자이자 장로인 목사와 치리하는 장로들은 매우 깊은 이해를 하고 있어야만 한다. 그래야만 모든 성도들에게 신앙의 본을 보이는 가운데 그 교훈을 가르칠 수 있게 된다.

말세를 직면하고 있는 우리 시대의 세상은 매우 혼탁하다. 나아가 교회들 역시 극도로 세속화되어 가고 있다. 그렇게 되자 악한 세상은 심지어 지상의 교회마저 집어 삼키려고 한다. 사탄은 지금도 그 일을 위해 간교한 술수를 부리기를 계속하고 있다. 따라서 교회의 지도자들이 정신 차리지 않으면 어린 교인들은 더욱 큰 어려움에 빠지게 될 것이다.

우리는 이제 지금부터 100년 후의 한국교회와 세계교회를 기억할 수 있어야 한다. 지금이 2013년이니까 2113년에 살아갈 언약의 자녀들을 염두

---

[1] 디모데전후서와 디도서를 목회서신(the Pastoral Letters) 또는 목자서신(the Shepherd Letters)이라 부른다. 이는 대개 Thomas Aquinas(1227-1274)가 그 서신들을 목회를 위한 규칙으로 본 것에서 연유한 것으로 본다. 나중 영국의 신학자 Henry Alford(1810-1871)가 그 서신들을 '목회서신'이라 부르자고 제안한 후 보편화된 것으로 알려져 있다. 그러나 그 서신들은 오히려 '교회론 서신'으로 이해하는 것이 바람직하다. 즉 이 서신들은 목회자들이 주로 참조해야 할 내용이라기보다 모든 성도들이 지상 교회를 올바르게 세워갈 수 있도록 소중한 지침들을 주고 있기 때문이다.

에 두어야 하는 것이다. 앞으로의 세상은 현재의 타락상에 비해 엄청나게 많이 바뀔 것이 틀림없다. 하지만 앞으로의 세상이 어느 정도 크게 어떤 이상한 형태로 바뀌어있을지에 대해서는 예측하기조차 어렵다.

그러나 세상이 아무리 악하게 변할지라도 그 가운데 존재하는 하나님의 교회는 변하지 말아야 한다. 예수 그리스도로 말미암아 세워진 지상 교회의 본질은 변할 수 없다. 하나님과 그리스도가 어제와 오늘과 내일 변하지 않듯이 교회도 마찬가지다.

우리는 교회에 속한 언약의 자녀들에게 그것을 명확하게 가르쳐주어야 한다. 100년 후의 성도들이 그 자녀들을 말씀으로 올바르게 가르치며 양육할 수 있도록 지금 준비시키지 않으면 안 된다. 그래야만 세상이 한없이 변해갈지라도 주님의 교회가 온전히 상속되어 변치 않고 보존될 수 있을 것이기 때문이다.

이 일을 위해 우리는 계시되어 기록된 하나님의 말씀을 잠시도 떠나서는 안 된다. 특히 건강한 교회의 세움과 유지를 위해서는 목회서신에 기록된 교훈을 교회 가운데 적용할 수 있어야 한다. 특히 교회의 요청에 의해 감독자와 장로를 비롯한 직분자로 세워진 성도들은 그에 더욱 민감해야 한다.

나중에라도 이 글을 읽고 공부하는 성도들이 바울이 쓴 목회서신을 통해 하나님의 요구를 잘 이해할 수 있기 바란다. 지상의 교회는 결코 진리로부터 멀어져 약화되거나 세속화되어서는 안 된다. 이 일을 위해 성도들을 가르치는 지도자들이 성경의 교훈에 대한 입장을 분명하게 확립하기 바란다. 그리고 교회에 속한 모든 성도들이 하나님의 뜻을 올바르게 알아 교회를 공동으로 잘 지켜나가길 원한다.

2013년 4월 8일
이광호 목사

차 례

CNB 시리즈 서문 / 7
머리말 / 9

디모데전서

제1장 _ 사도바울과 복음의 상속자(딤전 1:1,2) ················· 17

제2장 _ 순결을 유지해야 할 교회(딤전 1:3-11) 21

제3장 _ 죄인 중 괴수에게 맡겨진 직분(딤전 1:12-17) 26

제4장 _ "선한 싸움을 싸우라"(딤전 1:18-20) ················· 31

제5장 _ 성도의 기도(딤전 2:1-3) ················· 36

제6장 _ 중보자 예수 그리스도(딤전 2:4-7) 40

제7장 _ 성도의 삶의 자세(딤전 2:8-10) ················· 45

제8장 _ 남자와 여자의 직분(딤전 2:11-15) 49

제9장 _ 감독의 자격(딤전 3:1-7) ················· 52

제10장 _ 집사의 자격(딤전 3:8-13) 58

제11장 _ 하나님의 교회와 경건이 비밀(딤전 3:14-16) ················· 63

제12장 _ 사탄에 속해 미혹하는 자들(딤전 4:1-5) 66

제13장 _ 예수 그리스도의 선한 일꾼(딤전 4:6-10) 70

제14장 _ 직분자의 사역(딤전 4:11-16) 74

제15장 _ 직분자의 자세(딤전 5:1-6) 81

제16장 _ 직분자가 교육해야 할 성도들의 생활(딤전 5:7-16) 84

제17장 _ 장로들의 권위와 자기 관리(딤전 5:17-25) ················· 89

제18장 _ 교회의 질서(딤전 6:1,2) 96

제19장 _ 말씀과 경건에 관한 교훈(딤전 6:3-6) 99

제20장 _ 세상에 대한 올바른 이해와 대응 태도(딤전 6:7-10) 103

제21장 _ 믿음의 선한 싸움(딤전 6:11-16) ················· 108

제22장 _ 천상에 소망을 둔 삶(딤전 6:17-21) ················· 113

디모데후서

제1장 _ 복음의 상속과 세상에서의 고난(딤후 1:1-8) ················· 119

제2장 _ 하나님의 부르심과 성도들의 소망(딤후 1:9-18) ··········· 124

제3장 _ 진리를 소유한 교회의 궁극적인 승리에 대한 약속(딤후 2:1-13) ······· 129

제4장 _ 교회에 속한 성도의 삶과 자세(딤후 2:14-26) ··········· 136

제5장 _ 말세의 어리석고 악한 자들(딤후 3:1-9) ··············· 142

제6장 _ 경건한 성도의 삶의 양상(딤후 3:10-17) ··············· 147

제7장 _ 말씀 선포와 유언적 교훈(딤후 4:1-8) ················· 154

제8장 _ 바울의 당부와 마지막 인사(딤후 4:9-22) ··············· 159

디도서

제1장 _ 바울의 직분과 디도(딛 1:1-4) ···················· 167

제2장 _ 교회와 장로의 자격 및 장립(딛 1:5-9) ··············· 170

제3장 _ 악한 자들에 대한 경계(딛 1:10-16) ················· 174

제4장 _ 성도들의 가정과 교회 질서(딛 2:1-8) ··············· 179

제5장 _ 성도들의 사회와 교회 질서(딛 2:9-15) ··············· 184

제6장 _ 세속국가의 통치와 신앙인의 삶(딛 3:1-7) ············· 189

제7장 _ 교회 교사에 대한 교훈과 마지막 인사(딛 3:8-15) ········· 195

〈부록〉

Ⅰ. '노아언약'에 대한 교회론적 고찰 – 창세기 9:25-27을 중심으로 ········· 201

Ⅱ. 에베소서에 나타난 교회론 고찰 – 4장 1절에서 16절을 중심으로 ········· 230

Ⅲ. 직분에 관한 개혁주의적 이해 – 한국교회 직분의 정체성과 관련하여 ······ 252

디모데전서

제1장 _ 사도 바울과 복음의 상속자
(딤전 1:1,2)

1. 삼위일체 하나님

사도 바울은 디모데에게 쓰는 첫번째 편지의 서두에서 하나님과 예수 그리스도를 동등한 지위에 두고 있다. 이는 당시 일반 유대인들로서는 상상조차 할 수 없는 일이었다. 하나님께서는 말씀을 통해 이를 계시하심으로써 삼위일체 하나님의 존재를 드러내 보여주셨다. 즉 인간의 몸을 입고 이 땅에 오신 성자 하나님에 대한 계시를 자기 백성들에게 특별히 허락하셨던 것이다.

전지전능하신 하나님이 인간의 몸을 입고 이 세상에 오심으로써 죄인들을 구원하는 구세주가 되셨다. 사탄의 유혹에 넘어가 선악과를 따 먹음으로써 하나님을 배반한 아담의 후손들은 결국 심판 아래 놓이게 되었다. 인간 스스로는 결코 그 저주의 구렁텅이에서 빠져 나올 수 없었다.

삼위일체 하나님은 언약에 신실하신 분이다. 그는 창세전에 자기 자녀들을 택정하셨으므로 타락한 인간들에게는 그가 유일한 소망이 될 수 있었다. 그 일을 완성하시기 위해 성자 하나님께서 친히 인간의 몸을 입고 이 세상에 오셨다. 하나님의 아들로서 예수 그리스도가 되어 자기 백성들의 죄를 용서하고 구원하시게 되었던 것이다. 이는 삼위일체 하나님이 지상 교회의 근간이 되고 있음을 시사해주고 있다.

2. 예수 그리스도의 명령에 따라 사도가 된 바울 (딤전 1:1)

하나님의 사도들은 교회 가운데 봉사하면서 모든 것을 자의로 판단하거나 행동해서는 안 된다. 사도가 되는 것은 개인적인 지원이 아니라 하나님의 요구와 명령에 따라 된 것이기 때문이다. 이는 하나님께서 친히 자기의 일꾼들을 세워 작정된 구원을 이루기 위한 모든 사역을 감당하신다는 사실을 말해주고 있다.

이와 같은 내용은 지상 교회에 허락되는 직분을 이해하기 위한 기초가 된다. 교회의 직분은 개별 성도가 자신의 취향이나 능력에 따라 자원할 수 있는 것이 아니며, 소수의 사람들이 인위적으로 맡길 수 있는 성질의 것도 아니다. 모든 직분들은 원칙적으로 하나님의 명령에 따른 것이어야 한다.

그런데 문제는 인간들이 하나님의 명령을 직접 귀로 들을 수 없다는 사실이다. 우리 시대에는 하나님께서 개개인 성도들에게 직접적인 음성으로 말씀하시지 않는다. 인간들 가운데는 간혹 직접 하나님의 음성을 들었다고 주장하는 자들이 있다. 그런 자들이 하나님의 직접적인 음성에 의해 사도나 특별한 직분자로 부르심을 받았다고 주장하는 것은 이단자들의 주관적인 소위 직통계시에 지나지 않는다.

하나님께서는 그런 식으로 자신의 몸된 교회를 위한 직분자를 세우시지 않는다. 하나님은 자신의 교회에 속한 회중과 성령의 사역을 통해 각 직분자들을 불러 세우신다. 물론 그 교회란 계시된 말씀을 통해 하나님을 진정으로 경외하는 참된 신앙공동체일 것을 전제조건으로 한다.

그러므로 교회 가운데 봉사하는 모든 직분자들은 하나님의 요구에 온전히 순종해야 할 의무를 지닌다. 그들은 기록된 말씀과 성령 하나님의 인도하심을 받아야 하는 것이다. 따라서 인간의 이성과 경험은 물론 인위적인 재주나 아이디어를 활성화하여 하나님을 섬기려는 무모한 태도를 가져서는 안 된다.

3. 복음의 상속자 (딤전 1:2)

사도 바울은 디모데에게 편지하면서 그를 자신의 '아들'로 묘사하고 있다. 그는 디모데가 믿음 안에서 참 아들이 된 것으로 말했던 것이다. 이는 일반적으로 말하는 부모자식 관계와는 그 성격이 다르다. 나아가 단순히 신실한 인간관계를 맺고 있다는 점을 넘어서고 있다. 여기서 언급된 '아들'이란 디모데가 바울을 통해 하나님의 복음을 상속하는 자가 되었다는 사실을 선언적으로 밝히고 있는 것이다.

이점은 역사 가운데 진행되는 교회의 상속에 밀접하게 연관되어 있다. 따라서 이와 같은 원리와 실행은 그후의 모든 지상 교회들과 오늘날 우리시대의 교회에까지 지속적으로 이어져 내려오고 있는 것이다. 이는 주님께서 재림하시는 그 날까지 이 세상 가운데서 중단 없이 지속되어야 할 일이다.

4. 하나님으로부터 허락된 은혜와 긍휼과 평강 (딤전 1:2)

사도 바울은 디모데에게 성부 하나님과 성자 하나님이신 주 예수 그리스도로부터 은혜와 긍휼과 평강이 임하기를 기원했다. 이는 그것이 디모데 한 사람에게 머무는 것이 아니라 그리스도께 속한 교회의 모든 성도들에게 전달되어야 하는 의미를 지니고 있다. 죄에 빠져 타락한 인간들에게는 진정한 은혜와 긍휼과 평강이 존재하지 않는다. 그것들은 오직 하나님의 은혜로 말미암아 부르심을 받은 교회와 성도들에게 허락될 따름이다.

타락한 세상에서는 하나님의 진정한 은혜가 자생적으로 일어날 수 없다는 사실을 깨닫는 것은 매우 중요하다. 따라서 세상의 인간들에게서 발생하는 일반적인 긍휼은 참된 긍휼이 아니다. 나아가 이땅에 존재하는 평강은 진정한 평강이 될 수 없다. 그러므로 성경이 말하는 은혜와 긍휼과 평강은 보통 인간들이 세상에서 기대하고 경험하는 것과 전혀 다르다. 예수님께서는 이와 연관하여 제자들에게 자기가 주는 평안은 세상이 주는 것과 다르다는 사실을 말씀하셨다.

> "평안을 너희에게 끼치노니 곧 나의 평안을 너희에게 주노라 내가 너희에게 주는 것은 세상이 주는 것 같지 아니하니라 너희는 마음에 근심도 말고 두려워하지도 말라"(요 14:27)

이 말씀은, 세상의 모든 긍정적인 것들이 하나님으로 말미암아 주어졌다고 말하는 것과는 그 성격이 근본적으로 다르다는 사실을 시사해 주고 있다. 따라서 하나님의 평안과 세상의 평안은 다르며, 교회에 속한 성도들이 이해하는 은혜와 긍휼에 대해서는 하나님을 알지 못하는 사람들에게는 아무런 개념조차 존재하지 않는다.

이런 상황을 깨닫고 있는 우리는 지상 교회 가운데서 과연 무엇을 지향해야 할 것인가? 하나님의 자녀들은 이 세상의 것이 아니라 천상으로부터 허락된 신령한 것들을 소유해야 한다. 하나님의 자녀들에게는 이미 그 모든 것들이 약속되어 있다. 따라서 교회에 속한 성도들은 하나님으로부터 주어진 은혜와 긍휼과 평강을 받아들일 믿음의 자세를 가져야만 한다. 그것을 통해 지상의 교회가 온전히 자라갈 수 있을 것이기 때문이다.

우리가 여기서 기억해야 할 바는 사랑과 긍휼과 평강이 단회적으로 끝나는 것이 아니라 지속적으로 공급되어야 하는 성격을 지니고 있다는 사실이다. 이는 단순히 디모데 개인에게만 해당되는 말이 아니라 역사 가운데 존재하는 보편교회적인 관점에서 공적으로 이해되어야 한다. 즉 지상 교회에는 항상 하나님으로 말미암는 그와 같은 은혜가 지속적으로 공급되어 존재해야 하는 것이다.

제2장 _ 순결을 유지해야 할 교회

(딤전 1:3-11)

1. 마게도냐의 바울과 에베소의 디모데 (딤전 1:3)

사도 바울은 자신이 디모데를 에베소에 머물게 한 것으로 말하고 있다. 디모데가 에베소에 남았던 것은 악한 자들의 사상에 의해 위협을 받고 있던 그 지역의 교회를 온전히 보호하기 위해서였다. 바울은 디모데와 함께 에베소에 머물다가 그를 혼자 그곳에 남겨두고 마게도냐로 떠나간 것 같다. 아마도 바울은 마게도냐에 있으면서 디모데에게 편지를 쓴 것으로 보인다.

디모데가 머물러 있던 에베소는 헬라의 이방신 사상들이 난무하던 지역이었다. 당시 소아시아 땅의 많은 도시들이 그러했지만 아데미신과 제우스신 사상이 팽배하던 에베소 지역은 그 정도가 더욱 심했다. 지중해 연안의 부유한 도시에는 다양한 이방신 사상으로 얼룩져 있었던 것이다.

이방 종교인들은 하나님의 복음이 들어오는 것에 대해 강력한 저항을 했다. 복음을 통해 하나님의 교회가 세워지고 믿는 사람들이 점점 많아지게 되자 급기야 반대자들에 의한 민중 소요가 일어나게 되었다. 그때 에베소 지역의 공직자들은 흥분한 백성들을 안심시키기 위해 노력했다. 즉 에베소가 아데미와 제우스신에 대한 신앙심이 두텁다는 사실을 언급하며 분위기를 진정시키고자 했던 것이다.

> "서기장이 무리를 진정시키고 이르되 에베소 사람들아 에베소 시가 큰 아데미와 제우스에게서 내려온 우상의 신전지기가 된 줄을 누가 알지 못하겠느냐 이 일이 그렇지 않다 할 수 없으니 너희가 가만히 있어서 무엇이든지 경솔히 아니하여야 하리라"(행 19:35, 36)

에베소에 있는 교회와 성도들은 이방신 사상을 정신 차려 견제하지 않으면 안 되었다. 따라서 교회는 세상의 풍요를 추구하는 이방 종교의 행태를 철저히 차단해야만 했다. 하나님의 말씀을 올바르게 가르치지 않으면 신앙이 어린 교인들은 잘못된 이방신 사상을 교회 내부로 가져 들여 올 우려가 있었다.

사도 바울은 그의 세 번째 전도 여행에서 고린도를 출발해 예루살렘으로 돌아갈 때 밀레도에 잠시 들렀던 적이 있다. 그는 가까운 지역에 있던 에베소 지역의 교회 장로들을 그곳으로 불러 교제했다. 그때 그는 과거를 회상하며 장차 에베소에서 일어나게 될 종교적인 혼란에 관한 언급을 했다.

> "바울이 밀레도에서 사람을 에베소로 보내어 교회 장로들을 청하니 오매 그들에게 말하되 ... 여러분은 자기를 위하여 또는 온 양 떼를 위하여 삼가라 성령이 그들 가운데 여러분을 감독자로 삼고 하나님이 자기 피로 사신 교회를 보살피게 하셨느니라 내가 떠난 후에 사나운 이리가 여러분에게 들어와서 그 양 떼를 아끼지 아니하며 또한 여러분 중에서도 제자들을 끌어 자기를 따르게 하려고 어그러진 말을 하는 사람들이 일어날 줄을 내가 아노라"(행 20:17-30)

바울이 디모데에게 편지할 때는 이보다 한참 후의 일이었던 것으로 보인다. 그때는 아마도 바울이 로마의 감옥에 갇혔다가 석방된 후였을 것이다. 당시에는 바울이 예언한 대로 거짓 교사들이 에베소 교회 안으로 들어와 성도들을 혼란스럽게 하고 있었다. 하나님의 말씀을 떠나 배도에 빠진 자들이 신앙이 어린 교인들로 하여금 자기를 따르게 할 목적으로 진리를 훼손했던 것이다.

진리의 말씀을 버린 거짓 교사들은 사도들이 가르친 교훈을 벗어나 제멋대로 가르쳤다. 그런 자들은 진리의 복음에다 이방 종교의 사상을 적절히 섞어 사람들을 미혹했을 것이 틀림없다. 그것은 종교 혼합주의를 초래했으며 결국 교회를 어지럽히는 결과를 가져오게 되었다. 바울은 바로 그점을 우려해 디모데를 그곳에 남겨 두고 마게도냐 지역으로 떠났던 것이다.

2. 순결한 교회와 거짓 교사 (딤전 1:3-7)

지상 교회 가운데는 항상 신앙이 어린 성도들을 미혹하는 거짓 교사들이 있어 왔다. 사탄은 하나님의 몸된 교회 가운데 자기의 첩자를 몰래 들여보내 종교적인 활동을 하게 했던 것이다. 그런 자들의 거짓 사상과 가르침은 겉보기에 쉽게 분별되지 않는다. 그들은 양의 옷을 입고 등장할 것이며 사탄이 그랬던 것처럼 화사한 천사의 모습을 띠고 나타날 것이기 때문이다.

그런데 문제는 그 거짓 교사들이 성경을 임의로 인용하며 진리를 허물게 된다는 사실이다. 그런 자들은 성경구절들을 앞세우고 그것을 빗댄 그럴듯한 거짓 교훈을 주장한다. 성숙한 성도들은 저들이 성경을 빗대어 말한다고 해서 모두가 옳은 것은 아니라는 사실을 분별할 수 있는 능력을 소유하고 있다. 사탄도 하나님의 말씀을 악의로 인용한다는 사실을 기억하고 있기 때문이다.

마태복음 4장에는, 사탄이 광야에서 사십일 동안 금식하신 예수님을 시험하면서 성경을 인용한 사실이 기록되어 있다. 교활한 사탄은 감히 하나님의 말씀을 인용하면서 인간의 몸을 입으신 하나님의 아들을 시험하고자 했던 것이다. 하나님을 향해 성경구절을 내세울 정도라면 보통 교인들에게는 더욱 그럴 것이 틀림없다.

성경에 기록된 진정한 의미를 알지 못하는 악한 자들은 성경을 엉뚱하게 해석하며 다른 교훈을 베풀기를 좋아한다. 어리석은 자들은 그에 쉽게 속아 넘어가게 된다. 성경구절을 가져와 적당히 인용하며 인간의 이성과 경험을 가미하면 어리석은 교인들에게는 구미가 당길 수밖에 없다.

그런 자들은 신앙이 어린 교인들로 하여금 진리와 상관없는 종교적인 신화와 끝없는 족보에 몰두하게 만들기 위해 최선을 다한다. 하지만 그것은 하나님의 경륜을 이루어 가는 일에 관심을 기울이게 하는 것이 아니라 자기를 위한 변론에 익숙하게 만들어 아집을 내세우도록 만든다. 그러므로 바울은 디모데에게 그와 같은 자들이 다른 교훈을 가르치지 못하도록 정신 차려 경계해야 함을 말했다.

이에 대해서는 디모데뿐 아니라 역사 가운데 존재하는 모든 교회의 교사들이 그렇게 해야 한다. 그것을 위해 정신을 바짝 차려야 하는 까닭은 지상 교회를 온전히 지켜 보호하기 위해서이다. 즉 성경을 통한 참된 교훈이 선포되어야만 순수한 믿음과 하나님으로 말미암은 선한 양심과 그에 기초한 사랑을 온전히 드러낼 수 있게 된다.

기록된 하나님의 말씀을 떠난 어리석은 자들은 그로부터 벗어나 헛된 논리에 빠질 수밖에 없다. 그들은 하나님과 교회의 뜻과는 상관없이 스스로 율법의 교사가 되려고 한다. 즉 하나님의 진리를 알지 못하면서 교회의 선생으로 행세하고자 하는 것이다. 그런 자는 자기가 말하는 성경의 의미를 깨닫지도 못하는 상태에서 유능한 교사인양 위장하게 된다.

3. 율법의 기능과 교훈 (딤전 1:8-11)

성경에 기록된 하나님의 율법은 시대의 제한을 받는 것이 아니라 모든 지상 교회를 위해 영원한 유익을 끼치게 된다. 율법은 인간의 죄를 드러내는 기능을 하지만 사람들이 그것을 적법하게 사용하면 선한 역할을 할 수 있다. 즉 인간을 정죄하는 율법의 기능은 두려운 것이지만 율법 자체는 의로운 것이다. 하나님께서는 죄에 빠진 사악한 인간들을 심판하시기 위해 언약의 민족 가운데 그 법적인 근거를 제시하셨다.

원리적으로 볼 때 하나님의 율법은 옳고 선한 사람들을 위한 것이 아니었다. 그것은 도리어 하나님을 멸시하고 불법을 저지르는 자와 복종하기를 거부하는 자, 경건하지 못한 자, 더럽고 망령된 자, 부모를 욕되게 하는 자, 살인자, 음행하는 자, 남색하는 자 곧 동성연애자, 인신매매자, 거짓말하는 자, 거짓 맹세하는 자, 바른 교훈을 거스르는 자 등 악한 자들을 정죄하기 위한 것이었다.

사도 바울은 여기서 그 교훈은 자기에게 맡겨진 것이라는 말을 하고 있다. 이처럼 성경에 기록된 율법은 일차적으로 사도들에게 맡겨진 것이었다. 이는 율법에 대한 해석과 교회를 위한 적용이 사도들에게 맡겨진 사역이었음을 의미하고 있다. 그것은 곧 보편교회의 기초가 되도록 하기 위한 기능을 했다. 그것을 통해 율법이 하나님께서 사도들에게 맡기신 영광의 복음을 위한 원천적인 역할을 하게 되었던 것이다.

제3장 _ 죄인 중 괴수에게 맡겨진 직분

(딤전 1:12-17)

1. 교회의 직분 (딤전 1:12)

죄에 빠진 인간은 전적으로 무능한 존재이다. 인간으로서 유능함을 보인다면 그 보이는 만큼 하나님께서 원하시는 것과는 반대방향으로 나아가게 된다. 그러므로 유능한 인간이 되고자 하는 노력은 그것 자체로서 참된 가치를 발현시키지 못한다.

나아가 교회의 직분을 맡는 데 있어서는 더욱 그러하다. 누구든지 인간적인 능력으로 교회의 직분을 감당하려 해서는 안 된다. 바울은 그 사실을 잘 알고 있었기에 예수 그리스도께서 자기를 능력을 주시고 충성스러운 자로 여겨 거룩한 직분을 맡기셨다는 고백을 했다. 그것은 자신이 유능해서 그 직분을 맡게 된 것이 아니라는 사실을 말해주고 있다.

원리적인 측면에서 본다면 바울의 사도직뿐 아니라 교회의 모든 직분에는 이와 같은 원리가 적용되어야 한다. 즉 지상 교회에 허락된 직분은 인간의 유능함에서 출발하지 않는다. 다시 말해 유능한 인간이 자신의 능력을 내세워 직분을 쟁취하는 것이 아니다.

나아가 세상에서 축적한 경험과 능력으로 직분을 수행하려 해서는 안 된다. 직분은 전적으로 하나님께서 자신의 몸된 교회를 위해 특별한 은사적인 선물로 주신 것이다. 따라서 모든 직분자들은 하나님의 말씀에 온전히 순종하게 될 따름이다. 그것이 교회를 위한 최상의 능력이 될 수 있기 때문이다.

2. 바울의 고백 (딤전 1:13)

사도 바울은 본문 가운데서 자신의 부끄러운 과거에 대한 언급을 하고 있다. 전에는 그가 하나님과 그리스도를 비방하는 자였음을 고백했다. 그는 과거에 교회와 성도들에 대한 박해자였으며 폭력을 행사하는 폭행자였다. 바울은 예수 그리스도를 따르는 많은 사람들을 감옥에 가두기도 했으며 죽이는 일에 참여하기도 했다.

우리는 그가 스데반을 처형할 때 그 현장에 있으면서 중요한 역할을 했던 것을 기억하고 있다(행 7:58). 그것은 결코 쉽게 잊혀질 수 있는 문제가 아니었다. 그로 말미암아 스데반의 가족을 비롯하여 교회에 속한 이웃들은 엄청난 고통을 당했을 것이 틀림없다. 또한 그 무서운 박해를 피해 멀리 피난을 간 사람들도 많이 있었다.

그러므로 사도 바울은 자기를 죄인 중에 괴수라고 말했다. 이는 자기가 과거에 불신 세계에서 거물巨物이었음을 내세우고자 하는 것이 아니었다. 그는 자신의 잘못된 과거를 진심으로 부끄러워하고 있었다. 복음을 깨달은 상태에서는 하나님 앞과 교회 앞에서 그런 겸손한 자세를 취하지 않을 수 없었다.

그럼에도 불구하고 바울은 하나님을 모르고 믿지 않을 때 즉 하나님에 대한 믿음이 전혀 없는 상태에서 그런 악행을 저질렀던 것은 하나님의 긍휼 때문이었음을 말하고 있다. 이는 하나님과 그의 몸된 교회를 안다고 하면서 배도에 빠진 악한 자들을 염두에 둔 말이라고 할 수 있다. 배도자들은 예수 그리스도를 안다고 주장하면서 실상은 하나님의 교회를 어지럽히고 있는 악한 자들이었다.

우리는 바울의 고백을 관심 있게 받아들여야 한다. 우리도 하나님을 알지 못할 때는 하나님의 뜻을 거역하며 그를 욕되게 하던 자들이었다. 복음을 알게 된 우리는 이제 하나님의 은혜로 말미암아 회심한 바울과 동일한 편에 서 있게 되었다.

참된 교회에 속한 모든 성도들은 다시금 배도의 자리에 앉지 말아야 한다. 과거 하나님을 알지 못할 때 행한 우리의 모든 죄는 예수 그리스도의 보혈로 말미암아 용서받았다. 그것이 아무리 흉측한 죄라 할지라도 그리스도 안에서는 정죄받지 않는다. 그러나 복음을 받아들였다고 주장하면서 그리스도의 몸된 교회를 어지럽히는 것은 결코 용납될 수 없다. 교회와 그에 속한 모든 성도들은 이에 대해 분명한 깨달음을 가지지 않으면 안 된다.

3. 모든 사람에게 허락된 보편적 진리 (딤전 1:14,15)

하나님의 복음은 특정 부류에게 주어지는 것이 아니다. 즉 복음은 종족을 따지지 않을 뿐더러 남녀노소뿐 아니라 빈부귀천과 아무런 상관이 없다. 진리의 말씀은 세상의 언어가 아니라 천상의 언어에 연관되어 있기 때문이다. 그 모든 것은 오로지 창세전 하나님의 선택에 달려 있을 따름이다(엡 1:4).

그럼에도 불구하고 어떤 자들은 자기가 복음을 받기에 남보다 더 유리한 조건을 소유하고 있는 것처럼 생각하는 경우가 없지 않다. 예를 들어 유대인들은 이방인들보다 나은 조건을 가지고 있는 것처럼 생각한다. 그러나 유대인들은 예수님께서 오실 때까지 구약의 언약을 간직한 특별한 민족이었을 뿐 그 자체로 영원한 구원을 보장받지는 못한다.

따라서 하나님의 복음은 세상에서 말하는 각양각색의 조건들과 아무런 상관이 없다. 하나님으로부터 허락된 은혜는 교회에 속한 모든 성도들에게 균등하게 베풀어지는 성질을 가지고 있다. 교회에 속한 모든 성도들에게는 항상 믿음과 사랑과 주님의 은혜가 풍성하게 넘쳐나게 된다.

4. 하나님의 놀라운 작정 (딤전 1:16)

하나님의 은혜를 입은 성도들이 타락한 세상에서 살아갈 수 있는 힘은 하나님으로부터 얻게 된다. 인간들 스스로의 지혜와 능력으로는 결코 승리하는 삶을 살아갈 수 없다. 이 사실을 올바르게 깨닫는 것은 매우 중요하다. 그래야만 하나님의 은혜를 갈구하는 가운데 겸손한 삶을 이어갈 수 있을 것이기 때문이다.

바울은 자기가 하나님의 긍휼을 입게 된 것이 전적으로 예수 그리스도로 말미암는다는 사실을 고백하고 있다. 그는 스스로의 힘으로는 하나님 앞에서 온전히 살아갈 수 있는 존재가 아니라는 사실을 분명히 깨달아 알고 있었다. 그가 하나님을 섬기며 살 수 있었던 것은 전적으로 예수 그리스도께서 심판을 미루고 오래 참으셨던 사실에 연관되어 있었다.

인간의 몸을 입으신 예수 그리스도께서 고통을 참으며 인내의 본을 보이셨던 것은 나중의 교회와 성도들을 위한 것이었다. 사도 바울은 그에 대한 분명한 교훈을 주고 있다. 우리는 여기서 그 교훈을 진심으로 받아들이는 가운데 개인적인 선행을 앞세워 자랑거리로 삼아서는 안 된다. 나아가 과거에 행했던 모든 윤리적인 선행은 구원을 위해 별다른 의미를 가지지 못한다는 사실을 깨달아야 한다.

우리가 기억해야 할 바 중요한 것은 교회에 속한 성도들은 사도들이 가졌던 신앙의 본을 받아야 한다는 사실이다. 이는 인간적인 재주를 동원한 창의적인 신앙을 거부하게 만든다. 따라서 오직 하나님의 뜻에 순종하는 것이 소중할 뿐 그 이외에 어떠한 공로도 인정될 수 없다. 우리는 이를 통해 지상 교회가 항상 사도들의 본을 중심에 두고 살아가야 하는 공동체라는 사실을 기억해야만 한다.

5. 하나님의 영광 (딤전 1:17)

사도의 궁극적인 관심은 인간의 만족스런 삶이 아니라 하나님의 영광에 맞추어져 있다. 이는 인간들이 구원받게 된 것도 하나님 다음에 따라와야 할 부차적인 내용이라는 사실을 말해준다. 즉 굳이 순서를 따지자면 인간의 구원에 앞서 하나님의 영광이 더욱 중요하게 인식되어야 한다는 것이다.

하나님은 처음과 끝이 없는 영원하신 분이다. 그는 인간들의 눈에 보이지 않는 썩지 않는 존재인 것이다. 그러므로 피조물인 인간들은 사탄의 유혹에 의해 사망의 구렁텅이에 빠졌지만 영원한 존재인 하나님께서는 언약 가운데 창세전에 택하신 자기 자녀들을 구원해 내실 수 있었다.

바울은 그런 하나님이 교회와 성도들의 존귀와 영광을 받을 분이라는 사실을 천명했다. 하나님으로부터 구원의 은혜를 입은 자들이 그렇게 하는 것은 지극히 당연한 일이다. 성도들에 의해 돌려지는 그와 같은 찬양은 영원히 지속되어야 할 노래이다. 사도의 직분을 맡은 바울은 그에 관한 사실을 지상 교회 가운데 선포하고 있다.

제4장 _ "선한 싸움을 싸우라"

(딤전 1:18-20)

1. 선한 싸움 (딤전 1:18)

성경은 하나님의 자녀들은 세상에서 예수 그리스도를 위해 싸워야 할 존재라는 사실을 수없이 많이 언급하고 있다. 그런데 바울은 본문 가운데서 원수와 싸우되 하나님의 편에서 선한 싸움을 싸울 것을 당부하고 있다. 이는 그 싸움이 세상에서 행해지고 있는 일반적인 것과는 그 성격과 방법이 전혀 다르다는 사실을 말해준다.

지상에 존재하는 각 교회들은 하나님과 그의 뜻에 따라 원수에 맞서 싸우는 교두보 역할을 하게 된다. 모든 성도들은 지역의 교회 공동체에 속해 있으므로 집단적인 의미에서 선한 싸움에 가담해야만 한다. 만일 교회에 속해있지 않고 따로 떨어져 분리된 상태라면 쉽게 노출되어 공격의 대상이 될 수밖에 없다.

그렇게 되면 원수들에 의해 엄청난 상처를 입게 된다. 따라서 성도들은 항상 교회 중심의 공동체적 삶을 살지 않으면 안 된다. 물론 그 교회는 하나님의 말씀에 온전히 순종하고자 하는 굳건한 신앙 자세를 갖춘 교회를 의미하고 있다. 이로써 모든 성도들은 선한 싸움에 가담하는 군병이 되어 있는 것이다.

이는 지상 교회에 속한 성도들의 삶이 결코 낭만적이지 않다는 사실을 말해준다. 도리어 하나님의 편에서 진리를 지키기 위해서는 처절한 싸움이 전개될 수도 있다. 예수 그리스도를 십자가에 못 박아 죽인 세상은 지금도 그에게 속한 성도들에 대한 태도를 누그러뜨리지 않고 있기 때문이다.

2. 하나님의 예언과 사도들의 교훈 (딤전 1:18)

교회가 보유해야 할 참된 교훈은 선지자들과 사도들에게 계시된 하나님의 말씀을 통해 드러난다. 기록된 성경 말씀이 존재하지 않는다면 지상 교회가 할 수 있는 일은 아무것도 없으며 선을 행하는 것도 불가능하다. 따라서 교회는 항상 사도들을 통해 하나님의 예언의 말씀을 들어 순종해야만 한다.

성도들이 사탄의 세력에 저항해 싸울 때는 분명한 규칙이 있다. 그리고 그것을 위해 사용해야 하는 선한 도구가 있다. 성경에 기록된 하나님의 말씀이 곧 그것을 위한 규칙이자 승리를 쟁취하는 도구가 되었던 것이다. 사도 바울은 에베소 교회에 편지하면서 그에 연관된 기록을 남기고 있다.

> "우리의 씨름은 혈과 육에 대한 것이 아니요 정사와 권세와 이 어두움의 세상 주관자들과 하늘에 있는 악의 영들에게 대함이라 그러므로 하나님의 전신갑주를 취하라 이는 악한 날에 너희가 능히 대적하고 모든 일을 행한 후에 서기 위함이라 그런즉 서서 진리로 너희 허리 띠를 띠고 의의 흉배를 붙이고 평안의 복음의 예비한 것으로 신을 신고 모든 것 위에 믿음의 방패를 가지고 이로써 능히 악한 자의 모든 화전을 소멸하고 구원의 투구와 성령의 검 곧 하나님의 말씀을 가지라"(엡 6:12-17)

타락한 세상에 살아가는 성도들은 이와 같이 중무장된 상태로 살아가야 한다. 이는 교회가 항상 적군에 둘러싸여 있다는 사실을 말해주고 있다. 그러므로 비상사태에 처해 있다는 사실을 잠시라도 잊어버리면 안된다.

그런데 문제는 배도에 빠진 거짓 교사들이 어리석은 교인들을 미혹하여 엉뚱한 규칙을 제시하며 잘못된 도구를 사용하려고 한다는 사실이다. 그런 자들은 성경에 기록된 원리를 무시한 신비주의적이거나 은사주의적인 방편을 제시한다. 그들은 말씀을 벗어난 주관적인 소위 직통계시를 주장하며 그것을 전면에 내세운다. 하지만 우리 시대에는 그와 같은 방식으로 제기된 진리의 예언이 존재하지 않는다.

그러므로 하나님의 자녀들이 원수인 사탄의 세력에 저항해 싸울 때는 말씀을 벗어난 그와 같은 것들로써 싸울 수 없다. 나아가 인간들의 이성이나 경험을 통해 고안된 지략으로 싸우는 것도 가능하지 않다. 선한 싸움을 싸우기 위해 허락된 유일한 효과적인 방편은 오직 신ㆍ구약성경에 기록된 하나님의 말씀밖에 없다.

3. 믿음과 착한 양심 (딤전 1:19)

교회에 속한 성도들은 가장 먼저 항상 자기 백성들 가운데 거하고 계시는 여호와 하나님을 경외하는 자가 되어야 한다. 이는 사람들의 눈치를 보거나 그들에게 호감을 사기 위해 무엇을 행하지 않는다는 의미를 지니고 있다. 나아가 개인의 목적을 이루기 위해 종교적인 활동이나 신앙생활을 해서도 안 된다.

그러므로 성도들은 하나님께서 원하시는 순결한 신앙을 소유하도록 해야 한다. 사도 바울은 디모데에게 믿음과 착한 양심을 소유하도록 요구했다. 이는 성도들의 삶의 기준이 어떠해야 하는지에 대해 말해주고 있다.

성경에 나타나는 믿음의 선배들은 그와 같은 신앙을 소유하고 있었다. 구약시대와 신약시대의 모든 믿음의 선배들이 그러했다. 그들은 자신의 신앙을 스스로 만들거나 창출해 낸 것이 아니라 오직 하나님의 말씀에 순종했던 것이다.

오늘날 우리도 그와 같은 신앙 자세를 유지해야만 한다. 이는 완벽한 믿음을 가져야 한다는 말과 다르다. 이 세상에 살아가는 인간들은 결코 완벽할 수 없다. 그러나 하나님을 경외하는 가운데 그렇게 살아가고자 하는 자세를 소유하는 것은 매우 중요하다.

하지만 본질을 소유하지 않은 채 형식상 교회 안으로 들어와 개인의 종교적인 삶을 구현하려는 자들은 신앙을 온전히 지켜내지 못한다. 그런 자들은 성경의 교훈이 아니라 자신의 이성과 경험을 종교화하여 선전하기를 좋아하기 때문이다. 우리는 그와 같은 자들을 관심 있게 지켜보며 경계하지 않으면 안 된다.

4. 사탄에게 내어 준 자들 (딤전 1:20)

사도 바울의 주변에는 겉보기에 훌륭한 신앙을 가진 사람처럼 행세하고 자랑하던 자들 가운데 선한 양심을 버린 자들이 상당수 있었다. 바울은 그런 자들을 믿음에 관해서 파선破船한 자들이라 묘사하고 있다. 물론 그들은 처음부터 올바른 신앙을 가진 자들이었다고 말할 수 없다. 그들은 교회 안으로 들어와 종교적인 언어와 행위들을 익혀 위장된 종교 생활을 했을 따름이다.

그와 같은 배도에 빠진 자들 가운데는 후메내오(Hymenaeus)와 알렉산더(Alexander)가 포함되어 있었다. 바울은 그들을 교회로부터 밖으로 내보내 사탄에게 내어준 것으로 말하고 있다. 그가 그렇게 한 것은 그들을 응징함으로써 함부로 하나님을 모독하지 못하도록 하기 위한 중징계였던 것이다. 바울이 그런 엄격한 자세를 취했던 까닭은 그 사람들을 징계하기 위한 것뿐 아니라 어린 성도들을 보호하기 위한 목적이 있었다. 바울의 엄격한 징계를 본 성도들은 정신을 바짝 차리지 않을 수 없었을 것이 틀림없다. 그것은 궁극적으로 교회를 보존하기 위한 중요한 방편이 되었던 것이다.

또한 바울이 그런 권세를 소유했던 것은 그에게 맡겨진 특별한 사도권 때문이었다. 사도교회 시대에는 사도들에게 심판의 권한이 주어졌다. 베드로가 하나님 앞에서 거짓말을 했던 아나니아(Ananias)와 삽비라(Sapphira)를 심판하여 죽음에 내어주었던 것도 동일한 맥락에서 이해되어야 한다(행 5:1-11).

사도교회 시대가 마감된 후 오늘날의 보편교회 시대에는 그런 권세를 부여받은 자가 아무도 없다. 그렇지만 그 정신은 지금까지 그대로 이어져 내려오고 있다. 그것은 교회의 권징 사역 가운데 특히 출교와 밀접하게 관련되어 있다. 그 사역은 개인이 아니라 교회가 직분을 부여한 장로회에 공적으로 맡겨진 직무로 이해되는 것이 가장 바람직하다.

제5장 _ 성도의 기도
(딤전 2:1-3)

1. 기도

바울은 디모데에게 기도에 관한 중요한 교훈을 주고 있다. 기도는 단순한 개인적인 바람을 성취하기 위한 일방적인 간구가 아니라 하나님과의 신령한 교제를 의미한다. 하나님과 올바른 교제를 하게 되면 저절로 은혜를 입은 연약한 자로서 전능하신 하나님의 능력에 의지할 수밖에 없게 된다.

교회에 속한 성도가 하나님 앞에서 가져야 할 기본적인 마음가짐과 자세는 감사와 찬양이다. 구원의 은혜를 입은 자로서 그와 같은 마음을 가지지 않을 수 없다. 거룩한 하나님 앞에서 세상의 죄 가운데 허덕이는 자신의 연약한 모습과 그로부터 구원받은 상태를 깨닫게 되는 것이다.

그와 같은 상황에서 참된 기도가 저절로 우러나오게 된다. 올바른 신앙을 소유한 성숙한 성도라면 설령 기도를 하지 않으려고 작정을 해도 그렇게 할 수가 없다. 참된 기도는 인간에게서 발생하는 억지가 아니라 성도의 삶에서 결코 분리될 수 없는 당연히 우러나는 성격을 지니고 있기 때문이다.

따라서 기도는 인간의 개인적인 바람이나 욕망을 채우기 위해 하나님께 간구해서는 안 된다. 만일 그런 자세를 취하게 된다면 올바른 기도라 말할 수 없다. 예수 그리스도로 말미암아 구원의 은혜를 입은 성도들의 기도는 세상의 이방종교인들이 생각하는 것과 전혀 다르다는 사실을 기억하지 않으면 안 된다(마 7:7,30-32, 참조).

2. 기도할 내용 (딤전 2:1)

사도는 기도에 관한 교훈을 주며 가장 먼저 기도할 내용에 대한 언급을 했다. 본문 가운데는 기도를 할 때 자기 자신의 목적을 위하여 기도하라고 요구하는 대신에 '모든 사람'을 위하여 기도하라는 점을 강조하고 있다. 여기서 우리는, 기억해야 할 몇가지 두드러진 사실을 보게된다.

그것은 우선 모든 사람을 위하여 간구와 기도와 도고와 감사를 하라는 사도의 요청이다. 이는 자기 자신 때문에 그와 같은 기도를 하라는 말과 상당한 차이가 난다. 그렇다고 해서 여기서 말하는 '모든 사람'이 아무런 제한이 없는 모든 인간을 지칭하지는 않는다. 본문에서 말하는 모든 사람이란 교회와 그 사역에 연관된 모든 성도들을 일컫고 있는 것으로 보아야 한다.

바울은 또한 기도할 때 세속 국가를 통치하는 왕들을 비롯한 국가의 고위 공직자들을 위해 기도하라는 말을 하고 있다. 따라서 교회에 속한 성도들은 국가의 위정자들을 위해 기도해야 할 필요가 있다. 물론 이에 대해서는 바울뿐 아니라 모든 사도들이 동일한 자세를 지니고 있었다.

그런데 교회에 속한 성도들이 국가와 공직자들을 위해 기도해야 하는 것은 저들의 구원을 위해 기도하라는 말과는 다르다. 성도들이 저들을 위해서 기도해야 하는 근본적인 이유는, 저들의 공권력 가운데 교회를 위한 기능이 존재하기 때문이다. 이는 사실 교회와 성도들을 위해 기도

하라는 말과 통한다.

지상 교회와 그에 속한 성도들은 어떤 경우에도 물리적인 힘을 행사하지 않는다. 즉 외부의 누군가가 폭력을 행사한다 해도 그에 맞서 폭력으로 대응할 수 없다. 그것은 또 다른 형태의 폭력에 지나지 않기 때문이다. 따라서 설령 물리적인 힘을 행사할 만한 능력이 있다고 할지라도 힘으로 대응하지 않는 것이 성도들의 자세이다.

예수님께서는 악한 인간들에 의해 모진 고난을 당하시면서도 어떠한 폭력도 행사하지 않으셨다. 구약시대의 모든 선지자들이 그랬으며 신약시대의 모든 사도들이 그랬다. 이처럼 우리시대의 교회와 성도들 역시 그와 동일한 자세를 유지해야 한다.

3. 국가 공직자들을 위해 기도해야 하는 의미 (딤전 2:2)

국가와 공권력이 시행해야 할 근본적인 직무는 세상에서 발생하는 부당한 포악행위를 제어하고 약자를 보호하는 것이다. 그것은 인간 사회에 존재해야 할 기본적인 질서와 연관된다. 우리는 세상에서의 형식상 질서는 국가의 공권력에 그 기초를 두고 있다는 사실을 기억해야 한다. 교회와 성도들이 자기가 살고 있는 사회의 질서유지를 담당하는 국가와 관리들을 위해 기도해야 하는 것은 그에 관련되어 있는 것이다.

따라서 사도 바울은 국가와 통치자들을 위해 기도하는 이유가 성도들이 모든 경건과 단정함으로 고요하고 평안한 생활을 하기 위함이라는 사실에 대해 분명히 언급하고 있다(딤전 2:2). 본문에서는 사도들 자신에게 그 사실을 직접 적용하고 있지만 모든 성도들에게 해당되는 말이다. 성도들이 세속국가의 통치자들과 정부의 관리들을 위해서 기도하는 근본적인 목적은 저들 자신의 삶을 위해서가 아니라 지상 교회를 위해서라는 사실을 올바르게 이해하는 것은 매우 중요하다.

4. 하나님의 영광 (딤전 2:3)

기도는 본질상 인간을 위한 것이 아니라 하나님을 위한 것이어야 한다. 즉 인간들의 특별한 목적을 염두에 두고 그것을 성취하기 위해 기도해서는 안 된다. 그것은 자신의 욕망을 추구하는 일에 지나지 않기 때문이다. 따라서 하나님의 영광을 위한 기도를 인간들의 소원을 성취하기 위한 도구로 변질시켜서는 안 된다.

우리는 성경에 기록된 교훈에 따라 하나님께서 원하시는 기도를 할 수 있어야 한다. 하나님과 교제하는 은혜의 방편이 되는 참된 기도를 하기 위해서는 인간들의 다채로운 언어나 창의성이 가미될 필요가 전혀 없다. 그것은 인간들을 위한 것일 뿐 하나님을 위한 것이 아니기 때문이다.

그러므로 성도들은 성경을 통해 참된 기도를 배워 익혀 나가지 않으면 안 된다. 계시된 말씀에서 벗어난 모든 기도는 타락한 인간들의 종교성에서 발생하는 것 이상이 아니다. 그 종교성은 죄로 오염된 것으로써 결코 하나님을 영화롭게 할 수 없다. 성숙한 성도들은 자기의 마음에 내키는 대로 하는 기도가 아니라 하나님께서 원하시고 요구하시는 기도를 하지 않으면 안 된다.

제6장 _ 중보자 예수 그리스도
(딤전 2:4-7)

1. 구원의 필요성 (딤전 2:4)

본문 가운데는 하나님께서 '모든 사람'이 구원을 받기를 원하신다는 사실을 언급하고 있다. 그 말씀은 참된 진리일 수밖에 없다. 하지만 이 말씀이 만인구원설萬人救援說을 뒷받침하지는 않는다. 이는 창세전에 하나님의 선택을 받은 자들 가운데 모든 사람이 구원을 받기를 원하신다는 사실을 말해주고 있다.

하나님의 구원에 참여하게 되는 성도들은 세상의 것들을 포기한 자들이다. 그렇게 하기 위해서는 무엇이 세상의 것인지에 대한 분명한 깨달음을 가지지 않으면 안 된다. 그래야만 포기하고 버려야 할 것이 무엇인지 확인하여 버릴 수 있기 때문이다.

타락한 세상에 속한 것들을 포기해야 하는 이유는 이미 허락된 진리가 성도들의 영혼 가운데 풍성하게 적용되도록 요구하고 있기 때문이다. 따라서 교회와 성도들은 예수 그리스도를 통해 허락된 영원한 진리를 분명히 깨달아 알아야만 한다. 그것은 타락한 세상에는 아예 존재하지 않는 것들이다. 그 모든 것은 오직 하나님으로부터 계시된 말씀을 통해 세상에 선포되어 알려지게 되었다.

2. 하나님과 중보자 예수 그리스도 (딤전 2:5)

참된 하나님은 오직 한 분밖에 계시지 않는다. 따라서 참된 종교도 하나밖에 없다. 우주만물을 창조한 신이 여럿일 수 없다면 참된 종교도 여럿이 될 수 없다. 그럼에도 불구하고 어리석은 인간들은 자신의 취향에 따라 다양한 신들을 만들어내기를 좋아한다. 죄에 빠진 인간들은 원래부터 존재하는 영원한 하나님을 믿고 의지하는 것이 아니라 자기들의 두뇌를 통해 원하는 신들을 만들게 된다.

죄의 경향성 가운데 살아가는 인간들은 저마다 자기가 지지하는 신들을 두고자 한다. 그리고는 존재하지 않는 그 거짓 신을 향해 끊임없이 무엇인가를 구한다. 그와 같은 존재는 인간들의 누뇌 가운데 남아 있게 되며 귀신들이 그에 직접 관여하게 된다. 그렇게 되면 사람들은 그 신이 마치 존재하는 것처럼 여기게 되는 것이다.

그러나 성경은 그에 대해 분명히 말하고 있다. 참 신은 오직 여호와 하나님 한 분이라는 사실을 밝히고 있는 것이다. 그는 우주만물이 만들어지기 전인 창세전부터 계셨으며 거룩한 뜻을 소유하신 분이다. 그러므로 그는 영원한 언약과 더불어 창세전에 자기 자녀들을 선택해 두셨다.

하지만 아담의 범죄로 말미암아 인간들이 타락하게 되자 하나님께서는 그에 대한 분명한 해결책을 주셨다. 공의의 하나님께서는 구체적인 사역 없이 그냥 언술로만 문제를 해결하여 용서하지 않으신다. 그는 반드시 인간의 죄에 대한 책임을 묻고 그 결과로써 자기 백성들을 의로운 자리로 부르신다.

그것을 위해서는 인간의 능력으로는 불가능한 일이며 완벽한 인간이자 완벽한 하나님이신 예수 그리스도만이 유일한 중보자가 될 수 있었다. 그를 통해서만 거룩하신 하나님과 죄에 **빠진** 인간들 사이에 진정한 화목을 이룰 수 있다. 성자 하나님이신 예수 그리스도께서 인간의 몸을 입고 이땅에 오셔서 영원한 제사장이 되시고 친히 자신의 몸을 거룩한 제물로 내어놓으신 이유는 바로 그것 때문이다.

3. 예수 그리스도의 선포자로서 사도의 역할 (딤전 2:6,7)

예수께서는 자기 자신의 몸을 하나님을 위한 거룩한 대속물로 주셨다. 이에 대해서는 창세전에 이미 하나님의 언약으로 존재하고 있었던 것이다. 예수님이 오셔서 십자가를 지고 영원한 제물이 된 것은 기약의 때가 이르렀다는 증거가 된다. 사도 바울은 '때가 차매' 그리스도께서 이 세상에 오셨음에 대해 증거하고 있다.

> "때가 차매 하나님이 그 아들을 보내사 여자에게서 나게 하시고 율법 아래 나게 하신 것은 율법 아래 있는 자들을 속량하시고 우리로 아들의 명분을 얻게 하려 하심이라"(갈 4:4,5)

하나님의 아들이 인간의 몸을 입고 이 세상에서 이룩하신 사역으로 인해 교회에 속한 성도들은 그의 아들이 되는 특권을 소유하게 되었다. 구약시대의 선지자들을 비롯한 모든 믿음의 선배들은 메시아가 오시는 그 때가 임하기를 간절히 기다렸다. 또한 신약성경에 기록된 사도들과 예수님을 직접 목격한 믿음의 선배들은 그의 사역을 통해 하나님의 때가 이르렀음을 알게 되었다. 따라서 그들은 인간의 몸을 입으신 예수님이 곧 구약에 예언되어온 메시아라는 사실을 선포하여 증거하게 된 것이다.

하나님께서 특별히 사도들을 세우신 것은 바로 그 일을 맡기시기 위해서였다. 바울은 자기가 사도로 세움을 받은 것이 자의가 아니라 하나님으로 말미암은 것이라는 사실을 강변하고 있다. 그가 감당해야 할 사역은 세상 가운데서 영원한 진리를 선포하는 일이었다.

그 선포와 증언은 하나님을 알지 못하는 자들에게와 하나님의 자녀들에게 동시에 이루어진다. 불신 세상을 향해서는 최종적으로 도래하게 될 하나님의 심판을 선포하게 된다. 그와는 반대로 지상에 세워진 교회를 향해서는 하나님의 구원이 선포된다. 타락한 세상에 속한 자들 가운데 하나님의 자녀들이 있다면 그 선포로 말미암아 주님의 교회로 들어오는 역사가 일어난다.

사도 바울은 본문 가운데서 자기가 믿음과 진리 안에서 이방인의 스승이 되었음을 언급하고 있다. 베드로는 유대인의 사도이며 바울 자신은 이방인의 사도라고 표현한 말은 과연 무엇을 의미하고 있는가. 사실은 베드로도 이방지역에 복음을 전파했으며 바울도 유대인들에게 복음을 증거했다.

그럼에도 불구하고 바울은 자기를 이방인의 스승이라는 사실을 강조해 말하고 있다. 이 말 가운데는 자신의 출신지 배경과 연관이 있을 것으로 보인다. 이는 베드로가 약속의 땅에서 출생하고 살았던 사실과 대비된다.

그러므로 바울은 다른 예수님의 열두 제자들과 달리 이방지역에 관한 이해가 더 많았을 것이 틀림없다. 이방지역에 출생해서 그곳에 살아가는 자들은 이방인들의 종교사상을 더 많이 접했을 것이다. 즉 히브리 지역과 달리 이방지역에는 제우스 신이나 아데미 신 등 이방신들에 대한 개념이 훨씬 더 강력하게 작용했을 것이다.

바울은 이방인들 가운데 하나님을 믿게 되는 자들은 이방종교 사상을 철저히 배격해야 한다는 사실을 잘 알고 있었을 것이 분명하다. 과거의 잘못된 신앙을 명백히 정리하지 않고 얼버무리게 되면 혼합주의 사상이 일어날 수밖에 없다. 이방지역 출신인 바울이 그에 대한 가르침을 베풀 때 새로 하나님의 복음을 받아들이는 자들은 더욱 선명한 신앙을 가지게 될 것이다. 바울이 자신을 믿음과 진리 안에서 이방인의 사도가 되었다고 표현한 것은 그와 연관되어 있는 것으로 보는 것이 가장 타당성이 있다.

이에 대해서는 오늘날 우리도 귀담아 들어야 한다. 한국 땅에 태어나 신앙을 갖게 된 우리는 이방인 중에 이방인이다. 유대인 출신배경을 가진 사람들 중에 참된 신앙을 가진 자라면 어려서부터 성경에 대한 교육을 잘 받았을 것이 분명하다. 그리고 서구의 건전한 교회 가운데 태어난 성도들도 어려서부터 하나님의 말씀과 건전한 교리를 잘 배워 익히며 자라났을 것이 틀림없다. 그들은 교회에서나 가정에서나 학교에서 신앙의 원리를 잘 세워나갔을 것이기 때문이다.

그러나 이 땅에서 태어나 신앙을 소유하게 된 우리는 전혀 그렇지 못하다. 대부분의 경우는 교회에서 어려서부터 성경과 건전한 교리를 철저하게 배우는 기회를 얻지 못했다. 가정에서도 대개는 진정으로 경건한 삶을 살아가는 방법을 익히지 못했다. 나아가 성경과 복음의 진리를 중심으로 한 신실한 기독교학교에서 공부한 것도 아니다. 우리 모두는 교회와 가정에서 기독교문화를 접하면서 학교에서는 세상의 가치를 그대로 답습했다.

신앙적인 철이 들고 나서야 비로소 그에 대한 사실을 깨닫는다 해도 이미 우리의 사고 속에는 세속적인 가치관으로 얼룩진 사상들이 가득 차 있다. 따라서 우리는 하나님을 믿으면서 그와 같은 것들을 철저히 제거하지 않으면 안 된다. 우리 자신이 그러해야 하며 우리 자식들에게도 그와 같은 신앙교육을 시켜야만 하는 것이다. 이는 결코 쉽지 않은 일이지만 그렇게 하려는 온전한 자세를 유지하는 것은 중요하다. 그것이 곧 이방인의 스승이 된 바울로부터 우리가 배워야 할 내용이다.

제7장 _ 성도의 삶의 자세
(딤전 2:8-10)

1. 남자와 여자

남자와 여자의 성은 창조질서와 직접 연관되어 있다. 하나님께서는 먼저 남자를 창조하셨으며 그를 위한 돕는 배필로서 여자를 지으셨다. 남자의 역할과 여자의 역할은 처음부터 구별되어 있었던 것이다.

따라서 가정과 교회에서 이루어지는 모든 삶의 원리는 남성주도男性主導 하에 진행되는 것이 자연스러운 일이다. 이는 남성우월주의男性優越主義와는 달리 이해되어야 한다. 즉 남자가 여자보다 더 유능하다든지 잘났다는 것과는 아무런 상관이 없다. 창조질서에 따른 근본 원리가 그렇다는 것이다.

이와 같은 남녀간의 질서는 가장 먼저 가정에서 적용되어야 한다. 남편과 남자들은 가정을 보호하는 역할을 감당하게 된다. 일반적인 경우 가장이 그 권위와 지위를 상실당하게 되면 그 가정은 심각한 문제에 직면하게 된다. 가족간에 각기 성별에 따른 자기의 역할과 위치를 지키는 것은 매우 중요한 일이다.

이와 동시에 하나님의 몸된 교회에서 남녀의 지위 또한 매우 중요하다. 남자들에게는 맡겨질 수 있지만 여자들에게는 허락되지 않은 직분이 있다. 교회의 감독직분인 목사와 장로는 여자들에게는 맡겨지지 않는다. 이는 창조질서와 성경의 원리에 따른 것이며 교회는 그에 온전히 순종해야 할 따름이다. 사도 바울은 질서와 연관하여 남자가 여자의 머리라는 사실을 분명히 밝히고 있다.

> "나는 너희가 알기를 원하노니 각 남자의 머리는 그리스도요 여자의 머리는 남자요 그리스도의 머리는 하나님이시라"(고전 11:3)

이 본문 말씀 가운데는 남자와 여자의 질서 관계에 대한 매우 엄격한 교훈이 주어지고 있다. 남자의 머리가 그리스도이듯이 여자의 머리가 남자라는 것이다. 만일 그것을 무의미화하거나 뒤엎으려는 시도를 한다면 그것은 하나님께 저항하는 행위가 된다. 또한 그리스도의 머리는 하나님이라고 함으로써 성부 하나님께 온전히 순종하는 성자 하나님의 모습을 보여주고 있다.

성경이 이와 같은 원리를 교훈하고 있는 것은 남자와 여자 가운데 어느 한 쪽을 위해서가 아니다. 즉 남자들의 기득권을 위해 이 말씀이 주어진 것이 아니다. 우리는 질서에 대한 이 원리가 남성을 위한 것이기도 하거니와 동시에 여성을 위한 것이란 사실을 분명히 기억하지 않으면 안 된다.

2. 교회의 남자들 (딤전 2:8)

바울은 교회 가운데서 남자에게 요구되는 특별한 사역이 있음을 언급하고 있다. 그 가운데 가장 중요한 것 중에 하나는 남자들이 거룩한 손을 들어 기도하는 것이다. 이 말은 과연 무엇을 의미하는가? 남자들이 손을 위로 높이 쳐들고 하나님께 기도하라는 외형적인 모습을 요구하고 있는 것인가?

그것은 결코 그렇지 않다. 그 의미는 교회의 공적인 기도가 남자들에게 맡겨진 것으로 이해하는 것이 가장 바람직하다. 이는 물론 직분과 연관되어 있다. 본문 가운데 나타나는 중요한 내용 가운데 하나는 하나님의 자녀들이 분노와 다툼을 버려야 한다는 사실이다. 이는 일반적인 생활에 연관된 것이라기보다 교회를 온전히 보존하는 직무와 연관되어 있다.

교회의 남성 직분자들은 교회가 세상의 가치관에 휩쓸리지 않도록 지키는 일을 위해 최선을 다해야 한다. 그래야만 진정한 거룩성을 유지할 수 있게 된다. 그것을 위해서는 성도들이 이기적인 태도로 인한 분노와 다툼이 없어야 한다. 그렇지 않으면 세상의 타락한 가치관으로 말미암아 더러워질 수밖에 없다. 남자들의 기도하는 이와 같은 공적인 사역은 모든 교회 공동체에서 시행되어야 할 내용이다.

3. 교회의 여자들 (딤전 2:9,10)

하나님의 교회에 속한 여자들에게도 매우 중요한 역할이 맡겨져 있다. 우리는 사탄이 아담이 아니라 하와를 먼저 유혹했던 사실을 기억한다. 이는 모든 성도들이 마음속 깊이 새겨 두어야 할 문제이다. 오늘날도 사탄은 여성들을 먼저 미혹의 대상으로 삼으려 한다는 사실 때문이다.

사도 바울은 여자들에게 옷을 단정하게 입으라고 요구했다. 그리고 검소하고 정결하게 자기를 단장하도록 당부했다. 이는 교회에서 여성들의 사치를 금하고 있음을 말해준다. 그리고 땋은 머리를 하지 말라는 명령을 하고 있다.

이는 여성들로 하여금 머리카락을 통해 외적인 미를 추구하는 행위나 겉으로 드러나는 외모에 지나친 관심을 기울이지 못하도록 하는 경고라

할 수 있다. 그와 동시에 금이나 진주로 화려하게 치장하는 것이나 값비
싼 옷을 입는 것에 대한 경고를 했다. 이 말 가운데는 여자들이 값비싼
것으로 치장함으로써 남성들의 관심을 유도하거나 가난한 사람들을 부
끄럽게 하지 말아야 한다는 의미를 내포하고 있다.

　바울이 여자들에게 이와 같이 엄격한 교훈을 준 것은 외모를 중시하
고 다양한 장식품을 통해 몸을 지나치게 치장하는 것이 교회를 어지럽
히게 하는 요인이 될 수 있기 때문이었다. 자칫 잘못하면 그것이 어리석
은 남자들로 하여금 성적인 관심을 유발함으로써 음욕을 품게 할지도
모른다. 우리는 여자들의 허영심이, 교회가 소중히 보존해야 할 본질을
약화시키는 오류에 빠지게 할 수 있음을 기억해야만 한다. 현대 교회는
특히 이에 여간 깊은 관심을 기울이지 않으면 안 된다.

제8장 _ 남자와 여자의 직분
(딤전 2:11-15)

1. 남자의 직분

지상에 존재하는 교회는 결코 무질서하지 않으며 하나님께서 요구하시는 뚜렷한 질서가 있다. 교회에는 반드시 성경이 요구하고 있는 직분자들이 존재해야 한다. 그것은 항존직으로서 역사 가운데 교회를 상속해가는 소중한 틀의 역할을 하게 된다. 그 가운데서 가장 중요한 사역은 성도들을 가르치는 교사와 감독의 직임이다. 그것을 통해 지상 교회의 상속이 주님의 재림 때까지 온전함을 유지하며 지속적으로 진행되어 가기 때문이다.

또한 하나님의 뜻에 의해 직분을 맡은 목회자들은 교회에서 하나님의 말씀을 가르치면서 주님의 양떼를 목양하는 일을 감당해야 한다. 이는 개인의 이성과 경험에 따른 주관적인 판단이 아니라 교회의 질서 가운데 행해져야 할 사역이다. 교회를 보호하고 지키는 직분을 남자가 감당해야 하는 것은, 창조질서에 따라 남편인 가장이 가정을 지켜 보호하는 일을 감당하는 것과 동일한 이치이다.

2. 여자와 직분 (딤전 2:11)

사도 바울은 여자들로 하여금 남자들에게 전적으로 순종함으로써 조용히 배우라는 요구를 하고 있다. 여기서 말하는 남자들이란 물론 일반적인 모든 남자를 일컫는 것이 아니라 직분을 맡은 형제를 의미한다. 따라서 여자들은 성경의 교훈에 따라 직분을 맡은 남자들에게 온전히 순종함으로써 조용히 배워야만 한다.

바울은 또한 여자가 교회에서 가르치는 것과 남자를 주관하는 것을 허락하지 않는다고 말했다. 이 사도적 요구는 교회에서와 마찬가지로 가정에서도 그대로 적용되어야 한다. 그것이 올바르게 잘 준수될 때 교회와 가정이 하나님의 말씀 안에서 평온한 삶을 유지할 수 있게 되는 것이다.

또한 우리는 이에 연관된 의미를 오해 없이 받아들여야 할 필요가 있다. 어리석은 사람들은 이를 두고 남자들이 여자들 위에 군림하게 되기 때문에 결국 여자들에게는 손해가 아니냐고 생각한다. 그러나 그것은 결코 그렇지 않다. 여자들이 남자를 주관하지 않고 전적으로 순종함으로써 조용히 배우는 것은 남자가 아니라 오히려 여자들을 위한 것이다. 그것을 두고 여자들이 남자들에게 권세를 빼앗긴 것으로 생각해서는 안 된다.

3. 창조질서와 직분 (딤전 2:11-15)

교회의 직분은 단순한 분업分業 차원이 아니라 창조질서와 밀접하게 연관되어 있다. 다양한 직분들은 그것을 맡은 자들에게 차등적인 명예를 제공하지 않는다. 만일 각각의 직분에 따라 명예와 권한이 달라진다면 누구나 더 높아 보이는 자리에 앉고 싶어할 것이 분명하다.

우리가 깨달아야 할 분명한 사실은 교회의 직분자들 가운데 어느 누구도 더 높아서 명예롭고 큰 권세를 가진 자가 없다는 점이다. 하지만 신앙이 어린 사람들은 직분에 높낮이가 있는 것으로 착각하고 있다. 그리고 권세와 명예에도 상당한 차이가 나는 것으로 여긴다. 그러다보니 교회의 직분이 마치 하위직분에서 상위직분으로 진급하듯이 점차 올라가는 것으로 생각하게 되는 것이다.

그런 사고를 가진 사람들은 교회에서는 누구나 평등하기 때문에 여자들도 감독자 즉 목사와 장로가 될 수 있는 것처럼 생각한다. 그렇게 생각하는 근본적인 이유는 마치 남자들만 여성들을 도외시한 채 높고 명예로운 직분인 목사와 장로가 될 수 있는 것처럼 여기고 있기 때문이다. 성경에 기록된 본질적인 의미를 간과하게 되면 그와 같은 어처구니없는 오류를 범하게 된다.

그럼에도 불구하고 성경을 오해하는 자들은 교회의 감독자가 되기 위해서는 성별을 따질 필요가 없는 것으로 주장한다. 그 결과 현대 기독교 가운데는 여성이 교회의 감독직을 맡고 있는 경우가 많은 것이 사실이다. 우리가 명심해야 할 바는 그와 같은 현상은 우리 시대에 들어와서 정착되기 시작했다는 점이다. 초대와 중세를 비롯한 과거의 교회 역사 가운데는 그렇지 않았던 것이다.

하지만 교회의 직분은 시대적 조류에 의존하여 남녀가 분담해 가지려고 해서는 안 된다. 목사와 장로와 집사 직분자들 사이에는 종교적인 권력 차이는 물론 높낮이가 존재하지 않는다. 교회의 직분 가운데 남성들에게 감독직분이 맡겨지는 것은 인간들의 의사가 아니라 전적으로 하나님의 뜻에 근거한다. 우리는 성경이 교훈하고 있는 이에 관한 이해를 분명히 하지 않으면 안 된다.

제9장 _ 감독의 자격
(딤전 3:1-7)

1. 장로가 소유해야 할 신앙자세

성경에서 말하는 감독이란 목사와 장로를 동시에 일컫는다. 목사는 성경과 더불어 참된 교리를 가르치는 장로이며 우리가 일반적으로 일컫는 장로는 치리하는 장로를 말한다. 그들이 감독으로 불리는 것은 교회 가운데서 성도들을 선하게 감독해야 할 책무를 부여받았기 때문이다.

목사는 교회 가운데 하나님의 말씀을 선포하며 가르치면서 성도들이 그 가르침을 잘 받아들이고 따르는지 감독해야 한다. 그리고 장로는 목사의 설교를 겸손한 자세로 감독하는 동시에 그 말씀에 따라 살아야 할 성도들의 삶을 선하게 감독해야 한다. 목사는 아무런 감독없이 개인적인 판단에 따라 마음대로 가르치는 직분자가 아니다.

물론 장로들이 목사의 설교를 감독한다는 말의 의미는 마치 무엇을 감시하듯이 꼬투리를 잡기 위해 애쓰는 것을 말하지 않는다. 그 직분사역은 목사의 가르침이 하나님의 말씀에서 벗어나지 않도록 지켜주는 사랑의 감독을 하는 것을 뜻한다. 그것은 말씀을 선포하고 가르치는 목사를 보호하는 역할을 하게 된다.

또한 그 직분사역은 저들에게 맡겨진 특별한 권한이 아니라 그렇게 하지 않으면 안 되는 의무에 속한다. 그것을 통해 교회가 순수성을 지키며 안전하게 자라가게 된다. 또한 가르치는 장로인 목사는 치리하는 장로들의 정당한 감독을 감사하게 여기고 겸허히 받아들일 수 있어야 한다.

2. 장로의 직분적 소명 (딤전 3:1)

교회의 장로는 개인적인 의사와 판단에 의해 세워져서는 안 된다. 그 직분은 교회가 성령의 인도하심에 따라 공적으로 세우는 것이기 때문에, 개인이 아니라 교회 공동체의 집단적 의사에 근거해야 한다. 즉 개개인의 판단보다 훨씬 중요한 것은 교회를 통해서 드러나는 하나님의 뜻이다.

그런데 우리가 여기서 주의 깊게 생각해 보아야 할 점은 직분자들이 소유해야 할 소명이다. 그것은 하나님의 부르심을 의미하는 것으로서 교회의 전체적인 의사를 통해 외적인 소명이 확인될 수 있다. 그 외적인 소명은 모든 성도들이 인식할 수 있도록 겉으로 드러나게 되며 책망할 것이 없는 자여야 한다. 그런데 그와 더불어 매우 중요한 것은 장로직분을 맡을 수 있는 보이지 않는 내적인 소명이다.

여기서 말하는 내적 소명이란 직분을 가지고자 하는 종교적인 욕망을 말하지 않는다. 그것은 도리어 지상의 교회가 말씀으로 온전히 서야 한다는 사실을 깨닫고 그에 대한 깊은 관심을 가지고 있는 것을 의미한다. 물론 그것은 사심에서 우러나오는 것을 넘어 진정으로 교회와 성도들을 위하는 순수한 마음을 동반해야 한다. 바울은 그것을 두고 '선한 일을 사모하는 것' 이라 말하고 있다.

3. 장로와 가정 (딤전 3:2-5)

교회와 성도의 가정은 서로간 밀접한 관계를 가진다. 장로는 가정에서도 가장의 직무를 올바르게 이행해야 한다. 특히 장로는 한 아내의 남편으로서 성적인 순결을 소중하게 여기는 사람이어야 한다. 모든 성도들이 성적인 순결을 지켜야 하지만 장로들에게 특히 강조되고 있는 이유는 그가 만일 성적으로 잘못된 사고를 가지거나 타락하게 되면 전체 교회에 급속한 영향을 끼칠 것이기 때문이다.

또한 우리가 여기서 잘 이해해야 할 바는 장로 직분은 교회로부터 개인 성도에게 맡겨진 직분이지만 온 가족이 그에 적극적으로 협조하지 않으면 안 된다는 사실이다. 만일 목사의 가족 구성원 중에 한 사람이 목사인 남편 혹은 아버지를 부적절한 태도로 마음 아프게 한다는 것은 교회에 해악을 끼치는 것과 같다. 치리하는 장로의 가정 역시 마찬가지다. 교회는 이에 대한 이해를 분명히 하지 않으면 안 된다.

그러므로 사도 바울은 장로가 되기 위해서는 가정을 잘 다스리는 자라야 한다는 사실을 강조하고 있다. 문제가 되는 것은 직분을 맡은 신실한 가장이 아무리 가정을 잘 다스리려 해도 다른 가족 구성원의 선한 도움이 없이는 그것이 불가능하다는 점이다. 따라서 교회의 감독자로 세워진 장로의 가족인 아내나 자녀들은 남편 혹은 아버지에게 복종하는 마음을 가져야 한다.

바울은 가정을 잘 다스리지 못하는 자가 하나님의 교회에서 가르치며 치리하는 장로가 되어서는 곤란하다는 사실을 언급하고 있다. 자신의 가정을 잘 다스리지 못하는 자가 교회를 잘 다스리기 어려운 것이라 보는 것이다. 따라서 모든 성도들은 언젠가 직분을 맡게 될 가능성이 있으므로 항상 하나님을 경외함으로써 자신의 가정 가운데서 신앙을 온전히 지켜나가지 않으면 안 된다.

4. 장로의 품성적 자격 (딤전 3:3)

하나님의 교회에서 장로가 될 사람은 하나님으로 말미암아 새로운 성품을 소유하게 된 자라야 한다. 그는 자기의 욕망에 대해 절제할 수 있어야 하며 신중한 자세를 유지하지 않으면 안 된다. 이는 이기적인 욕망으로 인해 경거망동輕擧妄動하지 말아야 한다는 사실을 말해주고 있다.

또한 장로가 되기 위해서는 모든 생활에서 단정한 모습을 보여야 하며 나그네를 잘 대접할 수 있어야 한다. 이는 자기 자신뿐 아니라 이웃과 약자들에 대하여 따뜻하게 배려하는 마음이 있어야 함을 의미하고 있다. 그리고 장로는 하나님의 말씀을 올바르게 잘 가르칠 수 있는 능력을 가져야만 한다. 그렇게 되기 위해서는 말씀으로 계시된 진리에 대한 지식을 소유하지 않으면 안 된다.

그리고 장로 직분을 맡게 될 자는 술을 즐기지 말아야 하며 다른 사람에게 폭력을 행사해서는 안 된다. 그런 사람은 교회에서 장로가 될 수 없다. 술을 즐긴다는 것은 기쁨을 영원한 천국과 진리가 아니라 이 세상에서 찾는다는 의미이다. 그것은 신중한 삶을 유지하기 어려운 것으로서 하나님의 자녀가 취할 삶의 자세가 아니다. 특히 교회의 감독자와 장로가 되는 직분자들에게는 더욱 그렇다.

또한 다른 사람에게 폭력을 행사한다는 것은 자신의 이기적인 뜻대로 되지 않으면 견디지 못하는 성품과 연관되어 있다. 장로는 다른 사람의 말과 주장을 존중하는 마음으로 귀담아 들을 수 있어야 한다. 이성과 경험에 따라 자기 고집만 끝까지 내세우는 자는 장로가 될 자격이 없는 것이다.

그리고 장로는 항상 이웃에 대해 관용한 자세를 유지해야 한다. 이는 불의를 용납하거나 그와 타협하는 것을 의미하지 않는다. 경우에 따라서는 교회와 진리를 보존하기 위해 단호하게 처신해야 할 경우가 있다. 설령 비판의 소리를 듣는 한이 있어도 절대로 침묵하지 말아야 할 때가 있다. 그러나 진리의 문제가 아닌 일반적인 경우에 있어서는 항상 관용한 자세를 취해야만 한다.

나아가 교회의 장로는 주변의 다른 사람들과 불필요하게 다투어서는 안 된다. 진리를 위해서는 목숨을 바쳐 싸울지라도 일상적인 생활에 대해서는 그럴 필요가 없기 때문이다. 그것을 올바르게 분별하기 위해서는 말씀을 근거로 한 정상적인 신앙 성장을 하지 않으면 안 된다.

또한 장로가 될 사람이라면 돈을 사랑하거나 탐하지 말아야 한다. 돈을 사랑한다는 것은 영원한 천상의 나라가 아니라 이 세상에서의 풍요로운 삶에 더욱 깊은 관심을 두고 있다는 뜻이다. 성도들에게 그런 여유로운 삶이 자연스럽게 따라오는 것은 거부하지 않아도 되겠지만 그것을 쟁취하기 위해 돈을 탐하거나 사랑해서는 안 된다. 그것은 결국 자신과 교회에 심각한 올무가 될 것이기 때문이다.

5. 장로와 이웃 (딤전 3:6)

새로 교회에 입교한 신앙이 어린 교인이 장로가 되어서는 안 된다. 이는 여러 가지 의미를 내포하고 있는 것으로 이해해야 한다. 사도 바울은 신앙의 연륜이 짧은 사람이 장로가 되면 자칫 교만하게 되어 마귀가 정죄 받은 것과 동일한 심판을 받게 될까봐 두렵다는 말을 했다. 이 말은 교만에 빠져 진리를 분변하지 못하고 교회를 어지럽히게 되는 것에 연관되어 있다.

그러므로 장로 직분을 맡기 위해서는 기록된 성경 말씀에 대한 올바른 지식과 더불어 성숙한 신앙인으로서 삶에 대한 체험을 소유하고 있어야 한다. 이는 소위 말하는 주관적인 종교 현상적인 것을 의미하지 않는다. 도리어 진리를 추구하는 과정에서 뼈저린 실패의 맛도 보고 영적인 어려움으로 인해 극심한 갈등과 고통을 겪어 본 후 참된 진리를 발견한 사람이어야 한다.

또한 바울은 새로 입교한 자가 감독의 직분을 맡게 되면 직분에 대한 신령한 의미를 깨닫지 못하고 교만하게 될 우려가 있다는 사실을 언급했다. 그리고 신앙의 연륜이 짧은 자가 장로 직분을 맡게 되면 오랜 세월 동안 교회 생활을 한 교인들 가운데 시험에 빠질 자가 생겨날 가능성이 있다. 그렇게 되면 그것은 개인의 문제에 국한되는 것이 아니라 교회의 문제로 비화될 위험이 생기게 된다.

그리고 신앙의 연륜이 오래지 않는 자가 장로가 될 경우 하나님의 말씀이 아니라 경험에 따른 개인적인 의욕을 앞세울 가능성이 있다. 하지만 교회에서는 어느 누구도 인간적인 의욕을 지나치게 드러내 보이려해서는 안 된다. 그것은 종교적인 욕망과 야망에 지나지 않기 때문이다. 교회는 한두 사람의 탁월한 인재가 이끌어 가는 종교 집단이 아니므로 성령의 인도하심에 따라 온 교회가 질서 있게 자라가야 한다.

6. 장로의 삶 (딤전 3:7)

감독자로 세워진 장로는 교회 가운데서 항상 모범적인 삶을 살아가도록 해야 한다. 이는 단순히 윤리적인 측면을 강조해 말하는 것이 아니다. 장로의 삶이 신실한 모범이 되어야 한다는 것은 하나님을 진정으로 경외하는 가운데 영원한 천국을 바라보는 삶을 살아야 하는 것을 의미한다.

그러므로 장로로 세워지게 될 성도의 삶은 주의 깊게 검증되어야 한다. 교회 내부뿐 아니라 바깥의 주변 사람들에 의해서도 거짓이 없는 신실한 사람으로 인정받아야 하는 것이다. 세상 사람들이 보기에도 도덕성이 결여되고 이기적인 모습으로 비쳐지는 자라면 거룩한 하나님의 교회에서 장로가 될 자격이 없다.

그리고 교회 가운데서는 다른 성도들로부터 인격적으로 인정받는 것을 넘어 그에 대한 분명한 증거들이 있어야 한다. 이는 소극적인 신앙생활을 넘어 성도로서 적극적인 선한 삶을 살아가는 모습을 보여주어야 한다는 것이다. 그것은 곧 말씀을 통해 시험을 거친 검증과 동일한 의미를 지니게 된다.

제10장 _ 집사의 자격
(딤전 3:8-13)

1. 집사가 소유해야 할 신앙자세 (딤전 3:8-10)

집사 직분을 맡게 될 성도들 역시 장로와 마찬가지로 신앙과 삶에 있어서 다른 사람의 모범이 되어야 하며 그에 대한 근본적인 검증이 따라야 한다. 그들은 항상 정중한 신앙 자세를 유지하지 않으면 안 된다. 그리고 사람들 앞에서 일구이언—口二言을 하지 말아야 한다. 만나는 사람이나 주변의 상황에 따라 이말 저말을 달리 하는 자는 집사가 되기에 적합하지 않다.

사람들 앞에서 경우에 따라 다른 말을 하는 자들은 하나님 앞에서도 그 습성을 버리지 못한다. 즉 그런 자들은 기도할 때 하나님께 말하는 내용과 사람들 앞에서 말하는 내용이 근본적으로 다르다. 기도하며 찬송을 부를 때는 훌륭한 신앙인으로 보이지만 각 사람들 앞에서 취하는 태도나 말은 전혀 그렇지 않은 것이다. 우리는 이에 대한 올바른 이해를 하지 않으면 안 된다.

물론 모든 성도들이 다 일구이언하지 말아야 하지만 특히 집사 직분을 맡은 자는 일관성 있는 태도를 취하는 것이 중요하다. 교회와 여러 성도들의 생활 형편을 보살펴야 하기 때문에 더욱 그렇다. 사람들은 대개 실제적인 삶에 있어서 매우 민감하게 반응한다. 따라서 항상 동일한 자세로 여러 성도들을 대하지 않으면 안 되는 것이다.

또한 집사 직분자는 술에 인박히지 말아야 한다. 술에 인박힌다는 것은 술을 즐길 뿐 아니라 습관적으로 술을 마시는 것을 의미한다. 그것은 사실 누구에게나 매우 위험한 행동이다. 술을 많이 마시게 되면 사람의 정신을 혼미하게 만들어 판단력을 흐리게 할 수밖에 없다. 교회의 재정을 살피며 성도들의 생활 형편을 돌보아야 할 직분자가 술에 인박힌다는 것은 결코 있어서는 안 될 일이다.

그리고 교회의 공적인 재정을 관리해야 할 집사가 더러운 이를 탐해서는 결코 안 된다. 사사로운 욕심을 추구하는 자는 교회의 재정을 맡아보기에 적합하지 않다. 자칫 잘못하면 공적인 의사를 무시하고 개인적인 판단에 따라 아무렇게나 재정을 사용함으로써 심각한 범죄에 빠질 우려가 있기 때문이다.

그러므로 집사 직분을 맡은 성도들은 깨끗한 양심을 소유한 자여야 한다. 그래야만 성실하게 교회의 재정을 관리하며 집사가 감당해야 할 봉사 사역을 행할 수 있다. 나아가 경제적인 생활 형편이 어려운 주변의 성도들을 보살필 때 편파됨이 없이 공정한 자세를 취할 수 있게 된다.

또한 교회의 집사로 세워지기 위해서는 영원한 믿음의 비밀을 소유한 자라야 한다. 그것은 계시된 하나님의 말씀과 성령 하나님의 사역에 근거하게 된다. 이는 집사 직분을 감당할 때 세상적인 가치와 논리에 의존하지 말아야 한다는 의미를 내포하고 있다. 집사가 순결한 마음과 더불어 참된 믿음의 비밀을 가지고 있어야만 생활이 어려운 형편에 처한 성도들이 있을 때, 단순한 물질적인 측면뿐 아니라 영원한 천상의 소망을 함께 유지할 수 있도록 해줄 수 있을 것이기 때문이다.

따라서 교회는 집사 직분을 맡기기에 적합한지에 대해 성도들을 시험해 보아야 한다. 즉 그가 재정문제에 있어서 과연 깨끗한 사람인지 주의 깊게 살펴보지 않으면 안 된다. 그리고 가난하고 생활이 어려운 사람에게 우월감을 가지지 않고 긍휼을 베풀고자 하는 자비로운 마음이 있는지에 대해서도 확인해 보아야 한다. 교회는 그와 같은 모든 면을 시험해 보고 책망할 것이 없는 자에게 집사 직분을 맡길 수 있다.

2. 여자 집사의 자격 (딤전 3:11)

교회에는 집사들 가운데 남자 집사뿐 아니라 여자 집사를 세울 수 있다. 그것은 성경적인 근거에 따른 매우 자연스런 일이다. 장로 즉 감독은 여자들이 될 수 없는데 반해 집사 직분은 여자도 될 수 있다는 것이다.[2] 이는 성도들의 다양한 생활 형편을 살피기 위해서는 여자가 필요할 경우가 많이 있기 때문이다.

또한 교회의 공적인 활동과 직분사역을 이행함에 있어서도 여자 집사의 손길이 필요할 경우가 많다. 음식을 통한 공동의 식사교제 준비를 위해서는 여자들의 역할이 절대로 필요하다. 또한 남편이 불신자인 여자 성도들의 가정이나 출산과 육아 등 특별한 경우에도 여자 집사들의 보살핌이 요구된다.

그와 같은 다양한 일들을 맡기기 위해 여자 집사를 선출할 때는 온전한 신앙과 더불어 정숙한 삶의 자세를 지닌 인물인지 확인해야 한다. 정숙하지 못하다면 다른 성도들을 올바르게 돌아볼 수 없다. 그리고 다른 사람을 부당하게 모함하지 않는 여성이어야만 집사의 자격을 가질 수 있게 된다.

또한 여자 성도로서 집사가 되기 위해서는 자신을 절제할 수 있는 능

---

2) 한국 교회에서는 일반적으로 여성을 위한 '권사' 직분을 두고 있는데 이는 성경에 없는 직분이다. 따라서 권사가 감당해야 할 책무가 무엇인지 명확하지 않다. 권사를 영어로 번역할 때는 대개 'senior deaconess'로 번역하는데 이는 '선배 여집사' 정도로 이해할 수 있다. 이를 보건데 한국 교회는 이미 항존직으로서 '여자 집사' 제도를 받아들이고 있는 것과 마찬가지다.

력을 갖춘 자여야 한다. 절제하지 못하고 자신의 욕망을 추구하는 자라면 어려운 형편에 처한 사람들을 위해서 아무런 도움을 줄 수 없다. 설령 물질적인 구제사역을 한다고 할지라도 저들에게 아무런 위로가 되지 않을 것이기 때문이다.

따라서 여자 집사가 될 성도들은 마땅히 하나님과 사람들 앞에서 충성된 신앙인의 모습을 보이는 자라야 한다. 그래야만 자신의 의를 추구하지 않으며 개인적인 이익을 도모하는 행위를 하지 않는다. 만일 충성되지 않은 불성실한 자가 집사 직분을 맡게 되면 도리어 하나님의 교회를 흔드는 미련한 행위를 하게 된다.

3. 집사와 가정 (딤전 3:12)

집사가 되기 위해서는 저의 가정이 하나님 안에서 원만한 상태를 유지할 수 있어야 한다. 가정에 심각한 문제가 있는 사람에게 집사 직분을 맡겨서는 안 된다. 남자 집사의 경우 한 아내의 신실한 남편이어야 하며 여자 집사의 경우에는 한 남편의 신실한 아내여야 한다. 이는 성적인 부도덕한 행위를 하는 자에게는 결코 직분이 맡겨질 수 없다는 사실을 말해주고 있다.

또한 집사는 장로 직분자와 마찬가지로 가정에서 자기 자녀들을 잘 다스려야 한다. 그렇게 함으로써 온 가정을 하나님의 뜻 가운데서 잘 돌아볼 수 있게 된다. 그런 사람이 집사 직분을 맡아야만 교회 가운데서 하나님의 말씀에 온전히 순종하며 맡겨진 사역을 권위 있게 감당해 낼 수 있다.

4. 집사의 삶 (딤전 3:13)

집사 직분은 일반적인 관점에서 생각하는 봉사 직분을 감당하기 위해 세워지는 것이 아니다. 교회를 위한 단순한 육체노동이나 허드렛일을 위해서는 모든 성도들이 참여해야 할 일이다. 즉 일반적인 봉사를 위해서는 교회의 직분자들뿐 아니라 모든 교인들이 다 동참해야 한다. 따라서 집사들에게 맡겨진 직분은 교회의 재정과 살림살이를 관리하며 생활 형편이 어려운 성도들을 관심있게 돌아보는 사역이다.

맡겨진 집사 직분을 잘 감당하는 성도들은 하나님 보시기에 아름다운 지위를 소유하게 된다. 이는 인간적인 형편에 따른 명예를 동반한 평가를 의미하지 않는다. 이에 대한 약속은 하나님께서 저들에게 아름다운 지위를 허락하시겠다는 약속에 연관되어 있다. 그 지위는 주의 몸된 교회에 속한 것으로서 이 세상의 어떤 지위와도 비교되지 않는다.

또한 직분을 맡아 수고하는 성도들은 예수 그리스도 안에 있는 믿음에 있어서 큰 담력을 얻게 된다. 이 말은 하나님의 은혜 가운데서 행하는 교회를 위한 사역과 그로 말미암아 얻게 되는 신앙의 확신을 의미한다. 따라서 이 세상의 어떤 것도 그 숭고한 믿음을 방해하거나 손상시키지 못한다.

제11장 _ 하나님의 교회와 경건이 비밀

(딤전 3:14-16)

1. 바울은 디모데를 속히 보기를 원함 (딤전 3:14)

사도 바울은 디모데로 하여금 에베소에 머물러 교회를 돌보게 하고 마게노냐로 떠났다. 그런데 이제 다시금 디모데에게 가기를 원한다는 마음을 전했다. 하지만 바울은 형편상 그렇게 할 수 없는 안타까운 마음을 전하고 있다. 그대신 바울은 하나님의 특별한 계시를 받아 그에게 장문의 편지를 쓰고 있다.

우리는 여기서 바울의 신앙적인 열정을 엿보게 된다. 바울이 디모데에게 가기를 원했던 것은 순전히 교회에 대한 염려 때문이었다. 당시 마게도냐에서 에베소까지는 결코 쉽게 갈 수 있는 가까운 거리가 아니었다. 그 먼 길을 가기 위해서는 많은 고생과 어려움이 따르기 마련이었다.

그럼에도 불구하고 바울은 자신의 몸을 아끼지 않고 그 먼 여행길을 감행하고자 하는 마음이 있었다. 비록 다른 형편상 그때 에베소를 방문하지는 못했지만 그의 간절한 마음을 충분히 보여주고 있다. 오늘날 우리는 사도 바울의 열정을 통해 우리 자신의 안일한 모습을 되돌아 볼 수 있어야 한다.

2. 교회의 의미 (딤전 3:15)

아마도 디모데가 머물고 있던 에베소 지역의 교회에는 상당한 문제가 있었던 것으로 보인다. 그것은 교회와 직분에 연관된 문제였을 것이 틀림없다. 바울은 그 문제를 해결해 주기 위해 직접 그곳으로 가기를 원했지만 사정이 여의치 않았다. 그렇다고 해서 그것을 그냥 방치할 수는 없었다. 따라서 그는 디모데에게 교회 가운데서 어떻게 행해야 할지 교훈을 주고자 했던 것이다.

사도 바울은 교회를 '하나님의 집'이라 말하고 있다. 그것은 결코 상징적인 의미가 아니라 실제적인 의미를 지니고 있다. 이는 하나님께서 거하시는 집인 교회 가운데서는 아무도 하나님의 뜻을 떠나 함부로 행해서는 안 된다는 사실을 시사한다. 교회에서는 항상 하나님으로 말미암아 허락된 규례에 따라 모든 것을 행해야 하는 것이다.

또한 바울은 여기서 자기가 언급하고 있는 '집'이 살아계신 하나님의 교회라는 사실을 강조해 말하고 있다. 그리고 그 집은 진리의 기둥과 터라는 점을 확인했다(딤전 3:15). 이는 하나님의 모든 진리가 그의 몸된 교회를 통해 드러나게 된다는 사실을 보여준다. 즉 이 세상 가운데 세워져 존재하는 교회는 하나님의 진리를 담고 있는 생명의 공동체라는 사실을 말해주고 있는 것이다.

3. "경건의 비밀" (딤전 3:16)

바울은 '진리의 기둥과 터'인 교회를 언급하면서 '큰 경건의 비밀'에 대한 말을 했다. 그것은 오직 하나님의 교회에만 존재하는 것으로서 하나님을 알지 못하는 자들은 결코 그에 대한 온전한 지식을 가지지 못한다. 그러므로 그 큰 경건의 비밀을 부인하는 자는 교회 가운데 있을 수 없는 것이다.

바울이 언급한 그 '큰 경건' 이란 이땅에 오신 예수 그리스도와 연관되어 있다. 하나님의 아들이신 그는 거룩한 하나님이면서 인간의 몸을 입고 친히 타락한 이 세상에 오셨다. 성령 하나님께서는 그가 의로운 존재라는 사실을 확인하셨으며, 천사들이 인간이 되신 그분의 존재를 보게 되었다.

4. 만국에 전파되어야 할 복음 (딤전 3:16)

큰 경건의 비밀이 되신 하나님의 아들은 천하만국에 전파되어야 할 분이었다. 그가 이 세상에 오신 근본적인 목적은 하나님의 심판과 구원을 만방에 선포하시기 위해서였다. 하나님을 알지 못하는 자들에게는 그것이 무서운 심판 선언이 되었으며, 하나님의 자녀들에게는 영원한 구원을 위한 소망이 되었다.

그리하여 하나님의 아들이 세상에 살아가는 선택받은 성도들에 의해 믿은 바 되었다. 즉 아담과 하와가 범죄한 후부터 약속된 메시아가 곧 나사렛 예수님이라는 사실이 언약의 백성들에게 알려지게 된 것이다. 그것으로 말미암아 부름받은 성도들에게 그가 살아계신 하나님의 아들로 받아들여지게 되었다.

그리고 십자가 사역을 마치고 부활하신 예수님께서는 영광 가운데 영원한 천상으로 승천하셨다. 그것은 아무도 모르게 비밀리에 진행된 것이 아니었다. 그가 승천할 때는 수많은 성도들이 그 놀라운 광경을 지켜보았다. 그들이 곧 그에 대한 증인이 되었던 것이다. 부활하신 몸으로 승천하신 예수님은 지금도 천상의 나라 하나님 우편에 앉아 자기 자녀들을 위해 사역하고 계신다(계 4장 이하 참조).

제12장 _ 사탄에 속해 미혹하는 자들

(딤전 4:1-5)

1. 양심에 화인 맞은 자들 (딤전 4:1,2)

타락한 인간들에게는 항상 하나님을 배신하고자 하는 악한 속성이 존재하고 있다. 구원받은 성도들에게도 여전히 하나님을 떠나고자 하는 그와 같은 사고가 작용하고 있다. 물론 성숙한 성도들은 하나님의 은혜 가운데 자신의 삶을 주의 깊게 살펴 회개와 반성을 되풀이 하게 된다.

이에 반해 하나님을 올바르게 믿지 않으면서 기독교 내부에 들어온 자들은 기록된 말씀을 배척하며 사탄의 사주를 받게 되는 것이 보통이다. 설령 본인이 전혀 인식하지 못하는 경우라 할지라도 그와 같은 일이 발생할 수 있다. 그 사람들 가운데는 교회를 어지럽히며 적극적으로 사탄의 명령을 수행하기도 한다.

사도 바울은 본문 가운데서 나중에 발생할 일에 대해 성령 하나님께서 말씀하신 내용을 언급했다. 하나님의 진리와 상관이 없는 어떤 사람들은 지금 교회 가운데서 열정적으로 활동하고 있으나 후일 믿음을 떠나게 되리라는 것이다. 이는 교회 안으로 들어와 믿음이 있는 자처럼 행세하며 신앙생활을 하는 자들로 비쳐졌지만 실상은 복음과 상관이 없는 자들에 관한 말씀이다.

그런 사람들은 하나님을 떠나 미혹하는 영과 귀신의 가르침을 따르게 된다. 그들은 하나님의 말씀을 버리고 사탄의 지시를 따르게 되는 것이다. 그런 자들은 양심에 화인을 맞아 외식함으로써 거짓말하는 자들이다. 이는 그들이 실상은 하나님을 떠나 있으면서 마치 훌륭한 신앙을 가진 듯이 행세하며 어린 교인들을 미혹하는 일을 한다. 즉 양심에 화인을 맞아 그것이 얼마나 부끄럽고 두려운 일인지에 대한 감각 없이 종교적인 주장을 내세우며 뻔뻔스럽게 행동하는 것이다.

2. 혼인을 금하는 자들 (딤전 4:3)

혼인은 창세로부터 하나님으로 말미암아 특별히 허락된 신성한 제도이다. 이는 이 세상에 존재하는 다양한 제도들과는 다른 특별한 의미를 지닌다. 세상의 대다수 제도들은 인간들이 특정 목적을 위해 만들었다. 이와 달리 한 남자와 한 여자를 맺어주는 혼인제도와 가정은 인간들이 이성과 경험을 통해 확립한 것이 아니다.

성경은 가정의 기초가 되는 혼인이 하나님의 섭리에 해당된다는 사실을 말해주고 있다. 특히 성도들에 있어서 그 의미는 매우 중요하다, 하나님을 믿는 성도들은 개인의 취향에 따라 자기의 만족을 위해 배우자를 골라 선택하는 것이 아니다. 이는 창세전에 있었던 하나님의 선택과 예정에 연관되는 것으로 이해해야 한다.

하나님께서는 그 모든 과정을 통해 자기 자녀들을 이 세상에 보내시고 저들을 죄로부터 영원히 구원하고자 하셨다. 이는 하나님의 섭리이기 때문에 인간으로서는 그 모든 것을 온전히 알 수 없다. 단지 인간의 혼인은 개인적인 삶을 추구하는 방편이기에 앞서 하나님의 언약과 연관된다는 사실을 기억하지 않으면 안 된다.

그렇지만 죄에 빠진 이기적인 인간들은 본성상 항상 하나님의 뜻을 거스르기를 즐겨한다. 따라서 거룩한 하나님의 뜻보다는 오염된 인간적인 판단을 앞세운다. 그런 자들 가운데는 혼인을 금지하려는 자들이 있다. 혼인이 하나님 보시기에 뭔가 정결하지 않은 세속적인 것이라고 생각하거나 하나님을 온전히 잘 섬기기 위해서는 혼인을 하지 말아야 한다고 주장하는 것이다. 그러나 그와 같은 사고는 성경의 교훈과 아무런 상관이 없을 뿐더러 매우 위험한 생각이 아닐 수 없다. 하나님의 백성으로서 혼인을 할 수도 있고 독신으로 지낼 수도 있지만 그와 같은 주장을 해서는 안 된다. 혼인 자체가 하나님의 사역에 직접적으로 악한 영향을 끼치는 것이 아니기 때문이다. 이와 더불어 우리가 생각해야 할 점은 현대사회와 그에 속한 교회에 연관된 문제이다. 우리 시대는 전반적으로 성이 개방되고 성적인 부도덕이 보편화된 무서운 풍조의 시대이다. 혼인하기 전 남녀간의 자유로운 연애에 관한 문제나 동성애, 동성결혼 문제는 이미 되돌릴 수 없는 심각한 단계에 와 있다.

그런데 문제는 교회가 그에 대한 정확인 인식을 하고 있지 못하다는 사실이다. 그러다보니 교회 내부에서 별다른 제재 없는 자유연애가 성행하게 되어 버렸다. 심지어는 동성애를 허용하기도 하고 기독교 지도자를 지칭하는 자들 가운데는 동성결혼을 지지하는 경우도 없지 않다.

거룩해야 할 하나님의 교회가 성적인 부정에 연관된 죄에 대한 인식이 점차 사라져 가는 안타까운 처지에 놓여 있다. 현대 교회는 이에 대해 깊이 각성하지 않으면 안 된다. 교회가 부도덕한 상태를 방치하게 되면 다음 세대의 교회는 지금보다 더욱 심각한 극도로 세속화된 길을 향해 달음질 칠 수밖에 없을 것이기 때문이다.

3. 음식물에 관한 문제 (딤전 4:3-5)

인간이 세상을 살아갈 수 있는 절대적인 방편 가운데 하나는 날마다 먹는 음식이다. 음식을 통해 인체에 에너지가 발생함으로써 움직이며 활동할 수 있게 된다. 따라서 욕망을 절제하는 가운데 그 음식을 적절하게 섭취하면 건강에 유익이 되어 건전한 삶을 유지할 수 있다.

하지만 모든 인간들에게는 음식에 대한 근본적인 욕망이 존재한다. 인간들은 항상 더 맛있는 음식을 찾으며 풍족한 음식을 통해 항상 배부르기를 원한다. 물론 그것이 갖추어지게 되면 거기에서 멈추는 것이 아니라 또 다른 높은 단계의 욕망을 향해 나아가게 된다.

신앙이 어리거나 어리석은 교인들은 항상 자신의 기준에 따라 선하고 악한 것을 만들어 구분하기를 좋아한다. 물론 그것은 하나님의 계명이 아니라 사회적인 배경에 기초해 자기의 기준을 확립하게 되는 습성이나 전통이 될 가능성이 있다. 이처럼 특정 사회 가운데서 만들어진 음식에 관한 전통이 생기게 되면 그것을 벗어나기가 쉽지 않게 된다.

또한 사악한 종교지도자들은 그것을 통해 신앙이 어린 사람들을 손쉽게 통제하여 관리하고자 한다. 신앙인으로 살아가는 삶을 위해 불필요한 다양한 조건들을 만들어 통치수단으로 삼게 되는 것이다. 하지만 그와 같은 태도는 올바르지 않으며 매우 잘못된 것이라 할 수밖에 없다.

사도 바울은 하나님께서 지으신 모든 것들은 선하기 때문에 감사함으로 받고 먹으면 버릴 것이 없다고 했다(딤전 4:4). 그런 것들은 하나님의 말씀과 기도로 거룩하여진다는 것이다. 이 말은 기도를 통해 속한 것을 거룩한 것으로 변질시킨다는 의미가 아니다. 이는 음식 자체를 문제 삼는 것이 아니라 그것을 먹는 사람이 더욱 중요하다는 사실을 말해주고 있다. 중요한 점은 하나님 보시기에 어떠하냐 하는 것이지 인간들이 만들어낸 관점에 의한 평가는 아무런 의미가 없다는 사실이다.

물론 이 말씀은 제사 음식과 어느 정도 연관되는 것으로 이해할 수 있다. 당시에는 동물을 잡을 때 이방인들의 다양한 종교의례가 행해지는 경우가 많았다. 그렇다고 해서 하나님의 자녀들이 음식을 먹을 때마다 그에 대한 모든 상황을 일일이 확인해야 할 필요는 없었다. 그럼에도 불구하고 그것을 요구하며 그렇게 하는 것이 마치 신앙의 기준이라도 되는 양 여기는 사람들이 있었다. 바울은 그와 같은 생각을 하는 자들을 강하게 책망하며 교훈했던 것이다.

제13장 _ 예수 그리스도의 선한 일꾼

(딤전 4:6-10)

1. 말씀으로 양육해야 할 성도들 (딤전 4:6)

사도 바울은 디모데에게 앞서 말한 직분에 연관된 조건들과 모든 내용에 대해 성도들을 깨우치라고 요구했다. 그렇게 하는 것은 교회의 교사 직분을 맡은 자로서 마땅히 행해야 할 중대한 사역이다. 그것을 통해 저들이 예수 그리스도의 선한 일꾼이 되어 교회를 위해 봉사하게 된다.

지상 교회에는 항상 하나님께 순종하는 신실한 직분자들이 필요하다. 따라서 하나님께서 요구하시는 선한 일꾼이 되기 위해서는 반드시 믿음의 말씀으로 양육받아야 한다. 그렇게 함으로써 성도들이 사도들의 선한 교훈으로 양육받게 된다. 하나님의 말씀이 결여된 상태에서는 진정으로 선한 직분자로 세워지는 것이 불가능한 일이다.

2. 버려야 할 허탄한 가르침 (딤전 4:7)

하나님의 자녀들은 타락한 인간들로부터 생성된 망령되고 허탄한 신화를 버려야 한다. 바울은 그점을 강조하고 있다. 특히 교회의 직분자들은 그점을 마음 깊이 새기지 않으면 안 된다. 만일 지도자들이 그와 같은 잘못된 사고들을 버리지 않는다면 교회 전체에 악한 누룩이 되어 퍼져나가게 될 우려가 있다.

망령되고 허탄한 신화란 과연 무엇을 의미하는가? 아마도 그것은 근거 없는 낭설을 성경에 뒤섞어 전달하는 것을 의미하는 것으로 보인다. 그리고 하나님의 말씀을 이방 종교의 가치관과 조화되게 제 멋대로 풀이하여 가르치는 것도 포함될 것이다. 그것은 겉보기에 기독교와 유사한 것 같지만 실상은 혼합된 종교사상이다.

신앙이 어린 자들은 성경말씀보다 그런 망령되고 허탄한 신화를 더욱 쉽게 받아들이려 할지도 모른다. 일반적인 경우라면 그렇게 될 가능성이 농후하다. 이는 인간들이 자기의 이성과 경험에 조화되고 익숙한 것을 더욱 쉽게 받아들이려 할 것이기 때문이다.

따라서 교회의 교사들은 하나님의 말씀에 기록된 내용들을 가감 없이 그대로 가르치도록 애써야 한다. 신앙이 어린 교인들이나 특정한 자들의 구미에 맞추기 위해 말씀에 다른 것들을 섞으려 해서는 안 된다. 특히 이방 종교인들의 세속적인 가치관에 따라 형성된 내용들을 가르치거나 받아들이는 것은 절대 금물이다.

3. 연단 받아야 할 성도들 (딤전 4:8,9)

하나님의 백성들은 신앙의 연륜이 쌓여 가면서 점차 더욱 높은 수준의 경건한 삶에 이를 수 있어야 한다. 여기서 말하는 경건이란 종교적인 즐거움이나 재미에 빠져드는 것을 의미하지 않는다. 참된 경건을 위해서는 말씀으로써 자신을 쳐 복종시키는 연단이 필요하다.

사도 바울은 그점에 대한 강조를 하기 위해 신체적인 것을 연관지어 설명하고 있다. 사람들은 건강을 유지하기 위해 신체적 훈련을 하기도 한다. 이처럼 교인들은 겉으로 드러나는 신앙적인 활동을 위해서 가시

적인 훈련을 많이 받기도 한다. 본문에 나타나는 '육체의 연단' (딤전 4:8)
이란 이 둘을 동시에 연관지어 말하는 것으로 볼 수 있다.

하지만 외형적으로 드러나는 그와 같은 육체의 연단은 약간의 유익이
주어질 따름이다. 즉 그와 같은 육체의 연단이 전혀 무익하다는 것이 아
니라 신앙의 본질에 연관하여 큰 유익이 되지는 않는다는 것이다. 따라
서 성도들은 육체의 연단에 대해서 완전히 무시해서는 안 된다.

그러나 모든 성도들이 반드시 연단해야 할 경건에 대해서는 소홀히
하지 말아야 한다. 특히 직분을 맡은 자들이 확실하게 연단받아야 할 경
건은 교회의 모든 일에 있어서 유익을 끼친다. 그것은 겉으로 보이는 육
체적인 유익을 의미하는 것이 아니라 장래 도래하게 될 영원한 세계에
연관된 약속이 들어 있기 때문이다. 그리고 이 세상에 살아있는 성도들
가운데는 그 경건으로 말미암아 영적인 약속이 드러나게 된다.

이 교훈은 교회에 속한 모든 성도들이 마음속 깊이 새겨야 할 내용이
다. 하나님의 말씀에 따른 참된 경건이 없다면 나약해질 수밖에 없다.
겉보기에 아무리 그럴듯해 보이는 종교적인 양상을 지니고 있다 할지라
도 실상은 나약한 신앙에 지나지 않는다. 즉 외관상 화려해 보이는 모습
을 띤 교회라 할지라도 성도들의 경건성이 결여된 상태라면 성숙한 교
회라 말할 수 없는 것이다.

4. 성도들의 진정한 소망 (딤전 4:10)

지상 교회와 그에 속한 모든 성도들은 항상 참된 경건에 이르도록 힘
써야만 한다. 이미 세상에 익숙한 자들로써 그렇게 하는 것은 결코 쉬운
일이 아니다. 따라서 하나님께서 요구하시는 진정한 경건을 소유하기
위해서는 자기를 쳐 복종시키는 자세와 더불어 많은 수고를 하지 않으
면 안 된다.

그런 힘든 과정을 거쳐야 함에도 불구하고 그렇게 해야 하는 까닭은

그것이 우리의 영원한 소망이 되기 때문이다. 이 세상에서의 삶은 금방 사라지는 아침 안개와 같은 인생이며 하루살이나 곧 시들어 버리는 들풀과도 같다. 따라서 참된 경건을 소유한 자들은 이 세상에 궁극적인 소망을 두지 않는다. 진정한 소망을 천상에 계신 하나님께 두는 것이 곧 경건의 기초가 된다. 그분은 교회에 속한 모든 참된 성도들을 죄로부터 구원해 영원한 천국으로 인도하시는 구주가 되시기 때문이다.

제14장 _ 직분자의 사역
(딤전 4:11-16)

1. 교회의 교사 즉 목사가 명하고 가르쳐야 할 내용 (딤전 4:11)

교회의 교사가 감당해야 할 가장 소중한 사명은 무엇인가? 바울은 디모데에게 자기가 하나님으로부터 계시받아 기록한 모든 내용들을 교회에 전달할 뿐 아니라 명령하고 가르치라고 했다. 이는 비록 디모데에게 주어진 요구이기는 하지만 교회에서 가르치는 직분을 맡은 목사들에게도 해당되는 말로 받아들여야 한다.

가르치는 교사의 직무는 매우 중요하다. 만일 그가 잘못 가르친다면 전체 교회 공동체가 잘못된 가르침을 소유하게 될 것이기 때문이다. 그렇게 되면 그것이 개개인의 문제가 될 뿐 아니라 전체 교회적인 문제가 될 수밖에 없다.

그러므로 교회의 교사로 세움받은 목사 직분자는 가장 먼저 하나님의 말씀에 대한 상당한 지식을 가지고 올바르게 가르칠 수 있어야만 한다. 목사가 기록된 성경 말씀에 대한 지식이 없거나 잘못되었다면 심각한 문제가 아닐 수 없다. 따라서 교회가 목사를 세울 때는 그점을 가장 미리 확인해야만 하는 것이다.

그런 기본적인 요건들이 갖추어진 목사는 교회에서 성경이 요구하는 사항을 받아들이도록 성도들에게 명령할 수 있어야 한다. 이는 단순히 권면하는 것 이상의 의미를 지닌다. 물론 하나님을 경외하는 신실한 성도들이라면 목사의 정당한 명령에 마땅히 순종할 수 있어야 한다.

그리고 목사는 성경에 기록된 모든 내용들을 교회 가운데서 설교하며 성실하게 교육해 가르쳐야 한다. 교회에 입교한 성도들에게 목사가 성경 말씀을 체계적으로 전달하고 가르치는 일은 매우 중요하다. 그것은 실상 목사 개인의 성경 지식을 전달하는 차원에 머무는 것이 아니라 하나님의 말씀을 전달하여 가르치는 것이기 때문이다.

2. 교사와 연령 (딤전 4:12)

하나님의 말씀을 선포하고 참된 교리를 가르치며 성경에 기록된 대로 살아가도록 명령하는 교사의 권위는 하나님과 그의 몸된 교회에 근거를 두고 있다. 그 개인 당사자나 사회적 여건 혹은 개인적인 능력으로부터 그 권위가 발생하는 것이 아니다. 즉 개인의 역량이나 외부 환경적인 요인이 직분자와 그 권위를 생산해내지 않는다.

그러므로 교회와 성도들은 일반적으로 드러나는 외부적인 조건을 보고 목사를 평가하려고 해서는 안 된다. 예를 들어 가르치는 목사의 나이가 다른 성도들에 비해 상대적으로 어리다고 해서 그를 업신여기는 일이 있어서는 안 된다. 중요한 것은 그가 가르치는 하나님의 말씀이지 그의 나이가 아니기 때문이다.

타락한 인간들은 자기의 이성과 경험을 중시하는 존재일 수밖에 없다. 나이가 많고 인생의 전반적인 경험이 풍부한 사람들은 자기의 이성과 경험의 잣대를 기준으로 삼아 다른 사람들을 가늠하려는 속성을 지니고 있다. 그렇게 되면 신앙에 있어서도 자기중심성을 벗어나기 어렵게 된다.

그런 불건전한 습성에 익숙한 자들은 교회에서 가르치는 직분을 맡은 교사인 목사에게도 그렇게 대하려고 한다. 하지만 하나님의 몸된 교회 가운데서는 결코 그런 일이 발생해서는 안 된다. 교회에 속한 모든 성도들은 하나님의 뜻 가운데 세워진 교사인 목사를 진심으로 존중하는 마음을 가져야만 한다.

이는 물론 목사에게 성도들을 지배할 수 있는 특별한 권세가 주어진다는 의미가 아니다. 즉 목사가 다른 직분자들이나 일반 교인들 위에 군림할 수 있는 것으로 말할 수 없다. 오히려 목사는 여러 성도들 가운데 하나님의 말씀을 선포하며 가르칠 수 있도록 세움을 받은 직분자로서 자기의 책무를 다해야 할 따름이다.

그러므로 교회의 교사로 세움을 받은 성도는 자신의 직무를 성실히 감당해야 할 뿐 아니라 신앙의 본이 되는 삶을 살아야 한다. 따라서 모든 언어생활과 행실에 있어서 올바른 처신을 하지 않으면 안 된다. 그리고 하나님의 사랑과 참된 믿음을 소유하고 있어야 한다. 순결한 삶을 살아감으로써 교회와 성도들을 비롯한 모든 이웃에게 진정한 본이 되어야 하기 때문이다.

3. 교사의 직무 (딤전 4:13)

교회의 교사로 세워진 목사가 감당해야 할 가장 중요한 사역은 하나님의 말씀을 읽고 묵상하며 그것을 살펴 연구하는 일이다. 즉 목사의 삶과 사역의 중심에는 항상 계시되어 기록된 하나님의 말씀이 존재해야만 한다. 그것을 통해 지상에 존재하는 교회와 세상을 향해 진리를 선포해야 하기 때문이다.

그러므로 목사는 성도들을 권면하고 가르치는 일에 전념해야 한다. 그 이외의 교회의 일들은 다른 직분자들에게 맡겨지게 된다. 즉 성도들을 심방하고 관리하는 일과 교회의 재정을 정리하고 어려운 성도들을 돌보는 일은 치리하는 장로와 집사들이 각각 감당해야 할 사역이다.

이에 관한 교훈은 사도 바울이 디모데에게 준 것이지만 보편교회 가운데 상속되어 가야 할 소중한 내용이다. 따라서 이는 당시의 디모데뿐 아니라 그 이후의 모든 교회 교사들에게 적용되어야 한다. 오늘날 현대교회에서도 직분사역에 연관된 이와 같은 교훈이 올바르게 적용되지 않으면 안 된다.

4. 장로회와 안수 (딤전 4:14)

우리는 지상 교회에서 성도들을 가르치며 목양하는 직분을 맡게 되는 목사 직분이 개인이 스스로 지원해서 취득하는 것이 아니라는 사실을 분명히 깨달아야 한다. 본인이 아무리 그렇게 하고 싶어 한다고 해도 교회가 세우지 않으면 결코 그렇게 될 수 없다. 목사 직분을 행하는 것은 개인이 아니라 전적으로 성령 하나님의 인도하심에 따른 교회의 공적인 의사에 달려 있는 것이다.

우리는 바울의 교훈 가운데서 매우 중요한 사실을 엿보게 된다. 그것은 목사에게 하나님으로 말미암는 은사가 반드시 확인되어야 한다는 사실이다. 이는 개인적으로 소유한 일반적인 재능 이상의 것을 의미한다. 즉 하나님께서 그에게 목사로서 사명을 감당할 수 있는 은사를 주셨는가 하는 문제이다.

하나님의 말씀을 가르치는 목사로서의 자격을 확인하는 일은 이중적인 과정을 거쳐야 한다. 그것은 먼저 개체 교회에 의한 확인이다. 즉 함께 신앙생활을 하는 여러 성도들이 그에게 과연 하나님의 말씀을 선포하고 가르칠 수 있는 은사가 존재하는지에 대하여 확인해야 한다. 그에 관한 사실은 매주일 만나 함께 교제하며 신앙생활을 하는 성도들이 가장 잘 알고 있을 수밖에 없다.

그런데 교회에 속한 여러 성도들이 그것을 확인했다고 할지라도 그것만으로 모든 것을 충족시키지는 못한다. 일반 성도들은 겉으로 드러나는 그의 외적인 자질을 볼 수 있을지언정 보이지 않는 내면에 연관된 것들을 시험하여 심사하는 것은 쉽지 않기 때문이다. 따라서 목사로서 직분을 감당할 만한 자격을 갖추었는지에 대한 여부는 말씀을 통한 '장로회'의 엄격한 심사를 거쳐야만 하는 것이다.

그러므로 장로회에서는 그 사실을 확인하여 자격이 있다고 여겨질 때 비로소 공적으로 그에게 안수하게 된다. 우리가 여기서 중요하게 생각해야 할 바는 목사가 안수를 받게 되면 원리상 개체 교회에 속할 뿐만 아니라 보편교회에 연관된 성격을 지니게 된다는 사실이다. 즉 목사는 개 교회의 목사인 동시에 전체 보편교회의 사역에 가담하는 공인公人의 성격을 띠는 것이다. 따라서 목사는 장로회에서 안수받을 때 하나님의 예언을 통해 사명을 받았음을 확인하게 된다. 여기서 말하는 예언이란 계시된 하나님의 말씀에 연관되어 있다. 따라서 감독자인 목사로 안수받아 임직된 성도는 더 이상 개인의 목적을 추구하지 않으며 오직 하나님의 말씀에 순종해야 할 따름이다. 그리고 목사가 장로회에서 안수를 받는 것은 역사 가운데 지속적으로 이어져 가야 할 직분의 상속에 연관되어 있다. 그 직분은 지상에 교회가 존재하는 동안은 없어지지 않는다. 즉 이 세상의 마지막 날 주님께서 재림하실 때까지 교사직분을 맡은 목사는 교회 가운데 항상 세워져 가야만 하는 것이다.

우리는 이를 교회의 항존 직분이라 말한다. 이 말은 지상 교회 가운데는 항상 가르치는 교사가 존재해야만 한다는 사실을 말해주고 있다. 이는 또한 교회에서 가르치는 일을 아무나 해서는 안 된다는 의미를 내포하고 있다. 만일 가르치는 교사로서 교회가 공적으로 세운 목사가 없다면 사람들은 제각각 자기 마음대로 가르치려는 어리석음을 범하게 될 것이다. 따라서 교회에 항상 가르치는 교사를 두도록 요구한 것은 지상의 교회를 보호하고 보존하기 위한 선한 목적 때문이다.

여기서 우리는 교회의 항존직이라는 말을 잘 이해할 수 있어야 한다.

장로교회에서는 항존직이 목사와 장로와 집사를 의미하고 있다. 이 항존직은 한 개인이 직분을 맡게 되면 종신토록 그 직분을 감당해야 한다는 의미가 아니다. 이 말은 교회 가운데는 항시 그 직분자들이 있어야만 한다는 사실을 말해주는 것으로 이해해야 한다.

5. 교사와 성숙한 신앙 (딤전 4:15)

바울은 디모데에게 자신이 교훈한 모든 일에 전심전력을 다할 것을 요구하고 있다. 사도교회 시대에 있어서 장차 도래하게 될 보편교회의 확립을 위해서는 그것이 필수적이었다. 우리는 여기서 바울의 주된 관심이 어디에 있는지 엿볼 수 있다. 모든 사역자들에게 바울처럼 최선을 다해 교회를 온전히 세우고자 하는 마음이 없으면 여러 가지 위태로운 도전들이 일어나게 될 것이다.

물론 교회의 직분자들은 그 일을 위해 조급한 태도를 가져서는 안 된다. 그것은 성숙한 신앙인의 자세로 교회를 세워나가도록 요구하는 의미를 지니고 있다. 따라서 바울은 디모데에게 모든 성도들 앞에서 성숙함을 드러내도록 요구했던 것이다.

상대적으로 나이가 젊은 디모데가 영적으로나 정신적으로 교회 가운데서 성숙함을 보이는 것은 매우 중요하다. 그렇게 함으로써 나이가 많은 성도들이나 젊은 성도들 모두가 디모데가 가르치며 행하는 진리와 그에 대한 교훈을 잘 받아들일 수 있게 된다. 바울이 그에 대한 강조를 한 것은 단순히 개인을 보호하기 위해서가 아니라 지상 교회의 온전한 성장과 상속을 염두에 두고 있음을 보여준다.

6. 교사의 기능 (딤전 4:16)

사도 바울은 디모데에게 자기 자신과 자기가 가르치는 모든 내용을 주의 깊게 살피도록 요구하고 있다. 그렇게 함으로써 진리에서 벗어나지 않고 지속적인 사역을 감당할 수 있게 된다. 이는 물론 디모데뿐 아니라 교회에서 가르치는 교사로 세움을 받은 모든 목사들이 받아들여야 할 말씀이다.

교회의 목사는 항상 자신을 면밀하게 잘 살필 수 있어야만 한다. 이 세상에 살아가는 인간은 항상 신앙적인 자세가 흐트러질 수밖에 없기 때문이다. 세상에 살고 있는 성도들 가운데 자기를 민감하게 살피지 않아도 될 사람은 아무도 없다. 따라서 교사의 직분을 맡은 형제들도 그런 가운데 하나님과 교회가 맡긴 직분사역을 지속해야만 하는 것이다.

그렇게 해야 하는 근본적인 이유는 그것이 전체 교회를 위해 유익이 되기 때문이다. 그것은 먼저 가르치는 교사 자신을 위해 유익하다. 나아가 그를 통해 선포되는 하나님의 말씀을 듣고 가르침을 받는 성도들에게 유익을 끼치게 된다. 따라서 교사로 세움받은 목사는 항상 바울의 교훈을 기억하는 가운데 그 사역을 성실하게 감당해야 한다.

제15장 _ 직분자의 자세
(딤전 5:1-6)

1. 노인들에게 대할 태도 (딤전 5:1)

인간들에게는 인륜人倫이 있다. 인간이라면 누구나 공통으로 지켜야만 할 기본적인 윤리가 존재하는 것이다. 만일 그것을 무시하거나 파괴하면 인간이기를 포기하는 것과 다르지 않다. 따라서 교회 가운데서도 일반적인 윤리보다 수준이 높은 마땅히 지켜져야 할 윤리가 존재한다.

앞에서 줄곧 살펴본 것처럼 교회에는 다양한 직분들이 있다. 각기 맡겨진 직분을 올바르게 수행하는 것은 매우 중요하다. 교회에서는 누구나 자기 마음대로 판단하거나 행동하지 않고 모든 것이 직분을 중심으로 움직여진다. 따라서 직분의 권위와 원만한 직분사역의 진행이 중요시되지 않으면 안 된다.

그럼에도 불구하고 교회에는 다양한 직분과 더불어 일반적인 나이의 많고 적음에 따른 윤리가 존재한다. 젊은 사람들은 노인들에 대한 존경심을 가져야 한다. 그것은 직분자라 해서 예외가 아니다. 이는 직분자들 상호간뿐 아니라 전체적으로 적용되어야 한다. 예를 들어 나이가 젊은 목사는 연세 많은 노인에 대한 존경심을 버리지 말아야 한다.

직분자라고 해서 늙은 성도들을 가볍게 대하거나 그들에게 무례한 행동을 해서는 안 된다. 설령 그들이 나쁜 길에 빠진다 할지라도 아랫사람

대하듯이 하는 태도를 취할 것이 아니라 예의를 갖추어 권면하는 자세를 유지해야 한다. 이는 마치 자식이 부모에게 대하는 것과도 같다. 부모가 잘못하면 자식이 부모를 꾸짖는 것이 아니라 조심스러운 자세로 권면하게 된다.

또한 젊은 사람들을 대할 때는 자기 형제에게 대하듯이 해야 한다. 이는 인격적인 관계를 원만하게 유지해야 한다는 것을 의미한다. 목사는 자기보다 나이가 어린 교인이라고 해서 아무렇게나 대해서는 안 된다. 저들이 하나님께서 피로 값 주고 사신 거룩한 성도라면 아무렇게 대할 수 없는 것이다. 그리고 교회에서는 젊은이가 늙은 여자 성도들을 대할 때 마치 자기 어머니를 대하듯이 해야 한다. 목사 역시 저들에게 그와 동일한 자세를 취해야 한다. 늙은 여자라고 해서 교회의 활동을 위해 그다지 필요하지 않은 존재처럼 여겨서는 안 된다. 도리어 저들에게는 더 큰 교회의 관심과 위로가 요구된다. 또한 교회의 목사들은 나이가 젊은 여성들을 대할 때는 자기의 자매에게 대하듯이 해야 한다. 이는 하나님의 말씀 안에서 건전한 마음으로 저들을 대해야 하며 무례하게 함부로 대해서는 안 된다는 사실을 의미한다. 하나님의 말씀을 맡은 직분자로서 주 안의 순결한 사랑으로 저들을 대하는 것은 매우 중요하다.

2. '참 과부' (딤전 5:3-6)

성경에서는 모든 과부들을 동일한 관점에서 보지 않고 과부 중에 '참 과부'에 대해 언급하고 있다. 바울은 성도들에게 참 과부인 과부를 존대하라는 요구를 하고 있다. 과부들 가운데 참 과부가 따로 있다는 것은 매우 특이하다.

과부란 남편이 먼저 죽음으로써 홀로 남은 부인을 일컫는다. 이는 이혼한 후 혼자 살아가는 여자를 말하는 것이 아니다. 그리고 남편을 잃은 과부라고 해서 모두를 참 과부라 말하는 것도 아닌 것이 분명하다.

그렇다면 참 과부란 어떤 과부를 말하는가? 여기서 말하는 참 과부란 모범적인 삶을 살아가는 과부를 일차적으로 일컫는 것이 아니다. 오히려 의지할 만한 대상이 아무 것도 없는 어려운 삶을 살아가는 과부를 지칭하는 것으로 보인다. 즉 누군가의 도움이 없이는 홀로 살아가기 어려운 과부를 의미하는 것 같다. 성경은 그런 과부를 멸시하지 말고 존대하라는 요구를 하고 있는 것이다.

만일 과부에게 자녀나 손자들이 있다면 저들로 하여금 먼저 자기 집에서 보살펴 드리며 효성을 다해야 한다. 그것이 자기에게 베푸신 부모의 사랑에 보답하는 길이 된다. 자녀가 육신의 부모에게 그렇게 하는 것이 하나님께서 원하시는 뜻이다. 하나님은 그와 같은 삶과 행위를 기쁨으로 받아주신다.

참 과부로서 이 세상에서 외롭고 어려운 형편에 놓인 자들은 영원한 하나님께 소망을 두고 살아가게 된다. 그들은 밤낮으로 항상 하나님께 간구하며 기도할 수밖에 없다. 그것은 곧 저들에게 하나님의 놀라운 은혜가 된다. 세상에서는 비록 외롭고 가난하게 살아가지만 영원한 천국을 기억하며 더 큰 위로를 받게 되기 때문이다.

그러나 하나님을 알지 못하는 자들은 세상의 향락을 추구하며 그것을 좇아간다. 신앙이 어린 자들은 세상의 욕망을 완전히 포기하지 못하고 여전히 그와 같은 경향성을 버리지 못할 수 있다. 나아가 가정의 행복을 느끼는 자들은 천국의 소망에 대해 그다지 갈급하지 않을 수 있다. 세상의 향락을 누리기를 좋아하는 자들은 겉보기에 살아있는 것처럼 보이지만 실상은 죽은 자들이다.

이에 반해 세상에서 의지할 데가 없어 심한 외로움을 느끼는 참 과부는 영원한 천상의 나라에 유일한 소망을 둠으로써 오히려 보통 사람들이 알지 못하는 참된 소망을 누리게 된다. 그렇게 되면 외로움에 처한 저들이 그렇지 않은 자들보다 더 복된 자들이라 말할 수 있다. 그들이 진정으로 살아있는 신앙인들이기 때문이다.

제16장 _ 직분자가 교육해야 할 성도들의 생활

(딤전 5:7-16)

1. 친척을 돌봐야 할 성도의 책무 (딤전 5:7,8)

하나님의 자녀들은 이 세상에서 이기적인 삶을 살아가지 않는다. 따라서 항상 연약한 이웃을 관심 있게 돌아볼 수 있는 마음을 가지고 있어야 한다. 만일 그렇지 않고 자기의 유익만 추구하거나 어려운 이웃에 대해 무관심하여 방치한다면 그것은 책망받을 수밖에 없는 일이 된다.

사도 바울은 디모데에게 성도들로 하여금 책망받을 만한 것이 없도록 하라는 요구를 하고 있다. 이는 저들을 하나님의 말씀에 기록된 교훈에 온전히 순종하도록 교육하라는 의미를 지니고 있다. 그렇게 함으로써 타락한 세상에 존재하는 교회가 진정으로 교회다워지게 되는 것이다.

하나님의 자녀들은 자신의 가족을 신실하게 돌보지 않으면 안 된다. 어려운 친척들이 있을 경우 그들을 관심 있게 돌아 볼 수 있어야 한다. 그것은 성도들이 마땅히 감당해야 할 의무에 속한다. 만일 자기의 가족이나 친척들 가운데 어려움에 처한 자들을 보고 소홀히 하거나 저들을 돌보지 않는다면 믿음을 배반한 자가 된다. 바울은 말하기를 그런 자들은 불신자들보다 더 악한 자라고 일컫고 있다.

교회에서 열심히 봉사하고 목청을 높여 찬송가를 부르고 열성적으로 기도한다고 해도 가족과 친척들을 돌보지 않는다면 그것은 아무런 의미가 없다. 나아가 교회에 많은 액수의 연보를 하고 사회봉사를 위해 모든 정열을 다한다 해도 가까운 자기 가족을 돌보지 않는다면 그것은 종교적인 가식에 지나지 않는다. 성경은 자기의 가족이 어려움에 처해 있다면 먼저 그들에게 관심을 가지고 돌볼 것을 요구하고 있는 것이다.

2. 과부 명부 (딤전 5:9,10)

성경은 과부의 명부에 대해 특별한 언급을 하고 있다. 이는 교회가 관심을 가지고 거두며 돌보아야 할 과부들을 체계적으로 관리해야 할 것을 요구하는 의미를 지닌다. 그러나 남편을 잃은 모든 과부들이 그 명부에 올라갈 수 있는 것이 아니다.

과부의 명부에 이름이 올라갈 수 있는 조건은 우선 나이가 육십이 넘은 사람이어야 한다. 그들은 나이가 많아 스스로 노동할 수 있는 힘이 부족하고 교회의 도움을 필요로 하는 자들이다. 물론 그 과부들은 신앙을 가진 정숙한 여인이어야 한다.

또한 그 명부에 이름을 올리려면 한 남편의 아내였던 여성이 아니면 안 된다. 여기서 한 남편의 아내라는 말은 남편을 사별死別한 후에 재혼再婚을 했다가 또다시 그 남편을 잃었더라도 정상적인 관계에서 이루어진 혼인이라면 한 남편의 아내였던 것으로 인정할 수 있었을 것이 틀림없다.

그러나 신앙이 없으므로 인해 가정을 소홀히 한 여성으로서 과부가 되었다 해도 행실이 부도덕한 자라면 육십이 넘는다 할지라도 그 여성은 과부의 명부에 이름을 올리지 못한다. 물론 그와 같은 여성이 경제적인 어려움을 당할 경우 다른 방법으로 도움을 줄 수 있을 것이다. 하지만 올바른 신앙이 없는 여인들을 교회의 과부 명부에 올릴 수는 없었다.

따라서 그 과부 명부에 이름이 올려지기 위해서는 반드시 선한 행실의 증거가 있어야만 한다. 그리고 자녀를 올바른 신앙으로 양육하고 나

그네를 잘 대접하며 성도들의 발을 씻겨주며 이웃을 섬기는 자세를 소
유한 사람이 아니면 안 된다. 또한 어려운 환난을 당한 자들을 구제하며
저들을 위해 선한 일을 행하는 자로 인정받는 과부여야 한다.

이 말은 그 여성이 과거 젊을 때부터 성실한 신앙인의 삶을 살았던 자
라야 한다는 사실을 말해주고 있다. 즉 그들은 이웃을 섬기기 위해 자신
의 모든 것을 내어놓을 준비가 되어 있었던 자들이다. 그들은 성심으로
이웃을 섬겼으며 어려움에 처한 자들을 외면하지 않았던 것이다.

교회는 이제 가난하고 외로움에 빠지게 된 그 과부들을 외면하지 말
아야 한다. 교회가 늙어 힘없는 과부로 살아가는 나이 많은 부인들에게
그와 같은 제도적인 기초를 갖춤으로써 저들에 대한 삶을 보장해야 한
다. 그것을 통해 젊은 사람들은 또 다시 그와 같은 신앙인의 삶을 살고
자 하는 자세를 본받게 되는 것이다. 여기에는 일상적인 생활에 대한 교
회적인 상속의 의미가 내포되어 있다.

이는 사실 우리에게 매우 중요한 점을 시사하고 있다. 오늘날 우리도
경제적으로 여유로운 사람들이 가난하고 어려운 이웃을 위해 모든 것을
내어놓고 봉사하며, 저들이 늙어 힘이 없게 되면 교회가 저들의 안전한
삶을 보장하게 되면 좋을 것이다. 사실 사도교회 시대에는 그것이 어느
정도 제도화 되어 있었던 것으로 보인다.

현대 교회가 이에 대한 삶의 보장원리를 올바르게 이해하는 것은 매
우 중요하다. 설령 그것을 직접 시행하기에 쉽지 않다고 하더라도 반드
시 그에 대한 이해를 하고 있어야만 한다. 그래야만 다소 부족할지라도
성경이 말하고 있는 바 그 정신을 계승할 수 있을 것이기 때문이다.

3. 젊은 과부 (딤전 5:11-15)

나이가 젊은 과부들의 이름은 교회의 과부 명부에 올리지 말아야 한
다. 이는 그가 정욕에 이끌리게 되면 오직 그리스도를 위해 헌신하겠다

는 마음을 버릴 수 있기 때문이다. 그런 여인들은 예수 그리스도 앞에서 했던 약속을 어기고 재혼할 가능성이 있다. 그렇게 되면 처음 다짐했던 믿음을 저버림으로써 정죄를 받게 된다.

또한 그와 같은 자들은 자신에게 맡겨진 일들에 대해 최선을 다하지 않고 나태해져서 이집 저집을 돌아다니기도 한다. 그들은 게으르게 되어 쓸데없는 문제들을 만들어내기도 한다. 그렇게 함으로써 아무에게도 유익이 되지 않는 말들을 지어내어 구설수에 오르기도 하는 것이다.

그러므로 젊은 여성이 남편과 사별死別하여 교회법에 따라 정당하게 재혼을 할 경우 자녀를 낳고 가정을 지키는 것이 바람직하다. 그런 삶을 살아가는 가운데 원수들에게 비방할 거리를 제공하지 말아야 한다. 어리석은 젊은 과부들 중에는 하나님을 멸시하고 제멋대로 행동하며 사탄의 편에 서게 된 자들이 많이 있었다.

4. 과부를 돌봐주어야 할 책무 (딤전 5:16)

하나님의 백성들은 항상 주변의 가난한 이웃들을 기억하되 특히 가까이 살고 있는 자들을 기억해야 한다. 인간 사회에는 언제나 어려움을 당하는 사람들이 있기 마련이다. 성도들 가운데 고통을 당하는 자가 있을 경우에는 교회가 그 짐을 나누어 져야 하며 각 성도들은 개인적으로 그 사람들을 위해 신경을 써야만 한다.

그러므로 바울은 믿는 성도들에게 과부 친척이 있거든 개인적으로 도움을 주라는 말을 하고 있다. 자기의 힘으로는 살아가기 어려운 가난한 과부가 친척이라면 그를 거두어 돌봐주는 것이 성도로서 마땅히 감당해야 할 책무에 해당된다. 그렇게 함으로써 가급적이면 교회가 그 사람 때문에 부담을 느끼지 않도록 해야 한다. 이는 성도들이 교회에 모든 짐을 지울 것이 아니라 각 개인 성도들이 그에 연관된 소임을 성실하게 감당하는 삶을 살아야 한다는 사실을 말해주고 있다.

현대의 상당수 기독교인들이 가까운 이웃의 어려움을 외면한 채 외부에 연관된 일반적인 구제에 적극적인 것은 결코 바람직하지 않다. 예를 들어 주변의 고통받는 자들을 위해서는 아무런 도움의 손길을 펼치지 않으면서 홍수나 태풍 등으로 인한 사회적인 재난을 당하게 되면 상당한 액수의 기부금을 내는 행위들이 그와 같은 경우이다.

우리 시대에는 교회에 연보하는 일에는 최선을 다하면서 가난한 이웃을 돌아보는 일에 대해서는 소홀히 여기는 경우가 많다. 교회는 성도들이 교회에 연보하는 데 힘을 쏟는 만큼 가난한 이웃을 돌아볼 수 있도록 지도해야 한다. 성도들이 그에 대한 올바른 자세를 가지는 것은 매우 중요하다.

제17장 _ 장로들의 권위와 자기 관리
(딤전 5:17-25)

1. 장로들에 대한 존경심 (딤전 5:17)

교회에 속한 모든 성도들은 장로 직분을 맡은 형제들에 대해 존경하는 마음을 가져야 한다. 그것은 교회의 질서에 해당되는 매우 중요한 의미를 지닌다. 엄밀한 의미에서 볼 때 그렇게 해야 하는 것은 존경을 받는 장로들을 위해서라기보다 교회를 위한 것이며 일반 성도들을 위한 것이다. 장로들을 존경하지 않는 상태에서는 교회 가운데서 올바른 신앙생활을 하기 어렵다.

사도 바울은 장로들을 존경하되 잘 다스리는 장로들은 배나 존경할 자로 알아야 한다고 했다. 그리고 하나님의 말씀을 선포하며 가르치는 사역을 위해 수고하는 장로인 목사들에게는 더욱 그러해야 한다는 사실을 말했다. 이는 교회에 속한 성도들에게 매우 중요한 의미를 지니고 있다.

만일 교회에서 장로들을 존경하지 않는 교인이 있다면 그것은 매우 불행한 일이다. 나아가 가르치는 목사를 존경하지 않는 것은 더욱 더 그렇다. 교회의 교사인 목사는 매주일 공 예배에서 설교하며 하나님의 말씀을 선포한다.

가르치는 장로인 목사를 존경하는 성도라면 그가 선포하는 말씀을 기쁨과 감사함으로 받아들일 수 있다. 그러나 목사를 존경하지 않는 교인이라면 그 말씀을 온전히 받아들이기 어렵다. 그렇게 되면 하나님을 온전히 경배하는 일에 방해받을 수밖에 없다. 우리는 하나님의 교회에 속한 성도로서 참된 교사인 목사를 존경할 수 있다는 것은 최대의 복이 된다는 사실을 기억하지 않으면 안 된다.

2. 가르치는 장로인 목사와 생활비 (딤전 5:18)

지상의 교회는 원칙적으로 하나님의 말씀을 선포하며 가르치는 교사인 목사의 생활비를 부담하는 것이 자연스럽다. 사도 바울은 그에 대한 매우 중요한 사실을 기록하고 있다. 그는 구약성경 본문을 인용하며 목사가 교회에 의해 생활을 보장받는 것이 마땅하다는 사실을 언급했다.

> "성경에 일렀으되 곡식을 밟아 떠는 소의 입에 망을 씌우지 말라 하였고 또 일꾼이 그 삯을 받는 것은 마땅하다 하였느니라"(딤전 5:18; 신 25:4)

모세가 기록한 구약의 율법에는 곡식을 밟아 떠는 소의 입에 망을 씌우지 말아야 한다는 내용이 기록되어 있다. 소의 입에 망을 씌우는 것은 일하는 소로 하여금 저가 떨고 있는 곡식을 먹는 것을 방지하기 위한 방편이었다. 하지만 그렇게 하는 것은 정당하지 않다. 곡식을 밟아 떠는 소가 그 곡식을 적절하게 먹는 것은 노동하는 소에게 주어진 일종의 권리에 해당되기 때문이다.

사도 바울은 이 말씀을 언급하며 교회 가운데서 사역하는 목사가 생활비를 지급받는 것은 마땅한 일이라고 말했다. 이에 대해서는 매우 사려 깊게 생각을 하지 않으면 안 된다. 그것은 단순히 돈을 주고받는 문제가 아닐 뿐더러 생존 문제 자체에 국한되는 것이 아니기 때문이다.

교회가 하나님의 말씀을 가르치는 교사에게 생활비를 지급하는 이유는 그로 하여금 개인적인 취향이나 목적에 따라 자기 마음대로 사역하지 못하게 하는 방도가 된다. 즉 목사는 교회로부터 생활을 보장받기 때문에 교회의 의사에 따라 말씀을 선포하며 가르치는 사역을 감당해야할 의무가 있다. 이는 물론 하나님을 경외하는 참된 교회를 염두에 둔것으로 이해해야 한다.

그러므로 가르치는 직분을 맡은 목사가 교회로부터 생활비를 받지 않는 것은 원칙적인 측면에서 볼 때 정당한 것으로 말할 수 없다. 설령 목사가 소유한 재산이 많아 교회가 달리 생활비를 지급하지 않아도 된다고 할지라도 목사는 생활비를 받아야만 한다. 만일 생활비를 받지 않는다면 교회의 의사가 아니라 목사 개인의 뜻대로 교회를 이끌어가려는 오류에 빠질 우려가 있다. 목사는 자기가 원하는 대로 교회를 세워나갈 것이 아니라 교회의 뜻에 순종해야 할 의무가 있기 때문이다.

3. 장로에 대한 고발 (딤전 5:19,20)

중요한 직분을 맡은 교회의 장로들도 보통 인간들과 다르지 않은 사람들이다. 그들도 부지중에 실수할 수 있으며 경우에 따라서는 나약해져 의도한 범죄를 저지를 수도 있다. 물론 장로들은 자기의 잘못을 빨리되돌아 볼 수 있어야 하며 범죄에 대해서는 즉각적으로 회개할 수 있는자세를 유지해야 한다.

그런데 만일 장로인 사람이 범죄한 후 자기의 죄를 감추려 하거나 그것을 부인할 경우에는 그냥 넘어가서는 안 된다. 하지만 누구든지 감정적인 태도나 추측에 의해 악의로 장로를 그렇게 몰아가려 해서는 안 된다. 따라서 장로의 죄에 대한 고발은 한 사람이 아니라 두세 증인이 있어야만 한다. 즉 두세 명의 증인이 없다면 교회는 저들의 고발을 받아들이지 말아야 한다.

그러나 두세 사람 이상의 증인이 장로의 범죄사실을 증언한다면 교회가 그 고발을 받아들여 사실 여부를 확인해야 한다. 만일 장로가 범죄한 것이 확실할 경우 교회는 온 회중 앞에서 그를 책망해야 한다. 그렇게 함으로써 교회가 순결을 유지할 수 있으며 나머지 교인들이 죄에 대한 두려움을 가질 수 있게 된다.

4. 공정한 자세 (딤전 5:21)

교회의 장로들은 항상 공정한 자세를 유지해야만 한다. 즉 어떤 경우에도 정당한 사유 없이 교인들을 편파적으로 대해서는 안 된다. 교회에서는 남녀노소男女老少와 빈부귀천貧富貴賤을 따질 필요가 없다. 나아가 종족의 차이가 없으며 직업이나 학력에 있어서도 별다른 의미를 가지지 않는다.

바울은 이에 대해 엄하게 명령하고 있다. 그는 하나님과 예수 그리스도와 천사들 앞에서 엄히 명한다는 사실을 밝혔다. 이는 교회의 감독인 장로들이 아무런 편견이 없이 모든 성도들을 공정하게 대하는 것이 얼마나 중요한가 하는 점을 말해주고 있다. 교회는 이에 대해 분명한 자세를 취하지 않으면 안 된다.

5. 신중한 안수 (딤전 5:22)

교회와 장로들이 모이는 장로회에서는 아무에게나 경솔하게 안수하는 일이 있어서는 안 된다. 목사와 장로를 비롯해 집사를 장립하기 위해 시행되는 안수는 역사 가운데 진행되는 지상 교회의 상속에 연관되어 있다. 안수를 신중하게 해야 하는 근본적인 이유는 바로 그점 때문이다.

그러므로 교회는 직분자 안수를 위해 여간 신중하지 않으면 안 된다. 교회가 성경에 기록된 교훈을 무시하고 아무렇게나 안수한다면 그것 자체로서 하나님 앞에서 무서운 죄가 된다. 이는 하나님의 교회를 어지럽히는 일을 행하는 것이 되기 때문이다.

교회에 속한 모든 성도들은 항상 이에 대한 중요성을 염두에 두고 있어야 한다. 그것이 역사 가운데 존재하는 지상 교회를 올바르게 보전하기 위한 실제적인 소중한 방편이 되기 때문이다. 이점을 소홀히 여긴다면 교회는 쉽게 세속화되어 거룩한 본질을 상실하게 될 것이 분명하다.

6. 다른 사람의 죄와 자기의 죄 (딤전 5:22)

성도들은 자기의 죄에 대해 민감한 자세를 유지해야 한다. 특히 교회의 장로 직분을 맡은 자들은 더욱 그렇다. 자기의 죄를 간과하고 깨닫지 못한 채 남의 죄만 들여다보게 되면 엄청난 오해에 휩싸이게 된다. 자칫 잘못하면 남의 죄 때문에 스스로 자고自高하는 오류에 빠지게 될 우려가 있기 때문이다.

그러므로 자신의 나약한 형편을 잊은 채 다른 사람의 죄를 살피며 그것을 간섭하는 일은 하지 말아야 한다. 이는 일반적인 권징 사역과는 다른 것으로서 일부러 다른 교인들의 실수를 찾아내려고 애쓰는 것과 밀접하게 연관된다. 우리는 이 둘 사이의 차이를 분명하게 이해해야 할 필요가 있다.

따라서 중요한 것은 자신을 죄로부터 지켜 정결하게 보존하는 것이다. 하나님의 자녀가 된 자들이 거룩한 하나님의 자녀답게 자신을 신실하게 관리하는 것은 매우 중요하다. 교회의 장로로 세움을 받은 성도들은 더욱 그렇다. 특히 말씀을 선포하며 성도들을 목양하는 목사는 항상 이에 대해 깊이 명심하지 않으면 안 된다.

7. 디모데의 건강과 포도주 (딤전 5:23)

사도 바울은 디모데에게 이제부터 물만 마시지 말고 포도주를 조금씩 마시도록 권면하고 있다. 그 이유는 그가 위장이 좋지 않았기 때문이었으며 자주 나는 병 때문이었다. 물론 바울은 디모데에게 술 자체를 권하는 것이 아니다.

그럼에도 불구하고 바울의 교훈 가운데서 우리는 몇가지 중요한 사실을 발견하게 된다. 그것은 우선 바울이 사랑하는 아들 디모데의 건강에 연관된 개인적인 형편을 잘 알고 있었다는 사실이다. 이는 바울과 디모데의 신앙으로 말미암은 인격적인 관계를 보여주며 진정으로 염려하는 바울의 자세를 보여준다.

그리고 디모데는 병약한 사람이었다는 점이다. 하나님의 사람 디모데가 건강하지 않았다는 것은 하나님을 잘 믿는 사람이라 해서 무조건 건강하게 되는 것이 아니라는 사실을 말해 준다. 건강 문제에 있어서는 바울도 상당한 어려움을 겪고 있었다. 이런 모든 형편들을 감안할 때 예수를 잘 믿으면 질병이 낫고 건강하게 사는 복을 누리게 된다는 말은 옳지 않다는 사실을 알 수 있다.

8. 하나님 앞에 드러나게 될 모든 죄악과 선행 (딤전 5:24)

이 세상에 살아가는 모든 사람들의 죄악은 항상 하나님 앞에 노출되어 그대로 드러나게 된다. 인간들 앞에서는 그것을 감출 수 있을지 모르지만 하나님 앞에서는 그럴 수 없다. 심지어 어떤 죄 가운데는 자기 자신마저 속이는 경우도 있다. 자기가 범죄하고 나서도 그것이 무서운 죄라는 사실을 전혀 인식하지 못하는 경우가 있는 것이다

바울은 어떤 사람들의 죄는 미리 밝히 드러나 먼저 심판에 나아가고 또 다른 어떤 사람들의 죄는 나중 그 뒤를 따른다고 했다. 이는 범죄에

대한 심판이 항상 즉각적으로 이루어지는 것이 아니란 사실을 말해준다. 또한 인간들의 선행도 하나님 앞에서는 밝히 드러나게 된다. 그때도 본인은 그것이 선행이라는 사실을 전혀 인식하지 못한 채 하나님으로부터 선행으로 인정받기도 한다.

분명한 사실은 인간의 모든 죄와 선행은 하나님 앞에 그대로 밝히 드러나게 된다는 사실이다. 따라서 모든 성도들은 항상 이에 대한 분명한 깨달음을 가지고 있어야 한다. 그렇게 함으로써 하나님을 경외하는 성도들은 지상에 존재하는 하나님의 교회를 온전히 보전할 수 있을 것이기 때문이다.

제18장 _ 교회의 질서
(딤전 6:1,2)

1. 교회의 질서

지상 교회 가운데는 하나님께서 요구하시는 질서가 있다. 직분적인 질서는 물론 나이와 성별에 따른 질서도 존재한다. 그 모든 질서는 마땅히 확립되어야 한다. 나아가 우리가 반드시 기억해야 할 바는 사회적 신분에 연관된 배경 역시 교회의 질서유지와 직접 연관되어 있다는 사실이다.

교회는 성도들간에 질서를 어지럽히는 행위를 하는 자들을 용납하지 말아야 한다. 지상에 있는 하나님의 교회는 어느 시대 어느 지역에 있든지 선한 질서 가운데 존재해야 하기 때문이다. 따라서 모든 성도들은 교회 안에 존재해야 할 전체적인 질서에 대한 올바른 이해를 하지 않으면 안 된다.

여기서는 직분이나 나이에 연관된 질서를 우선적으로 말하지 않는다. 본문 가운데는 세상의 신분에 연관된 질서에 대한 내용이 언급되어 있다. 사도 바울은 디모데에게 일반 사회적인 신분에 차이가 나는 사람들이 동일한 교회에 속해 있을 경우 그 신분 자체를 무시해서는 안 된다는 사실을 언급하고 있다.

2. 종들과 상전 (딤전 6:1)

종이라든지 상전이라든지 하는 말은 세상에 존재하는 신분일 뿐 하나님의 몸된 교회 안에서는 더 이상 기능적인 의미가 존재하지 않는다. 하지만 교회에 속한 성도들 가운데는 바깥 사회에서 다른 사람을 상관으로 모시는 자들이 있다. 그런가하면 다른 사람들을 자기의 수하에 두고 지시하며 다스리는 자들도 있다.

물론 그와 같은 세속적인 신분여하에 상관없이 모든 성도들은 하나님 앞에 평등하다. 따라서 교회의 직분을 맡는 데 있어서도 세상에서의 신분은 아무런 영향을 끼치지 않는다. 일반 사회생활에서 다른 사람을 섬기는 자라 할지라도 교회의 각종 직분을 맡을 수 있으며, 다른 사람들을 다스리는 자라 해서 교회에서 특권을 지니는 것도 아니다. 이는 저들 사이에 아무런 차별이 존재하지 않는다는 사실을 말해주고 있다.

그럼에도 불구하고 종과 상전 혹은 부하 직원과 상사가 동일한 교회에 속해 있을 경우 사회에서 아랫사람은 윗사람을 공경할 자로 알고 대해야만 한다. 즉 교회에서 맡은 직분과 상관없이 종이나 상전이 다 같이 하나님을 믿는 성도가 되었다고 해서 수하에 있는 사람이 상관을 아무렇게나 대해서는 안 된다. 만일 그런 일이 발생한다면 질서 있는 교회의 모습을 보여주기 어렵게 된다.

3. 믿는 상전과 종 (딤전 6:2)

성경은 상전이든 종이든 하나님을 믿는 성도라면 모두가 동일한 형제라는 사실을 분명히 밝히고 있다. 그러나 형제라고 해서 자기가 바깥 사회에서 상사로 모시고 있는 사람을 가볍게 여겨서는 안 된다. 오히려 교

회 밖 직장에서는 그전보다 더 잘 섬기기 위해 최선의 노력을 기울여야
만 한다. 그것이 성도들이 가져야 할 마땅한 자세이자 도리이다.

그러므로 상사를 섬기는 자가 먼저 자신을 낮추어 그를 진정으로 공
경하는 마음을 가져야 한다. 즉 자신의 신분을 살펴 성실하게 자신의 일
을 감당해야만 하는 것이다. 그렇게 함으로써 성도로서 자신의 겸손한
모습을 여러 사람들에게 보여주게 된다.

만일 동일한 성도라고 해서 직장 상사에게 무례한 행동을 한다면 그
것으로 인해 하나님의 이름과 그가 주신 교훈이 외인들로부터 비방을
받게 된다. 따라서 모든 하나님의 자녀들은 세상에서 가진 신분에 따
라 자신의 소임을 다해야 한다. 그렇게 함으로써 믿는 자로서 참된 유
익을 얻게 되며 상관으로부터 사랑과 인정을 받게 된다. 사도 바울은
디모데에게 그에 대한 것들을 성도들에게 가르치고 권면하도록 요구
하고 있다.

제19장 _ 말씀과 경건에 관한 교훈
(딤전 6:3-6)

1. 다른 교훈을 전하는 자 (딤전 6:3)

역사적인 교회 가운데는 항상 거짓 교사들이 많이 있어 왔다. 그들은 성도들 사이에 들어와 주변을 배회하면서 복음에 반하는 다른 교훈을 전하고자 한다. 그 사람들은 하나님의 바른 말씀을 거부한다. 나아가 예수 그리스도께서 전하신 말씀을 버리고 경건한 교훈을 따르지 않는다.

교회를 어지럽히는 자들 중에는 의도적인 거짓 교사가 있는가 하면 자기는 거짓 교사라 생각지 않지만 실상은 거짓 교사인 자들도 있다. 전자의 경우 아무리 그럴듯하게 위장한다고 할지라도 자세히 들여다보면 사악한 모습을 엿볼 수 있다. 하지만 후자의 경우에는 인간적인 측면에서 볼 때 매우 신실한 자들일 수 있다. 그런 자들의 신실한 모습은 결코 가식적이지 않다.

그런데 문제가 되는 것은 의도적인 거짓 교사가 아니다. 그런 자들은 오히려 쉽게 식별해 낼 수 있다. 진정으로 위험한 자는 당사자 자신도 자기가 하나님의 진리를 떠나 거짓을 전하고 있다는 사실을 인식하지 못하는 경우이다. 그런 사람들은 잘못된 자신의 신앙에 대해 스스로 왜

곡된 확신을 가지고 있다.

하지만 인간적으로 보여주는 신실함 자체는 아무런 의미를 발생시키지 않는다. 그것은 도리어 연약한 사람들을 미혹하게 하는 매우 위험한 역할을 하게 된다. 따라서 교회는 성도들 주변을 서성이면서 다른 교훈을 전하는 윤리적인 성품을 지닌 자들을 정신차려 경계하지 않으면 안된다.

2. 교만한 무지식자無知識者 (딤전 6:4)

잘못된 자기 확신에 빠진 자들은 스스로 종교적인 교만에 빠지게 된다. 그런 자들은 성경에 대한 올바른 지식을 소유하고 있지 않다. 그들은 성경을 부분적으로 읽으며 자기가 원하는 내용만 뽑아 이용할 따름이다. 그럼에도 불구하고 아무것도 모르는 채 마치 모든 것을 아는 듯이 주장하며 행동한다.

그러므로 그들은 다른 사람들과 종교적인 변론과 논쟁을 되풀이하기를 좋아한다. 그와 같은 자들은 하나님의 말씀을 통한 진리에 호소하는 것이 아니라 인간의 종교적인 이성과 경험에 호소하게 된다. 어리석은 자들은 진리의 본질과 상관없이 이성과 윤리로 무장된 저들의 거짓 교훈에 쉽게 설득당할 수밖에 없다.

그 결과는 지상 교회를 위해 아무런 유익도 되지 않는다. 그것들은 도리어 투기와 분쟁을 일으켜 해악을 끼치게 된다. 그것은 사탄이 궁극적으로 원하는 결과이기도 하다. 교회에 속한 성숙한 하나님의 자녀들은 기록된 말씀에 의지함으로써 저들의 주장과 사상을 쉽게 받아들이지 않을 것이 틀림없다. 그렇게 되면 참과 거짓이 부딪치게 되며 결국은 갈등이 일어날 수밖에 없게 된다.

또한 그것으로 인해 악한 자들이 하나님을 경외하는 성도들을 도리어 비방하기를 서슴지 않는다. 나아가 하나님을 떠난 악한 사상들이 기독교 사회 가운데 더욱 기승을 부리게 된다. 그것은 아직 신앙이 어린 교인들로 하여금 신앙적인 갈등을 불러일으킬 수 있으며 잘못된 본을 보며 영적인 상처를 입을 수도 있다. 따라서 교회는 항상 눈을 부릅뜨고 교만한 무식자들을 경계해야만 한다.

3. 경건을 이익의 방편으로 삼는 자들 (딤전6:5)

교회 내부로 들어와 기독교의 신앙적인 형식을 익히고 거짓 교훈에 빠져든 자들은 마음이 부패해 더러워진다. 그런 자들은 성경에 기록된 참된 진리를 받아들이지 않고 하나님을 떠나게 된다. 그들에게 중요한 것은 더 이상 영원한 진리가 아니라 타락한 세상에서 추구하는 종교적인 욕망이다.

그럼에도 불구하고 그들은 자신의 불신앙에 대해 반성하거나 회개하지 않는다. 그런 자들은 도리어 자신의 신앙이 대단한 것인 양 보이기 위해 종교적인 것들로 포장하게 된다. 그들이 그렇게 하는 이유는 겉보기에 그럴듯한 경건의 모양을 가지고 그것을 자기를 위한 이익의 방편으로 삼고자 하기 때문이다.

하지만 거짓 교훈에 빠져들게 된 자들은 서로간 싸울 수밖에 없다. 거짓된 가르침을 베푸는 자들은 제각각 자신이 추구하는 인간적인 목적이 있기 때문에 조금의 손해도 보지 않으려 애쓴다. 따라서 약간의 손해라도 입게 되면 자기의 유익을 침해당하지 않기 위해 다툼이 일어나게 되는 것이다.

4. 자족하는 마음을 가진 자들 (딤전6:6)

타락한 세상에 살아가면서 진정으로 영원한 천국을 바라보는 성도들은 항상 자족하는 마음을 가져야 한다, 이는 세상의 것들에 대한 소유

정도와는 아무런 상관이 없다. 즉 세상의 것과 무관하게 자족할 수 있는 것이다.

하나님의 자녀들이 자족할 수 있는 것은 영원한 천상의 나라에 대한 참된 소망 때문이다. 그 소망을 진정으로 소유해 누리게 되면 이 세상의 것들은 추구의 대상이 되지 않는다. 따라서 세상이 아무리 악하게 변하고 모든 것이 사라진다고 할지라도 성도들의 자족하는 마음은 그대로 유지될 수 있다.

그러므로 성도들이 소유하게 되는 그 자족하는 마음은 경건을 위해 큰 유익이 되지 않을 수 없다. 자족하는 마음이 없다는 말은 불만이 가득하다는 말과 동일하다. 불평불만이 많게 되면 하나님께 감사하는 마음이 약화되어 간다. 따라서 진정한 경건을 유지하기 위해서는 영원한 천국으로 인해 자족하는 마음을 가질 수 있어야 한다. 따라서 자족하는 마음을 배경으로 한 경건은 성도들에게 커다란 유익이 되는 것이다.

제20장 _ 세상에 대한 올바른 이해와 대응 태도
(딤전 6:7-10)

1. 맨손으로 온 인생 (딤전 6:7)

인간들의 소유욕은 결국 인간들을 좌절에 **빠뜨리게** 한다. 인간이 이 세상에 태어나면서 가지고 온 것은 아무것도 없다. 이는 인간들이 죽을 때도 가지고 갈 것이 없다는 사실을 말해주고 있다.

그럼에도 불구하고 인간들은 가능한 한 세상의 것들을 많이 소유하기 위해 온갖 노력을 아끼지 않는다. 그것이 물질적이며 유형적인 것이든지 정신적이며 무형적인 것이든지 마찬가지다. 어떤 사람들은 손에 쥘 수 있는 물질을 더 많이 가지기를 원하며 다른 어떤 사람들은 정신적인 것들을 향유하고자 한다.

그러나 그와 같은 모든 것들은 영원한 삶을 염두에 둘 때 궁극적인 의미를 줄 수 없다. 그런 것들이 설령 인간들에게 상당한 자부심을 제공하거나 그것이 없어 궁핍한 상황을 만들지라도 그것 자체로서는 지극히 유한한 것에 지나지 않는다. 중요한 사실은 하나님께서 그 인간들에게 과연 무엇을 요구하는가 하는 점이다. 그에 대한 올바른 깨달음을 가지는 것이 소중할 따름이다.

2. 하나님으로 인해 자족하는 삶 (딤전 6:8)

성숙한 성도들은 자족하는 삶을 살고자 하는 마음을 가진다. 그렇게 하기 위한 가장 기본적인 조건 가운데 하나는 다른 사람들과 자신 혹은 다른 사람들 사이를 비교하지 않는 것이다. 비교하는 삶에 익숙하게 된 사람들은 남들 앞에서 교만해지거나 비굴해질 우려가 생길 수 있다.

우리가 분명히 깨달아야 할 점은 모든 인간은 예외 없이 하나님 앞에 서 있는 자들이라는 사실이다. 사람들 앞에서 어떤 평가를 받는가 하는 것 자체는 별 의미를 지니지 않는다. 중요한 사실은 하나님께서 어떻게 보시는가 하는 점이다.

그러므로 세속적인 성공을 지향하는 것은 하나님의 자녀들이 취할 삶의 자세라 할 수 없다. 많은 소유를 통해 자부심을 가지거나 다른 사람들 위에 군림하려고 애쓰는 것은 지극히 어리석은 태도이다. 나아가 그것을 자랑거리로 삼아 스스로 만족스러운 삶을 살고자 하는 것은 지극히 유치한 것에 지나지 않는다.

이 세상에서는 기본적으로 먹고 입을 만한 것들이 있으면 그것으로 족하다. 성도들에게 있어서는 그 모든 것들이 인간의 노력에 근거하여 쟁취되는 것이 아니라 하나님의 은혜로 말미암아 주어지는 것이다. 예수님께서는 산상수훈에서 제자들에게 그에 관한 분명한 교훈을 주셨다.

> "그러므로 염려하여 이르기를 무엇을 먹을까 무엇을 마실까 무엇을 입을까 하지 말라 이는 다 이방인들이 구하는 것이라 너희 천부께서 이 모든 것이 너희에게 있어야 할 줄을 아시느니라 너희는 먼저 그의 나라와 그의 의를 구하라 그리하면 이 모든 것을 너희에게 더하시리라"(마 6:31-33)

우리는 이 말씀을 단순한 상징이 아니라 실제적인 현실로 받아들여야 한다. 교인들 가운데는 이 말씀을 관념적으로 이해하려는 경우가 있음을 보게 된다. 그런 생각을 하는 자들은 인간의 자구적인 노력에 의해 이 세상에서 만족스럽고 풍요로운 삶을 누릴 수 있다는 논리를 펼친다.

그러나 그런 생각은 매우 위험하다. 하나님의 자녀들은 자신의 노력만으로 세상에서 잘 먹고 살아가는 것이 아니다. 하나님을 경외하는 성도로서 성실한 삶을 이어갈 때 그 결과로서 허락된 음식을 먹으며 옷을 입고 살아간다. 따라서 질병에 걸린 성도들이나 자신의 삶을 유지할 만한 능력이 매우 부족한 성도들도 하나님께서 공급해주시는 것으로서 세상을 살아가게 되는 것이다.

따라서 모든 성도들은 하나님 앞에서 자족하는 삶을 살아갈 수 있어야 한다. 이는 세상의 조건과는 특별한 상관이 없다. 부자든 가난한 자든, 건강하든 병약하든, 일반적인 문제가 있든 없든 모든 하나님의 자녀들은 은혜 가운데 자족하는 삶을 살아가게 되는 것이다. 이에 대한 이해를 올바르게 하는 것은 교회와 성도들을 위해 매우 중요한 의미를 지닌다.

3. 부자가 되려는 자들의 어리석음 (딤전 6:9)

어리석은 인간들은 대개 세상에 살아가면서 부자가 되려는 마음을 가지고 있다. 하지만 수많은 인간들 가운데 그에 성공하는 자는 그렇게 많지 않다. 나아가 부자가 된 자들은 거기서 멈추지 못하고 더 큰 부자가 되려고 한다. 그런 자들은 남들이 알지 못하는 자부심이나 교만한 마음을 가지게 된다. 그것은 영원한 천상의 나라에 소망을 둔 하나님의 자녀들이 가져야 할 삶의 자세가 아니다.

한편 부자가 되지 못한 가난한 자들은 장차 부자가 되기를 원한다. 그러다가 부자가 되지 못하면 한평생 좀 더 부유하게 되기를 기대하며 살아간다. 자기가 그렇게 되지 못하면 자기 자식들의 세대에서라도 부자가 되기를 바란다. 그런 자들은 세속적인 가치관에 빠져 한 평생 그 안에서 허우적거릴 수밖에 없게 된다. 그들은 부자가 직면하게 되는 역기능과 어려움을 모르고 있다.

부자가 되려는 욕망을 가진 자들은 세상의 유혹에 빠지기 쉬우며 세상의 올무에 걸려들기 쉽다. 영원한 하나님의 세계보다 이 세상의 것에 집착할 조건들을 훨씬 더 많이 직면할 것이기 때문이다. 즉 그들은 세상의 것들로 말미암아 어리석은 판단을 하게 되며 해로운 욕심에 빠져들게 된다. 그렇게 되면 이 세상의 달콤하고 화려한 현상들에 묻혀 파멸과 멸망의 길에 들어서기 쉽다. 교회와 그에 속한 모든 성도들은 이에 대해 여간 민감하게 대응하지 않으면 안 된다.

4. 돈을 사랑하는 것은 만악의 뿌리 (딤전 6:10)

인간 사회에는 모든 것에 대한 교환 수단으로서 돈이 존재한다. 이 세상에서는 돈이면 무엇이라도 할 수 있다고 해도 과언이 아니다. 돈 자체가 교환 기능을 하기 때문에 돈을 지불하면 소유하지 못할 것이 거의 없다. 따라서 인간들은 대개 그 돈을 더 많이 소유하기 위해 안간힘을 쓴다.

그러나 하나님의 자녀들은 그와 같은 생각을 버려야 한다. 그렇게 되면 돈의 위력이 하나님의 능력보다 우위에 있는 것처럼 착각할 우려가 있다. 어리석은 자들은 돈의 위력으로써 하나님을 섬기려고 한다. 이는 하나님의 능력을 믿지 못하기 때문에 나타나는 현상이라 할 수밖에 없다. 예수님께서는 제자들에게 그에 관한 말씀을 하셨다.

"한 사람이 두 주인을 섬기지 못할 것이니 혹 이를 미워하며 저를 사랑하거나 혹 이를 중히 여기며 저를 경히 여김이라 너희가 하나님과 재물을 겸하여 섬기지 못하느니라"(마 6:24);

"No one can serve two masters. Either he will hate the one and love the other, or he will be devoted to the one and despise the other. You cannot serve both God and Money"(Matt. 6:24)

어리석은 교인들 가운데는 하나님과 세상의 재물 곧 돈을 동일한 방향에 두기를 원하지만 사실은 서로 정반대편에 존재한다. 즉 하나님을 선택하면 돈으로부터 돌아서야 하며 세상에서의 부를 추구하려면 하나님으로부터 등을 돌려야 한다.

그러므로 돈을 사랑하는 것은 절대 금물이다. 사도 바울이 '돈을 사랑하는 것이 일만 악의 뿌리가 된다'(딤전 6:10)고 말한 것은 그런 의미와 밀접하게 연관되어 있다. 돈을 탐내는 자들은 세상으로부터 미혹을 자처하는 것과도 같다. 따라서 그것을 뿌리치지 못한 자들이 믿음에서 떠나 세상으로부터 발생하는 많은 근심으로 인해 자기를 찌르게 되었다. 즉 자기가 그토록 원하던 그 돈이 도리어 자기를 패망하게 하는 역할을 했던 것이다.

우리는 세상에 살아가는 자들 가운데 누가 진정한 부자인지 깨달아야 한다. 하나님을 믿는다고 하면서 개인적으로 많은 재산을 남기는 자는 어리석지 않을 수 없다. 중요한 것은 부자이든 가난한 사람이든 유무형적으로 소유한 모든 것들을 자신이 아니라 이웃을 위해 올바르게 잘 사용해야 한다.

하나님의 자녀들은 이에 대한 분명한 깨달음을 가지지 않으면 안 된다. 하나님께서는 자기 자녀들에게 제각각 필요한 만큼의 돈과 물질을 주시게 된다. 많으면 많은 대로 적으면 적은 대로 주신다. 돈이 많다고 해서 자랑거리가 될 수 없으며 적다고 해서 위축될 필요도 없다. 모든 성도들은 하나님께서 허락하신 돈을 자신의 이기적인 목적이 아니라 하나님의 뜻에 맞게 사용할 수 있어야 한다. 그것이 하나님의 복음이 선포되는 일을 위한 작은 방편이 될 수 있을 것이기 때문이다.

제21장 _ 믿음의 선한 싸움

(딤전 6:11-16)

1. 하나님의 사람의 신앙 (딤전 6:11,12)

하나님을 믿는 성도들도 마음에서 일어나는 세상의 욕망을 완전히 버릴 수 없다. 따라서 성도들 역시 돈에 관심을 가지게 된다. 눈에 보이지 않는 하나님과 영원한 세계보다는 눈에 보이는 현실에 민감하기 때문이다.

따라서 사도 바울은 디모데에게 그것들을 피하도록 요구하고 있다. 그대신 의와 경건과 믿음과 사랑과 인내와 온유를 따르라는 권면을 했다. 이와 같은 것들은 하나님으로 말미암은 것들이다. 그 형식적인 내용들이 세상의 것들과 유사한 성격을 지니고 있을지라도 그 본질적은 배경은 천상에 두고 있는 것이다.

그러므로 하나님을 알지 못하는 자들은 하나님께서 말씀하시는 의와 경건과 믿음을 소유할 수 없다. 나아가 사랑과 인내와 온유를 따르지도 못한다. 이 모든 것들은 인간 세상 가운데서 자연적으로 발생하거나 형성된 것을 의미하지 않으며 하나님으로부터 주어진 선물과 연관되어 있다.

교회에 속한 성도들은 이 세상에서 보통 사람들처럼 살아가서는 안 된다. 불신자들은 세상의 욕망을 추구할 뿐 아니라 편안한 삶에 안주하기를 원한다. 돈 많은 부자가 되고 싶은 것이나 세상의 것들을 쟁취하고자 하는 목적은 궁극적으로 이 세상에서 만족스럽고 안락한 삶을 살고자 하기 때문인 것이다.

그러나 하나님의 백성들은 세상 가운데서 믿음의 선한 싸움을 싸워야만 한다. 그렇게 함으로써 하나님께서 허락하신 영원한 생명을 소유하게 된다. 바울은 디모데가 하나님의 부르심을 입은 것도 그 이유 때문이라는 사실을 말했다. 그러므로 그는 많은 증인들 앞에서 그에 대한 증언을 했던 것이다. 이는 믿음의 사람으로서 교회 가운데 예수 그리스도에 관한 증언을 한 사실을 의미한다.

이에 대해서는 비록 디모데뿐 아니라 모든 하나님의 사역자들이 동일한 의미 가운데 살아가고 있다. 하나님의 부르심을 입은 모든 성도들은 항상 믿음의 선한 싸움을 싸워야만 한다. 이는 우리가 살고 있는 세상이 영적인 전쟁터라는 사실을 말해주고 있다.

총성이 들리고 지뢰가 가득한 전쟁터에서 돈을 많이 모아 부자가 되려는 욕망을 추구하는 군인이 있다면 어리석은 자가 아닐 수 없다. 또한 전쟁 중에 평안한 삶을 기대하는 자 역시 그와 마찬가지다. 전투의 현장에서 큰 부자가 된다고 해도 적군에 의해 치명상을 당하거나 죽게 된다면 그 모든 것은 아무런 의미가 없다. 우리는 이에 대한 분명한 깨달음과 실천을 행하지 않으면 안 된다.

2. 사도의 명령을 따라야 할 성도들 (딤전 6:13,14)

십자가에 달리신 예수께서는 그 사역을 통해 온 세상을 향해 선한 증언을 하셨다. 그는 우주만물을 창조하신 거룩하신 하나님 앞에서 증언했으며 사악한 본디오 빌라도를 향해 증언하셨다. 여기서 본디오 빌라도는 죄에 **빠진** 세상의 모든 인간들을 대표하는 의미를 지니고 있다.

본디오 빌라도는 로마제국의 황제가 파견한 총독으로서 하나님의 언약의 자손들이 살아가던 약속의 땅을 강제로 통치하고 있었다. 그는 하나님의 백성들을 정치적으로 손아래 두고 군림하던 인물이었다. 따라서 그는 배도자들을 포함하여 하나님을 알지 못하는 세상의 모든 인간들을 대표하게 되었던 것이다. 예수님께서는 바로 그 사람을 향해 하나님의 선한 증거를 하셨다.

사도 바울은 바로 그 예수 그리스도 앞에서 디모데에게 명령했다. 그 내용은 예수님께서 다시 재림하실 때까지 흠도 없고 책망 받을 것도 없이 순결한 삶의 자세로 그에 순종하라는 것이었다. 이는 그리스도의 신부인 교회와 연관되는 교훈으로 이해되어야 한다. 따라서 하나님의 자녀이자 그의 사역자인 자들은 세상 가운데서 전투하는 군인의 자세를 유지함으로써 세상의 오염된 것들을 탐하지 말아야 한다.

3. 예수님의 재림과 하나님의 나타나심 (딤전 6:15)

타락한 인간들은 우주만물과 이 세상에 대해 올바른 지식을 전혀 가지지 못하고 있다. 그들은 인간이 세상에 태어났다가 죽게 되며 세상은 그와 같은 역사를 되풀이할 따름이라는 사고에 젖어 있다. 그런 생각을 하는 자들에게는 세상의 시작도 없고 끝도 없다. 따라서 저들에게는 이 세상의 현재의 것들만 의미 있을 따름이다.

그러나 하나님의 자녀들은 그렇지 않다. 우주만물과 세상의 처음을 알고 세상의 마지막에 일어나게 될 일들을 알고 있다. 하나님의 아들로서 이땅에 와서 십자가를 지고 부활 승천하신 예수님께서는 마지막 날 심판주로서 다시 오시게 된다. 그 날은 선과 악이 완전히 구별되며 분리되는 무서운 심판날이 된다.

하나님을 알지 못하는 자들에게는 그 날이 예기치 못한 심판날이 되겠지만 하나님의 자녀들에게는 놀라운 은혜의 날이다. 참된 복의 근원이자 우주만물과 인간들에 대한 유일한 주권자이신 하나님은 만왕의 왕이시며 만주의 주이시다. 그로 말미암아 시행되는 최종적인 구원과 심판사역은 우리에게 놀라운 은혜가 아닐 수 없다. 그러므로 교회와 성도들은 그 날을 기다리는 것이 진정한 소망이 되어 있는 것이다.

4. 영원한 존재이신 하나님 (딤전6:16)

사탄으로 말미암아 죄에 빠지게 된 모든 인간들은 죽을 수밖에 없다. 그 죽음은 이 세상에서의 수명을 다해 목숨이 끝나는 것뿐 아니라 영원한 사망을 포함한다. 거룩하신 하나님의 영광과 상관이 없는 자리에 놓이게 되는 심판은 곧 죽음인 것이다.

그러나 진정한 생명은 오직 하나님과 예수 그리스도께 달려 있다. 그것은 일반적인 생명에 연관된 현상과 다르다. 세상에 존재하는 것들 가운데는 오직 예수 그리스도 한 분만이 참 생명일 따름이다. 그러므로 예수님께서는 제자들에게 자신이 참 생명이라는 사실을 밝히 말씀하셨던 것이다.

> "예수께서 가라사대 내가 곧 길이요 진리요 생명이니 나로 말미암지 않고는 아버지께로 올 자가 없느니라"(요 14:6)

타락한 세상에서는 진정한 생명이신 하나님을 알고 그에게 나아갈 수 있는 아무런 방편이 존재하지 않는다. 오직 하나님의 아들로서 인간의 몸을 입고 이땅에 오신 예수님만이 유일한 길과 진리와 생명인 것이다. 그를 통하지 않고는 결단코 거룩하신 하나님 앞으로 나아갈 수 없다.

또한 오염된 세상은 아무것도 볼 수 없는 깜깜한 흑암에 속해 있다. 죄에 빠진 인간들은 어두움 가운데 살아가기 때문에 하나님을 보지 못한다. 진리를 알기 위해서는 흑암을 물리칠 수 있는 참 빛이 절대로 필요하다. 예수님께서는 그것을 위해 친히 이 세상에 영원한 빛으로 오셨음을 선포하셨다.

> "예수께서 또 일러 가라사대 나는 세상의 빛이니 나를 따르는 자는 어두움에 다니지 아니하고 생명의 빛을 얻으리라"(요 8:12)

우리는 예수님이 세상의 유일한 빛이라는 사실을 알고 있다. 그 빛이 없이는 진리를 알 수도 없고 하나님을 볼 수도 없다. 하나님의 자녀들은 그 빛을 통해 영원한 조물주이신 하나님을 보게 된다. 성도들은 빛이신 예수 그리스도를 통해 하나님을 알게 되며 그를 본 자는 곧 하나님을 본 것과 같다. 즉 인간의 몸을 입으신 그리스도를 통해 영원한 하나님을 보고 그에게 나아갈 수 있게 되는 것이다.

또한 성경은 이와 더불어 하나님이 영광의 존재라는 사실을 증거하고 있다. 인간들이 종교적인 특별한 행위를 통해 영광을 돌려야만 하나님께서 영광을 받으시는 것이 아니라 하나님 자신이 곧 영광의 존재인 것이다. 따라서 하나님의 아들 예수 그리스도 역시 영광의 본체가 되신다. 바로 그분께 존귀와 영원한 권능이 돌아가게 됨을 고백하며 노래하는 것이 믿음을 가진 성도들의 근본적인 삶의 자세이다.

제22장 _ 천상에 소망을 둔 삶
(딤전 6:17-21)

1. 부자들이 가져야 할 신앙자세 (딤전 6:17)

성도들에게 있어서 이 세상에서 부자가 되거나 가난하게 되는 것은 개인의 신앙에 달려있지 않다. 나아가 엄밀한 의미에서 볼 때 부지런함이나 성실성에 그것이 달려 있는 것도 아니다. 어떤 시대에는 하나님을 경외하며 성실하게 살면 도리어 힘들고 어렵게 살아야만 하는 수도 있다. 물론 또 다른 어떤 시대에는 성실하게 노동함으로써 좀 더 부유하게 되기도 한다.

어쨌거나 교회에 속한 성도가 여유로운 삶을 살게 되면 더욱 민감한 자세로 자신을 살피지 않으면 안 된다. 그러므로 바울은 부자들에게 마음을 높여 교만한 자세를 가지지 않도록 명령하라고 했다. 또한 영원한 삶을 제공하지 못하는 세상의 재물에 소망을 두지 말아야 한다는 사실을 강조해 말했다.

하나님의 자녀들은 이 세상에서 부유한 형편에 처한다고 할지라도 그에 매료되거나 얽매이지 말고 더욱 풍성한 하나님께 소망을 두어야 한다. 하나님으로부터 주어지는 것들은 세상에서 잠시 누리는 것들과는 근본적인 성격이 다르다. 타락한 세상의 모든 것들은 곧 허망하게 사라질 것이지만 하나님으로부터 주어지는 모든 것들은 성도들의 영원한 소유가 되기 때문이다.

2. 성도를 위한 좋은 터 (딤전 6:18,19)

영원한 천상의 나라에 소망을 두고 살아가는 하나님의 자녀들은 항상 이웃을 위한 선을 행하게 된다. 따라서 성도들은 자기의 소유를 다른 사람들에게 나누어 주기를 좋아하고 너그러운 마음을 가진다. 그것은 물론 억지로 의도하는 것이 아니라 성령의 인도하심에 따라 자연 발생적으로 나타난다. 그것은 세상에서 일반적으로 일컫는 것과는 전혀 다른 성격을 지니고 있다.

하나님을 알지 못하는 사람들은 대개 자기의 소유나 영역을 조금이라도 침범당하게 되면 견디지 못한다. 또한 다른 사람들이 형통하게 잘 되는 것을 보면 질투하거나 조급한 마음을 가지게 된다. 자기도 그렇게 되고 싶은데 그럴 수 없는 현실로 인해 마음이 심하게 상하는 것이다.

그러나 하나님을 믿는 백성들은 그렇지 않다. 설령 다른 사람이 자신을 오해하거나 마음을 상하게 하는 일이 발생한다고 해도 너그럽게 반응할 수 있다. 이 세상의 것들은 영원하지 않고 잠시 있다가 사라지는 아침 안개와 같다는 사실을 잘 알고 있기 때문이다.

이웃을 위해 자신의 소유를 나누어 주는 선을 행하면서, 설령 다른 사람들로부터 상당한 오해를 받아도 너그럽게 반응한다면 그것은 결국 자기에게 유익이 된다. 물론 그것은 스스로 그런 유익을 얻기 위해 욕망을 추구하는 것과는 다르다. 그렇게 하는 것은 장차 도래하게 될 참된 소망에 연관하여 좋은 터를 닦아두는 것과 같다. 그것이 성도들에게 참되고 영원한 생명을 소유하는 삶의 방편이 되기 때문이다.

3. 성도들이 피해야 할 것 (딤전 6:20)

사도 바울은 디모데에게 망령된 생각과 행동을 하지 말도록 당부했다. 그리고 아무런 유익이 없는 헛된 말을 하는 것을 금했다. 또한 거짓된 지식에 대한 반론을 피하도록 요구했다. 쓸데없는 논쟁은 성도들을 위해 아무런 유익이 없을 뿐더러 도리어 해악을 끼칠 우려마저 있기 때문이다.

망령되고 헛된 말에 관심을 가지고 떠드는 것은 도리어 진리에 관심을 가져야 할 어린 성도들로 하여금 불필요한 것에 신경쓰게 하는 역기능을 할 수도 있다. 나아가 거짓된 지식에 대한 무의미한 반론을 통해 순수한 하나님의 말씀이 아니라 엉뚱한 논쟁에 대한 관심을 불러일으키게 될지도 모른다. 따라서 교회의 지도자들은 그에 대해 깊은 주의를 기울여야만 한다.

이와 같은 자세는 비록 디모데나 그후의 교사직분을 맡은 자들에게만 해당되는 말이 아니다. 이는 일차적으로는 디모데에게 주어진 교훈이지만 세상에 살아가는 모든 성도들이 지켜야 할 계명이다. 교회와 그에 속한 성도들은 이렇게 함으로써 하나님의 말씀에 온전한 관심을 기울여야 하며 그것을 통해 건강한 교회를 세워나가야 한다.

4. 어리석은 자들과 성도들 (딤전 6:21)

사도 바울은 편지의 맨 마지막에서 거짓된 지식을 가지고 믿음에서 벗어난 자들에 대한 언급을 했다. 그런 사람들은 하나님의 교회를 위해 아무런 도움이 되지 않는 백해무익百害無益한 자들이다. 그들은 교회에 대한 종교적인 이성과 더불어 상당한 경험을 했기 때문에 여간 조심하지 않으면 안 되는 사람들이다.

그런 자들은 신앙이 어린 교인들을 교묘하게 미혹할 것이 틀림없다.

아직 성숙하지 못한 교인들은 저들의 이성적이며 경험적인 말을 듣고 쉽게 미혹되어 넘어갈지 모른다. 천상으로부터 주어진 하나님의 계시의 말씀보다 이 세상의 것들이 훨씬 더 쉽게 마음에 다가올 것이기 때문이다.

그러나 그들은 하나님의 진리를 멸시하고 떠난 자들이다. 그런 자들은 하나님을 버리고 배도의 길을 택했다. 교회의 직분자들은 그런 사람들에 대한 분별력을 가지지 않으면 안 된다. 그래야만 저들의 거짓을 분명히 구별하며 경계할 수 있다.

사도 바울은 이와 더불어 하나님의 은혜가 지상 교회 가운데 항상 함께 있기를 기원했다. 하나님께서 적극적으로 도와주시지 않는다면 교회는 결코 올바르게 기능할 수 없다. 그 놀라운 은혜로 말미암아 지상 교회가 온전히 보존되고 주님이 재림하실 때까지 안전하게 상속되어 가게 되는 것이다.

디모데후서

제1장 _ 복음의 상속과 세상에서의 고난

(딤후 1:1-8)

1. 인사 (딤후 1:1,2)

사도 바울은 디모데에게 보내는 두 번째 편지에서 자신의 정체성에 대해 다시금 확인해 밝히고 있다. 그것은 자기가 예수 그리스도의 사도라는 사실과 그 직분은 그리스도 안에 존재하는 생명의 약속에 따라 맡게 되었다는 것이었다. 그리고 그것은 하나님의 뜻으로 말미암아 된 것이라는 사실을 분명히 말했다.

이 말은 자기가 사도직을 맡게 된 것이 자신의 지원이나 의도에 따라 된 것이 아니라는 의미를 지니고 있다. 그것은 전적으로 하나님으로 말미암은 것이기 때문에 불가항력不可抗力적인 것이다. 따라서 이제 자기가 기록하고자 하는 모든 내용은 절대적인 진리라는 사실을 선언적으로 말하고 있다.

바울은 여기서도 디모데를 '사랑하는 아들'로 표현하는데 이는 교회와 진리의 상속에 연관된 표현이다. 즉 단순한 인간관계 이상을 의미하고 있다. 따라서 디모데에게 하나님 아버지와 그리스도 예수 곧 주님으로부터 은혜와 긍휼과 평강이 있기를 기원했다. 물론 그것들은 모두 천

상의 하나님으로 임하는 것으로서 이 세상에서 인간들이 염원하고 경험
하는 것과는 본질적으로 다르다.

2. 신실한 믿음의 자세 (딤후 1:3,4)

바울은 자기가 밤낮 항상 하나님께 간구하고 있다는 사실을 언급했
다. 그리고 그 가운데서 쉬지 않고 디모데를 생각하고 있다고 했다. 우
리는 이 말의 의미를 잘 생각해 보아야 한다. 바울은 밤낮 무릎을 꿇고
바닥에서 떼지 않거나 항상 고개를 숙인 채 기도하면서 디모데를 생각
하고 있었다는 의미와는 다르다.

자칫 잘못하면 바울은 기도 외에는 일절 아무 일도 하지 않고 기도할
때도 항상 디모데만을 생각한 것으로 말할 수 없다. 그럼에도 불구하고
바울은 그런 표현을 사용하고 있다. 성경은 교회에 속한 성도들에게 쉬
지 말고 기도하도록 요구하고 있다. 사도 바울은 데살로니가 교회에 편
지하면서 쉬지 말고 기도하라는 요구를 했다. 그리고 로마 교회에 보내
는 편지에서는 항상 기도 중에 저들을 말하고 있음을 언급했다.

> "쉬지 말고 기도하라"(살전 5:17); "내가 그의 아들의 복음 안에서 내
> 심령으로 섬기는 하나님이 나의 증인이 되시거니와 항상 내 기도에 쉬
> 지 않고 너희를 말하며 어떠하든지 이제 하나님의 뜻 안에서 너희에게
> 로 나아갈 좋은 길 얻기를 구하노라"(롬 1:9)

우리는 바울의 기도에 관한 가르침과 고백을 일반 논리적으로 이해하
려 해서는 안 된다. 그는 기도 이외에도 항상 복음전파 사역을 위한 바
쁜 일정을 소화해내야 했다. 많은 지역을 여행하는 동안 교회 가운데서
설교하는 일을 쉬지 말아야 했다. 나아가 여러 성도들을 만나 교제했으
며 다른 사람들과 다르지 않은 개인적인 생활이 있었다. 그럼에도 불구

하고 그는 항상 기도하고 있다는 말을 하고 있다.

그리고 바울에게는 기도해야 할 내용들이 무척 많았을 것이 틀림없다. 그는 당시 온 세상을 여행하면서 만났던 여러 형제들을 기도 가운데 기억했을 것이 분명하다. 그런데도 그는 로마 교회에 편지하면서는 항상 저들을 위해 기도한다는 말을 했으며 디모데에게는 항상 그를 위해 기도하고 있다는 말을 했다.

우리는 바울의 기도와 연관되는 모든 내용들이 상호 모순되지 않는다는 사실을 기억할 필요가 있다. 그는 항상 하나님과의 교제 가운데 있었다. 무엇을 하든지 하나님을 떠나지 않았던 것이다. 그리고 바울은 항상 보편교회를 염두에 두고 기도했다. 그 가운데는 지상의 모든 교회들이 포함되어 있었던 것이다. 이런 차원에서 그는 기도를 쉬지 않는 신앙인이었으며 항상 모든 성도들을 위해 기도하는 사람이었다.

바울은 또한 밤낮 쉬지 않고 기도하는 가운데 디모데를 생각하며 청결한 양심으로 조상적부터 섬겨온 하나님께 감사하고 있다는 사실을 말했다. 바울과 디모데를 비롯한 신약시대의 모든 성도들의 신앙은 독자적인 것이 아니었다. 그것은 구약에 소개된 모든 믿음의 선배들로부터 상속받은 신앙이었던 것이다.

나아가 모든 교회의 기도는 전 세계에 흩어진 성도들의 신앙과 연결되어 있다. 이에 대해서는 오늘날 우리의 신앙 역시 마찬가지다. 하나님의 자녀들이 소유한 참된 신앙은 구약시대와 사도시대 이후 모든 믿음의 선배들로부터 상속받은 것이라는 사실을 기억하지 않으면 안 된다.

바울은 이와 더불어 디모데의 간절한 눈물을 기억하고 있으므로 저를 직접 보기를 원한다고 말했다. 이는 디모데가 어렵고 힘든 형편에 놓여 있음을 시사하고 있다. 그것은 외부로부터의 핍박일 수 있으며 동시에 내부로부터 오는 배신자들 때문일 수도 있다. 당시의 상황을 고려해 볼 때 두 가지 사실 모두 포함되어 있을 것으로 보인다.

그렇지만 교회 내부로부터 생겨난 배도자들로 인한 고통이 훨씬 더

컸을 것이 분명하다. 외부의 핍박은 고통스럽기는 하지만 그에 맞서 싸우거나 참으면 될 일이다. 그러나 내부의 악한 자들은 저들 문제일 뿐 아니라 교회내의 연약한 형제들을 보호해야 하는데 그에 대한 어려움이 따르게 된다. 즉 성숙한 성도들은 어린 교인들을 보호하기 위해서 눈물을 흘리지 않을 수 없었던 것이다.

이런 형편 가운데 바울이 디모데를 보고자 했던 것은 저를 그리스도의 이름으로 위로하고자 하는 마음이 있었기 때문이다. 그리고 바울은 그를 봄으로써 자신의 충만한 기쁨을 확인하고자 한다고 했다. 영적인 아버지인 바울로서는 악한 세력과 맞서 싸우면서 교회를 지키고자 하는 디모데가 매우 대견스러웠을 것이다.

3. 복음의 상속과 세상에서의 고난 (딤후 1:5-8)

바울은 디모데를 전적으로 신뢰하고 있었다. 디모데의 삶 가운데는 거짓된 것이 없는 순수한 신앙이 존재하고 있었다. 이는 계시된 성경말씀을 통해 하나님을 경외하는 마음이 그에게 있었음을 말해준다.

디모데가 소유한 그 믿음은 인간적인 노력으로 스스로 가지게 된 것이 아님을 바울이 밝히고 있다. 즉 그것은 가정과 교회를 통해 상속받은 것이었다. 디모데는 외할머니 로이스(Lois)와 어머니 유니게(Eunice)의 삶속에 있는 믿음을 상속받았다. 물론 그들은 교회에 속한 자들로서 교회의 믿음을 상속받아 공유하고 있었다.

그 사실을 잘 알고 있던 바울은 디모데의 믿음이 역사적 믿음의 선배들과 전체 교회 가운데서 보편적인 것이라는 사실을 말해주고 있다. 따라서 그는 자기가 안수함으로써 디모데가 소유하게 된 하나님으로부터 받은 은사를 다시금 불 일듯이 해야 한다는 사실을 언급했다. 이 역시 은사는 개인이 소유하되 개인의 것이 아니라 역사적이자 보편적인 성격을 띠고 있음을 의미한다.

교회가 이에 대한 이해를 올바르게 하는 것은 매우 중요하다. 하나님께서는 성도들에게 능력과 사랑과 절제하는 마음을 허락하셨으며, 그와 다른 두려워하는 마음을 주신 것이 아니다. 이는 거룩한 성도로서 타락한 세상 가운데 살아갈 때 세상으로부터 가해지는 불의를 두려워하거나 그로 인해 위축될 필요가 없음을 말해준다. 이는 디모데뿐 아니라 모든 성도들에게 공히 해당되는 말이다.

그러므로 바울은 디모데에게 하나님과 예수 그리스도를 증언하는 일에 대한 언급을 하며, 자기가 감옥에 갇힌 그 사실로 인해 부끄러워하지 말도록 요구했다. 당시 어리석은 많은 사람들은 하나님이 살아있다면 그의 사도라고 주장하는 자가 왜 하나님의 도움을 받지 못하고 감옥에서 고통당하느냐고 비아냥대는 경우가 많았을 것이기 때문이다.

바울은 이와 더불어 그와 같은 안타까운 일이 자기뿐 아니라 디모데를 비롯한 모든 성도들에게 일어날 수 있음을 말했다. 따라서 오직 하나님의 능력을 따라 복음과 함께 고난을 받으라고 했다. 타락한 세상에서 부유하게 사는 것이 아니라 도리어 고난을 받는 것이 하나님의 자녀라는 사실을 입증하고 있다는 것이다.

제2장 _ 하나님의 부르심과 성도들의 소망
(딤후 1:9-18)

1. 하나님의 부르심 (딤후 1:9-11)

하나님께서는 죄에 빠진 자기 자녀들을 구원하시기 위해 거룩한 소명으로 부르셨다. 거기에는 사도들도 포함되어 있다. 바울은 여기서 '나'를 부르셨다고 말하는 대신 '우리'를 부르셨다고 했다. 이는 개인에 앞서 교회 공동체와 연관되는 의미를 지니고 있다. 즉 구원의 공동체인 교회는 개개인이 모여 전체를 구성하여 만든 종교 조직이라기보다 부름 받은 하나의 공동체에 속한 성도들인 것이다.

또한 바울은 하나님께서 우리를 부르신 것은 우리의 훌륭한 행위 때문이 아니라는 사실을 말했다. 하나님으로부터 구원의 부르심을 받은 성도들은 다른 인간들보다 뭔가 나은 것이 있었기 때문이 아니다. 다시 말해 인간들에게는 구원을 받기에 도움이 될 만한 아무런 성품도 존재하지 않으며 어떠한 공로도 존재하지 않는다.

하나님께서 성도들을 부르신 것은 전적으로 하나님의 뜻에 의한 것이다. 그것은 우주만물과 인간이 창조되지 않았던 영원 전부터 예정된 일이었다. 하나님께서는 인간들이 존재하지도 않았을 때 이미 그리스도 예수 안에서 장차 있게 될 자기 자녀들에게 은혜를 베푸시기로 작정하고 계셨던 것이다.

인간이 사탄에 의해 사망의 구렁텅이에 빠졌을 때도 하나님께서는 창세전에 택하신 자기 자녀들을 기억하고 계셨다. 그러므로 인간 역사 가운데 성자 하나님이신 그리스도 예수를 보내시기로 작정하셨다. 그 언약에 따라 그가 친히 인간의 몸을 입고 이땅에 오심으로써 사탄이 가져온 사망의 세력을 파괴하셨던 것이다.

그대신 하나님의 복음으로써 생명과 썩지 않을 영원한 생명을 드러내시게 되었다. 하나님께서 사도들을 부르신 것은 자신의 구원 사역을 온 세상에 선포하도록 하시기 위해서였다. 그것은 하나님으로 말미암은 생명의 복된 소식이었다. 바울은 그 복음을 증거하고 전하기 위해 자기가 선포자와 사도와 교사로 세우심을 입었다는 사실을 말했다. 오늘날 우리는 그로 인한 은택을 입은 자들이며 동시에 그와 함께 하나님의 복음을 선포하는 자리에 서게 되었다.

2. 환란 가운데 가지는 소망 (딤후 1:12-14)

사도 바울은 자신이 복음으로 말미암아 많은 고난을 받고 있다는 사실을 언급했다. 이는 타락한 세상은 결코 복음을 수용할 의도가 없다는 사실을 말해주고 있다. 신앙이 연약한 성도들은 그와 같은 상황에 직면하게 될 때 전능하신 하나님의 도우심을 입고 있는 자로서 세상의 핍박을 받는 것을 부끄럽게 생각한다.

그러나 바울은 자신이 당한 모든 고난을 결코 부끄러워하지 않는다는 사실을 밝히고 있다. 이는 그가 자신이 믿고 있는 하나님을 알고 있었기 때문이다. 또한 하나님께서 자기에게 맡긴 것을 세상 마지막 날까지 지켜주시리라는 사실을 확신하고 있기에 부끄러워하지 않는다고 말했다.

바울은 자기의 간증과 더불어 디모데에게, 그리스도 예수 안에 있는 믿음과 사랑으로써 자기에게 들은 바 진리의 말씀을 본받아 지키라는 요구를 했다. 이는 복음의 상속이 저들 가운데 지속적으로 진행되고 있음을 보여준다. 그리고 성도들 가운데 거하시는 성령 하나님으로 말미암아 그에게 맡겨진 선하고 아름다운 것을 지키라고 했다.

3. 배도자들 (딤후 1:15)

사도 바울은 디모데에게 아시아에 거하는 모든 사람이 자기를 버린 사실에 대한 언급을 하고 있다. 물론 한 사람도 빠짐없이 모두가 바울을 떠난 것으로 말하지는 않는다. 아마도 상당수의 지도자들이 바울을 버리고 떠난 것으로 보인다.

그 사람들 가운데는 부겔로(Phygelus)와 허모게네(Hermogenes)도 있었다. 저들은 아마도 과거에 교회의 지도층에 있었던 인물로 보인다. 한때 바울의 곁에 있으면서 교회를 위해 일을 하는 양 떠들썩하게 행동하던 자들의 배신행위는 바울에게 상당한 충격이 되었을 것이 틀림없다.

이와 같은 사실은 더 이상 비밀이 아니라 이미 많은 사람들에게 알려져 있었다. 그렇게 되면 교회는 혼란을 겪을 수밖에 없다. 물론 디모데도 그에 관한 자초지종自初至終을 알고 있었을 것이 분명하다. 따라서 디모데 역시 저들 가운데 있으면서 많은 고통을 당했을 것이 분명하다.

그들이 하나님의 사도인 바울을 떠났다는 것은 주님의 교회를 떠난 사실을 말해준다. 즉 하나님의 상속을 이어가는 자리를 떠나는 것은 배도행위이다. 그런 일이 일어나는 것은 신앙이 어린 성도들을 혼란스럽게 할 수밖에 없다. 또한 교회를 섬기던 사역자들로 하여금 위축되게 했을 것이다.

이와 같은 일은 오늘날에도 여전히 일어나고 있다. 우리는 일상적인 교회 분리와, 복음 사역을 방해하고 해치는 자들의 행동을 구분할 수 있어야 한다. 물론 우리는 그에 대한 분명한 선을 그어 분별할 수 있는 능력이 매우 부족하다. 하지만 어떠한 경우라 할지라도 하나님의 사역자들에게는 고통이 따를 수밖에 없다.

만일 우리 시대에 하나님 앞에서 신실한 사역자로서 그런 배도자들의 행위를 경험하게 된다면 바울과 디모데 같은 믿음의 선배들의 삶을 기억하며 여유를 가질 필요가 있다. 사도들마저 그런 견디기 어려운 고통을 당했다면 오늘날 우리의 경우에는 두말할 나위 없다. 이 세상에는 항상 사탄의 궤계詭計가 끊임없이 넘쳐나고 있기 때문이다.

4. 고난에 참여하는 성도들 (딤후 1:16-18)

사도 바울은 자기를 신실하게 따르는 성도들에게 고마움을 느끼고 있었다. 그것은 개인적인 감정이 아니라 교회를 위한 생각 때문이었을 것이다. 바울은 그들 가운데 특히 오네시보로(Onesiphorus)의 집에 하나님께서 긍휼을 베푸시기를 기원했다. 아마 여기서 말하는 오네시보로의 집이란 그의 가정을 의미하는 것이 아니라 집에서 모이는 교회를 의미하는 것으로 보인다.

오네시보로는 바울이 배도자들에 의해 고통을 당하고 있을 때 그를 자주 격려해 주었던 인물이다. 그는 바울이 쇠사슬에 매여 감옥에 갇혀 있는 것을 알면서도 그 사실을 부끄러워하지 않았다. 도리어 바울이 로마의 감옥에 갇혀 있을 동안에 부지런히 찾아가 그를 만나 교제하며 진리에 관하여 배웠던 것이다.

이는 단순히 개인적인 차원의 문제에 머물지 않고 하나님의 말씀을 증거하는 사역자에게 힘을 실어주기 위한 의미가 담겨 있다. 말씀사역자들이 그런 자세를 가지는 것은 지상 교회를 강화시키는 것과 연관되어 있다. 개인에 대한 각 사람의 사사로운 자세와 행동이 교회를 위해 어떤 역할을 하는가에 대해서는 오늘날 우리도 깊은 주의를 기울여 생각해 볼 수 있어야 한다.

오네시보로는 이제 에베소 지역에 머물고 있으면서 많은 봉사를 하고 있었다. 물론 그 봉사란 교회를 온전히 세우기 위한 노력이었을 것이다. 그 형편을 잘 알고 있던 바울은 세상 마지막 날에 그에게 하나님의 긍휼이 임하도록 기원했다. 이는 하나님의 말씀에 순종하는 자들이 하나의 교회에 속해 있음을 말해주고 있다.

제3장 _ 진리를 소유한 교회의 궁극적인 승리에 대한 약속

(딤후 2:1-13)

1. 교회의 근간 (딤후 2:1,2)

사도 바울은 교회의 상속을 이어가야 할 디모데를 사랑하는 '아들'이라 부르며 다시금 간절히 당부하고 있다. 그것은 그리스도 예수 안에 있는 은혜 가운데서 강인한 신앙 정신을 유지하라는 것이다. 어떤 어려움이 닥친다 할지라도 담대한 마음으로 진리를 지켜나가지 않으면 안 되었기 때문이다.

그러므로 디모데는 많은 증인들 앞에서 사도로부터 들은 바를 충성된 성도들에게 전하도록 부탁해야 했다. 그리하여 그들이 또다시 진리의 말씀을 다른 사람들에게 전달하여 가르침으로써 진리가 상속되어 갈 수 있도록 해야 한다. 하나님의 교회를 통해 가르쳐지는 모든 것은 단순한 지식인을 양성하는 것이 목적이 아니라 지상 교회의 상속과 계승에 연관된 중요한 의미를 지니고 있다.

2. 예수 그리스도의 군사 (딤후 2:3,4)

사도 바울은 디모데를 그리스도 예수의 병사라 규정하고 있다. 이는 그에게 맞서 싸워야 할 적군이 있음을 의미한다. 그것은 상당히 긴장된 상태를 시사하고 있다. 따라서 전투를 하는 군인은 아무런 걱정 없는 평안한 삶을 살 수 없을 뿐더러 전쟁이 끝날 때까지는 그것을 기대할 수도 없다.

그러므로 바울은 디모데에게 자기와 함께 고난을 받아야 한다는 사실을 언급하고 있다. 그것은 세상에 살아가는 동안 결코 피할 수 없는 일이다. 전면에서 대규모의 적군들이 들이닥칠 수도 있고 사방에 원수들이 가득 포진해 있을 수도 있다.

거기다가 아군들 가운데 상처를 입고 고통당하는 자들이 생겨나기도 한다. 또한 전쟁의 총탄이 두려워 잔뜩 겁을 집어먹는 자들도 있을 것이다. 교회의 지도자들은 그 모든 상황 가운데서 하나님을 의지하며 자신이 맡은 본분을 성실하게 감당하지 않으면 안 된다. 그러다 보면 견디기 쉽지 않은 고난을 당할 수밖에 없게 된다.

바울은 그것을 설명하기 위해 병사로 복무하는 자는 자기 생활에 얽매이는 자가 하나도 없다는 사실을 강조해 말하고 있다. 이는 하나님의 군사가 된 성도들은 이미 개인적인 사생활을 도모하는 것을 인생의 목적으로 삼지 않는다는 사실을 의미한다. 하나님의 부르심을 받은 자들은 항상 그 부르심에 대한 의미를 기억하지 않으면 안 된다.

또한 본문 말씀 가운데 우리가 눈여겨보아야 할 점은 병사는 자기를 군대로 부른 자를 기쁘게 해야 한다는 사실에 대한 언급이다. 이는 하나님의 병사가 된 자들은 스스로 그 일을 위해 자원한 것이 아니라 하나님에 의해 부르심을 받았다는 사실을 말해준다(딤후 2:4, 참조). 즉 하나님께서 친히 성도들을 자기의 진영으로 불러 훈련시킴으로써 세상과 맞서 싸우는 군사로 만들게 된 것이다.

이에 대해서는 오늘날 우리도 그와 동일한 형편에 놓여 있다. 우리는 이에 대한 올바른 이해를 하지 않으면 안 된다. 하나님께서 친히 자기 자녀들을 불러 말씀으로 훈련시켜 자기를 위해 싸우는 병사로 만드신 것이다. 그럼에도 불구하고 거룩한 전쟁 중에 있으면서 개인적인 평안한 삶을 추구한다면 성숙한 신앙인이라 말할 수 없다.

3. 규칙에 따른 경기 참여의 중요성 (딤후 2:5)

하나님의 백성들의 삶에는 분명한 질서가 있다. 그것은 물론 교회적 질서와 밀접하게 연관된다. 하나님은 질서의 하나님이시기 때문에 그를 따르는 자들의 모임과 관계 가운데는 항상 신성한 질서가 존재하는 것이다.

사도 바울은 또한 경기하는 선수가 규칙대로 경기하지 않으면 승리자가 될 수 없다는 사실을 말하고 있다. 그것은 얼마나 기량이 출중하냐 하는 문제와 열정적으로 경기에 임하느냐 하는 것과는 별도로 이해되어야 한다. 아무리 열심히 경기한다고 해도 규칙을 벗어나게 되면 탈락할 수밖에 없다. 바울은 고린도 교회에 편지하면서 자신의 삶을 고백하며 그에 연관된 말을 하고 있다.

> "나는 달음질하기를 향방 없는 것 같이 아니하고 싸우기를 허공을 치는 것 같이 아니하며 내가 내 몸을 쳐 복종하게 함은 내가 남에게 전파한 후에 자신이 도리어 버림을 당할까 두려워함이로다"(고전 9:26,27)

바울은 여기서 달리기 경주를 하면서 목표점이나 방향을 정확하게 알지 못한다면 아무리 빨리 달린다고 해도 아무런 의미가 없음을 언급하고 있다. 예를 들어 마라톤 경기를 한다고 가정해보자. 모든 선수들은 경기 규칙과 더불어 정해진 코스를 따라 결승지점을 향해 달리게 된다. 그것은 지극히 당연한 일이다. 그런데 만일 어떤 선수가 코스가 아닌 길을 임의로 선택해 전혀 다른 방향으로 달린다면 얼마나 어리석은 일인가! 그가 아무리 최선을 다해 열심히 달린다고 해도 그것은 소용이 없다. 다른 선수들보다 훨씬 빠른 속도로 달리고 모든 것을 포기한 채 열심히 경주한다 할지라도 그것은 아무런 의미가 없는 것이다. 다른 방향을 향해 달린다면 빠르면 빠를수록 결승지점과 도리어 멀어질 따름이다. 개인적인 입장에서는 그 경기를 위해 최선을 다했을지 모르지만 결국 탈락할 수밖에 없는 것이다.

오늘날 우리가 신앙생활을 함에 있어서도 이와 마찬가지다. 마냥 열성적으로 신앙생활을 하는 것이 중요한 것이 아니라 기록된 말씀에 순종하며 올바르게 신앙생활을 하는 것이 중요하다. 우리는 방향을 상실한 채 내달리는 열정적인 신앙생활이 도리어 위험하다는 사실을 깨닫지 않으면 안 된다.

4. 수고하는 농부 (딤후 2:6)

바울은 본문 가운데서 수고하는 농부가 곡식을 먼저 받는 것이 마땅하다는 말을 하고 있다(딤후 2:6). 이 말씀은 하나님의 복음을 증거하도록 특별한 임무를 부여받은 사역자들에게 연관지어 언급한 말씀이다. 즉 그들은 교회로부터 생활을 보장받아야 한다는 말과 밀접하게 연관된다.

교회에서 하나님의 말씀을 증거하며 가르치도록 직분을 맡게 된 성도는 교회로부터 생활을 보장받는 것이 자연스럽다. 이는 단순히 그가 행한 노동의 결과 때문만은 아니다. 도리어 그것을 통해 교회에서 저의 사역이 말씀을 벗어나 임의로 행해지는 것을 방지하는 의미를 지니고 있다.

교회의 목양자와 교사로 세움을 받은 형제는 하나님과 교회의 뜻에 따라 성실하게 사역해야 한다. 교회로부터 생활을 보장받음으로써 교회가 진정으로 원하는 대로 하나님의 말씀을 전하며 섬겨 봉사해야 하는 것이다. 이렇게 함으로써 공인으로서 맡겨진 직분을 잘 감당할 수 있게 된다.

그리고 사도 바울은 고린도 교회에 편지하면서 그렇게 하는 것은 말씀 사역자에게 주어진 어떤 특권이 아니라 지극히 자연스러운 일이라는 사실을 언급하고 있다. 그것을 설명하기 위해 군인의 예를 들고 있다. 또한 농부와 곡식을 떠는 소와 성전 사역자들이 제단에 바쳐진 성물을 먹는 문제를 들어 설명했다.

> "누가 자비량하고 병정을 다니겠느냐 누가 포도를 심고 그 실과를 먹지 않겠느냐 누가 양떼를 기르고 그 양떼의 젖을 먹지 않겠느냐 ... 모세 율법에 곡식을 밟아 떠는 소에게 망을 씌우지 말라 기록하였으니 하나님께서 어찌 소들을 위하여 염려하심이냐 전혀 우리를 위하여 말씀하심이 아니냐 과연 우리를 위하여 기록된 것이니 밭가는 자는 소망을 가지고 갈며 곡식 떠는 자는 함께 얻을 소망을 가지고 떠는 것이라 ... 성전의 일을 하는 이들은 성전에서 나는 것을 먹으며 제단을 모시는 이들은 제단과 함께 나누는 것을 너희가 알지 못하느냐 이와 같이 주께서도 복음 전하는 자들이 복음으로 말미암아 살리라 명하셨느니라"(고전 9:7-14)

바울은 군인과 농부가 자신의 사역터에서 먹고 살아갈 식량을 얻는 것이 당연하다는 말을 했다. 그리고 구약성경에 기록된 모세의 율법을 인용하며 마당에서 곡식을 밟아 떠는 소의 입에 망을 씌우지 말아야 하는 것은 수고하는 소에게도 그것을 먹을 권한이 있기 때문이라는 점을 언급하며 설명했다. 물론 그것은 소의 권리를 주장하려는 것이 아니라 하나님의 사역자를 염두에 둔 말씀이었다.

그리고 구약시대 하나님의 성전에서 섬기는 자들이 제단에 바쳐진 제물을 나누어 먹는 것을 언급했다. 그 음식은 모든 사람들이 아니라 제사장을 비롯한 성전 종사자들에게 나누어졌다. 이처럼 교회 가운데서 하나님의 복음을 증거하는 사역자들이 그 가운데서 생활을 보장받는 것이 당연하다는 것이었다.

이 의미는 우리 시대에도 매우 중요한 의미를 지니고 있다. 일반적으로 목회자들은 교회로부터 생활을 보장받는다. 그렇게 함으로써 목회자들은 자기 임의대로 행동하지 않고 기록된 성경을 통한 하나님의 뜻과 교회의 의사에 따라 성실하게 봉사하게 된다.

따라서 만일 어떤 말씀 사역자가 교회에 자신의 생활을 의존하지 않고 전적으로 자비량自備糧하겠다고 한다면 도리어 위험한 것이라 말할 수 있다. 그것은 자칫 교회에 얽매이지 않고 자신의 취향대로 목회를 하겠다는 말과도 통할 수 있기 때문이다. 바울이 자비량한 것은 그가 사도였기 때문에 감당할 수 있었던 교회를 위한 특별한 배려였다. 그의 사도적인 입장은 오늘날 우리 시대의 상황과는 사뭇 달랐던 것이다.

5. 복음과 세상 (딤후 2:7-10)

사도 바울은 디모데에게 자기가 그전에 전했던 모든 교훈을 잊어버리지 말고 항상 기억하고 있도록 권면했다. 그렇게 하면 하나님께서 그에게 범사에 신령한 총명을 허락하시리라는 것이었다. 그것은 인간들의 일상적인 삶 가운데서 생겨난 지혜와는 그 성격이 근본적으로 다르다.

바울이 전한 복음의 중심에는 다윗의 자손으로 이 세상에 오셔서 죽은 자들 가운데서 부활하신 예수 그리스도께서 계신다. 디모데는 항상 그에 관한 사실을 기억하고 있어야만 했다. 그것을 통해 세상의 모든 것을 이겨낼 수 있는 힘을 얻게 된다.

사도 바울은 하나님의 복음을 증거한다는 이유로 마치 죄인처럼 간주되어 사슬에 매여 감옥에 갇히는 고난을 받아야만 했다. 악한 자들은 하나님의 말씀을 선포하는 사역자들을 핍박하고 감옥에 가둘 수 있을지언정 하나님의 말씀에 대해서는 그렇게 하지 못한다. 말씀은 결코 얽매이지 않으며 얽어맬 수도 없기 때문이다.

바울이 그 모든 고통을 인내함으로써 이겨낼 수 있었던 것은 하나님으로부터 선택받은 백성들을 위해서였다. 그가 당하는 고통을 보며 성도들은 이 세상에서의 모든 영화를 포기할 수 있었다. 사탄의 세력으로 말미암은 고난을 참고 이겨냄으로써 그와 더불어 영원한 영광과 함께 예수 그리스도 안에 있는 구원을 받게 된 것이다. 즉 이 세상에서의 부귀영화富貴榮華를 포기함으로써 영원한 천상의 영광을 소유할 수 있게 된다.

6. 궁극적인 승리에 대한 소망 (딤후 2:11-13)

타락한 세상에서 고통당하는 하나님의 자녀들에게는 궁극적인 승리가 기다리고 있다. 그것은 인간들에 의한 것이 아니라 하나님으로부터 주어지는 진정한 선물이다. 따라서 바울은 우리가 주와 함께 죽었으면 반드시 그와 함께 살게 되리라는 사실을 말했다.

이 세상에서의 고난을 참으면 그것을 통해 미리 고난당하신 예수 그리스도와 함께 왕 노릇하게 된다. 그러나 주님을 부인하는 자들은 하나님으로부터 외면을 당할 수밖에 없다. 만일 우리가 하나님의 아들이신 예수 그리스도를 부인한다면 주님께서도 우리를 부인할 것이기 때문이다.

이 세상에 살아가는 성도라 할지라도 저들에게는 본성적인 신실함이 존재하지 않는다. 하지만 주님은 신실한 분이시기 때문에 자기가 한 약속을 결코 어기시지 않는다. 바로 이점이 우리에게 진정한 소망이 된다. 따라서 우리는 언약에 신실하신 하나님을 기억하고 항상 그를 찬양하며 영광을 돌리게 되는 것이다.

제4장 _ 교회에 속한 성도의 삶과 자세
(딤후 2:14-26)

1. "다툼을 금하라" (딤후 2:14)

하나님의 자녀들은 십자가 위에서 행하신 예수 그리스도의 공적인 사역을 통해 세상 가운데서 왕 노릇하게 된 것과 주님은 믿음의 대상이라는 사실을 항상 기억해야 한다. 바울은 디모데에게 그 사실을 모든 성도들에게 알게 하여 기억케 함으로써 서로간 불필요한 말다툼을 하지 못하도록 할 필요가 있음을 말했다. 그것은 단순한 요구가 아니라 하나님 앞에서 엄히 명령하는 내용이었다.

만일 교회 가운데서 의미 없는 말다툼을 되풀이하는 자들이 있다면 성도들에게 유익이 될 것이 하나도 없다. 나아가 그것은 도리어 그 말을 듣는 자들의 신앙을 약화시키게 된다. 그렇게 되면 신앙이 어린 사람들을 혼란스럽게 만들어 퇴보하게 만들 수 있다. 모든 성도들은 이에 대해 깊이 유념하지 않으면 안 된다.

죄성을 지닌 인간들은 이기적인 본성으로 인해 항상 자기중심적일 수밖에 없다. 그에 익숙한 자들은 다른 형제들의 말을 귀담아 듣기보다 자기의 주장을 내세워 고집하기 쉽다. 교회 가운데서 개인적인 취향을 강하게 내세우는 것은 여간 위험하지 않다. 지상 교회는 항상 그런 자들을 살펴 주의깊은 신경을 기울여야 한다.

2. "진리의 말씀으로 자신을 하나님 앞에 드리라" (딤후 2:15)

사도 바울은 사랑하는 아들 디모데에게 진리의 말씀을 올바르게 깨달아야 한다는 사실을 강조하고 있다. 하나님의 말씀을 읽고도 그 의미를 제대로 분별해내지 못한다면 참된 교훈을 깨달을 수 없다. 따라서 성숙한 모든 성도들은 진리와 거짓을 구분할 수 있는 능력을 소유하지 않으면 안 된다.

그렇게 함으로써 복음을 선포하는 사역자는 하나님과 사람들 앞에서 정당한 일꾼이 될 수 있다. 하지만 그와 같은 인정을 받지 못한 상태에서 스스로 일꾼이라고 주장한다면 교회로부터 허락된 보장성을 지니지 못한다. 자칫 잘못하면 하나님의 진리와 상관없는 거짓 교사가 될 위험마저 따르게 된다.

성숙한 성도라면 말씀에 따른 올바른 하나님의 일꾼으로서 자신을 거룩한 하나님 앞에 바쳐드리는 것이 중요하다. 이는 개인의 종교적인 목적을 추구하기 위해 교사의 자리를 지키는 것을 피해야 한다는 의미를 지니고 있다. 사명을 받은 하나님의 일꾼은 오직 하나님의 뜻에 따라 맡겨진 사명을 감당해야 하는 것이다. 하나님의 부르심을 입은 자들은 항상 이에 대해 깊은 신경을 써야만 한다.

3. "망령되고 헛된 말을 버리라" (딤후 2:16-18)

하나님의 복음전파 사역을 감당하는 자라면 그에 조화되는 사고를 해야 하며 항상 믿음 안에서 천상의 언어를 사용해야 한다. 따라서 망령되고 헛된 말을 버리지 않으면 안 된다. 설령 주변에 있는 사악한 자들이 헛된 말을 아무렇게나 사용할지라도 저들을 본받지 말아야 한다.

배도에 **빠진** 사람들은 진정한 경건을 버린 자들이다. 그들은 하나님이 아니라 세상의 편에 서 있기 때문에 점점 더 악한 방향으로 노골화되어 간다. 경건치 않은 용어를 되풀이하는 가운데 어리석은 자들에게 종교적인 선전을 하게 되면 저들의 말은 마치 악성 종양이 퍼지는 것처럼 **빠른** 속도로 확산되어 가게 된다.

바울의 주변에서 그와 같은 일을 주도한 자들 가운데는 후메내오(Hymenaeus)와 빌레도(Philetus)가 있다. 그들은 한때 교회의 지도자처럼 행세한 적이 있으므로 어리석은 자들은 저들의 말에 쉽게 속아 넘어갈 수 있다. 또한 신앙이 어린 교인들은 분별력이 약하기 때문에 여간 조심하지 않으면 안 된다.

하지만 그들은 하나님의 참된 진리를 알지 못하는 사악한 자들이다. 그 사람들은 성경을 두려운 마음으로 대하지 않고 제멋대로 해석하기를 좋아한다. 배도에 **빠진** 자들 가운데는 예수님의 부활은 과거에 이미 지나간 사건이므로 장차 모든 사람들이 부활하지는 않을 것이라 주장하기도 한다. 그와 같이 불신을 조장하는 주장은 신앙이 어린 자들의 믿음을 무너뜨리는 역할을 하게 된다.

4. '하나님의 견고한 터'와 성도들의 다양한 은사 (딤후 2:19-21)

하나님께서는 예수 그리스도의 십자가 사역과 성령 하나님의 지상 강림을 통해 교회를 위한 견고한 터를 닦아두셨다. 바울은, 그에 관해서는 구약성경에 이미 예언되어 온 바였음을 말하고 있다. 우리가 여기서 알 수 있는 것은 하나님의 백성들이 불의를 떠나 '진리의 견고한 터' 위에 서게 된다는 사실이다. 그것은 인간들의 노력이 아니라 하나님께서 약속에 따라 시행하시는 일이었다.

지상 교회 가운데는 이와 더불어 다양한 은사를 가진 성도들로 구성되어 있다. 교회에 속한 성도들은 획일적이지 않고 여러 형태의 은사를 통해 함께 교회를 세워나가게 된다. 건강한 교회에서는 하나님으로부터 주어진 다양한 은사를 가진 성도들이 서로간 조화롭게 신앙생활을 영위해 가는 것이다.

사도 바울은 그에 관한 설명을 하면서 집안에서 사용하는 다양한 그릇들에 대한 예를 들고 있다. 큰 집에는 동일한 그릇만 있는 것이 아니라 금그릇과 은그릇도 있으며 그뿐 아니라 나무그릇과 질그릇도 있다는 것이다. 그런 것들 가운데는 귀하게 쓰이는 것이 있는가 하면 천하게 쓰이는 것도 있다.

물론 여기서 바울이 말하고자 하는 바는 귀하고 천한 것들 사이를 구별하려는 것이 아니라 다양한 용도를 위한 여러 종류의 그릇들이 있다는 사실을 주지시키기 위한 것이었다. 즉 모든 그릇은 음식을 담기 위한 것이지만 그 용도는 제각각 다르다. 한 가지 종류의 그릇만 있어서 되는 것이 아니라 여러 종류의 그릇들이 있어야 한다는 것이다.

지상에 존재하는 주님의 교회 역시 이와 같다. 누구든지 하나님 앞에서 자기를 정결하게 보존한다면 하나님으로부터 귀한 용도로 사용될 수 있다. 그것은 개인이 스스로 그렇게 하는 것이 아니라 주인이 자신의 합당한 용도에 따라 그것들을 사용하시게 된다. 이처럼 교회 가운데서 모든 선한 일을 도모하기 위해서는 항상 다양한 은사를 소유한 자들이 예비되어 있어야 한다.

하지만 어리석은 자들은 교회 안에서 모든 사람이 자기와 같아지기를 요구한다. 그런 자들은 자기와 같은 유형의 사람들만 모이면 아무것도 되지 않으리라는 사실을 전혀 깨닫지 못하고 있다. 만일 개인을 중심으로 한 획일화가 이루어지게 되면 교회의 조화로운 기능을 상실하게 될 수밖에 없다.

그러므로 교회 안에서는 항상 성도들 상호간에 존중하는 마음이 존재해야 한다. 자기와 다른 은사들을 가지고 상이한 성품을 지닌 자들에 대한 존중과 인정이 따라야만 하는 것이다. 그렇지 않으면 독단적인 사고에 빠져 교회를 개인이 원하는 방향으로 이끌고 가려는 심각한 오류에 빠지기 쉽다.

5. "인간의 욕망을 피하라" (딤후 2:22,23)

사도 바울은 본문 가운데서 디모데에게 청년의 정욕을 피하라는 요구를 하고 있다. 이는 세상에 대한 다양한 욕망을 총괄하고 있는 것으로 보인다. 세상에서 성공하고 남들 보기에 부러운 자리를 차지해 자기만족을 추구하는 일에서 벗어나라는 것이다.

이는 비단 일반적인 분야뿐 아니라 교회의 지도자로서도 역시 마찬가지다. 개인적인 삶의 만족을 추구하며 성공한 종교지도자가 되고자 하는 태도는 극히 자제되어야 한다. 그것은 하나님의 일을 핑계대어 자신의 목적을 이루고자 하는 종교적인 욕망에 기인하는 것에 지나지 않기 때문이다.

그대신 정결한 신앙 자세로 하나님을 찾아 부르는 성도들과 함께 의와 믿음과 사랑과 화평을 따라야 한다는 사실이 강조되고 있다. 그것은 개인적인 삶을 위한 것이라기보다 지상에 존재하는 하나님의 교회를 위한 것이다. 그렇게 함으로써 교회에 속한 모든 성도들이 하나님의 은혜 가운데 영원한 천상의 나라를 바라볼 수 있게 된다.

그와 같은 성숙한 신앙을 소유하기 위해서는 세상에서 익힌 어리석고 무식한 변론들을 버려야 한다. 이는 하나님의 말씀과 진리를 벗어난 쓸데 없는 논쟁을 금해야 한다는 사실을 말해준다. 인간들이 타락한 세상에서 경험한 것과 거기서 형성된 이성을 도구로 한 논쟁은 불필요한 다툼을 유발할 수밖에 없다. 교회는 이에 대해 여간 민감하게 신경쓰지 않으면 안 된다.

6. "온유함으로 훈계하라" (딤후 2:24-26)

하나님의 거룩한 사역에 참여하는 성도라면 마땅히 다른 성도들과 부당하게 다투지 말아야 한다. 이는 하나님을 진정으로 경외하는 성도들 사이에는 부당한 다툼이 일어나지 않아야 한다는 사실을 말해주고 있다. 이에 대해서는 교회에 속한 모든 성도들이 기억하고 있어야만 할 내용이다.

그러므로 복음전파를 위한 사역자들은 모든 사람들에 대해 온유해야 하며 잘 가르치는 능력을 가져야만 한다. 또한 어떤 일을 만났을 때 자신의 성향에 따라 직접적인 반응을 보이지 않고 참고 인내하는 마음을 소유하지 않으면 안 된다. 만일 하나님의 말씀을 거역하거나 교회를 어지럽히는 자들이 있으면 부드러운 마음으로 저들을 훈계해야 한다.

하나님의 말씀을 떠난 배도자들은 사탄이 지배하는 세상의 유혹을 받고 있는 자들이다. 주의 사역자로서 말씀으로 훈계할 때 하나님께서 저들로 하여금 회개하는 마음을 주시면 진리를 깨닫는 기회를 얻게 될 것이다. 주의 백성들이 바라는 것은 바로 그점이다. 교회는 그런 자들이 깨어남으로써 마귀의 올무에서 벗어나 다시금 하나님께 사로잡힌 바 되어 그의 뜻을 따르게 되기를 간절히 바라는 것이다.

제5장 _ 말세의 어리석고 악한 자들

(딤후 3:1-9)

1. 말세의 고통하는 때 (딤후 3:1)

하나님의 자녀들은 이 세상에 삶의 궁극적인 의미와 목적을 두고 살아가지 않는다. 오직 영원한 천상의 나라에 소망을 두고 살아갈 따름이다. 따라서 세상에서 부귀영화를 누리고자 하는 마음을 먹을 필요가 없다.

지상 교회에 속해 하나님을 섬기는 성도들은 세상에서 그런 것들을 누리며 살아가는 자들에 대해 어떤 부러운 마음도 가지지 않는다. 영원하지 않은 유한한 것들은 결코 부러움의 대상이 될 수 없기 때문이다. 도리어 성숙한 신앙인들은 하나님을 알지 못하면서 그에 치중하는 자들을 불쌍히 여기는 마음을 가지게 된다.

하지만 성도들이 그런 자세를 가지고 살아간다고 해서 타락한 세상에서 여유롭고 만족스러운 삶을 보장받는 것은 아니다. 즉 육체적으로나 경제적으로는 어렵지만 정신적으로는 만족스럽게 살고 있음을 의미하는 것은 아니다. 오히려 세상에서는 진리를 위해 투쟁함으로써 힘겹게 살아가야만 하는 것이다.

이와 같은 현상은 세상의 마지막이 가까워질수록 더욱 심해져 간다. 심판의 때를 앞두고 사탄이 더욱 기승을 부릴 것이기 때문이다. 어리석은 인간들은 세상의 미래를 낙관적으로 보는 경향이 있다. 물론 부분적으로 낙관적이거나 혹은 비관적일 수 있지만 그것은 선별적인 기능을 하게 될 따름이다.

그러나 하나님의 자녀들은 그와 같은 사고를 가지고 있지 않다. 따라서 주님이 재림하실 때까지 점차 심하게 닥쳐오게 될 고통을 염두에 두게 된다. 지혜로운 자들은 타락한 세상에 대한 헛된 기대를 완전히 버려야 한다. 그리고 하나님의 자녀로서 장차 도래하게 될 어려움에 대비할 수 있는 자세를 가져야 한다. 그렇게 함으로써 세상을 능히 이길 수 있게 되는 것이다.

2. 돈을 사랑하는 극심한 이기적인 생활태도 (딤후 3:2-4)

말세가 되면 사람들이 자신을 중심에 두고 이기적인 자기 사랑에 빠지게 된다. 이웃을 염두에 두지 않고 다른 사람들의 삶의 의미를 중요시하지 않게 되는 것이다. 이와 같은 양상은 일반 사회에서 뿐 아니라 가정 내부에서도 일어난다. 부부나 부모자식 사이에도 서로 자기를 위해 이용하려 할 뿐 다른 가족을 진정으로 배려하는 마음이 점차 약화되거나 사라지게 되는 것이다.

그런 자들은 자기의 인생을 그럴듯하게 꾸미기 위한 방책으로 돈을 사랑하게 된다. 돈이 있으면 모든 것을 얻을 수 있을 것으로 믿기 때문이다. 즉 그들은 세상에서 돈을 가지고 얻지 못할 것이 없다고 생각한다. 돈이라면 인생의 화려함은 물론 권력이나 쾌락마저도 살수 있다고 여기는 것이다.

그러므로 많은 돈을 소유한 부자가 되면 다른 사람들 앞에서 그것을 자랑으로 여기기를 좋아한다. 그것으로 인해 교만하여짐으로써 다른 사람들을 멸시하는 자리에 앉기 쉽다. 돈으로 모든 것을 얻고자 하여 많은 부를 소유한 자들은 자기를 인정하여 높여주지 않는 자들을 못마땅하게 여기는 경향이 있다.

그런 사람들에게는 가정마저도 자기의 이기적인 목적을 위해 존재할 따름이다. 그들은 부모를 거역하며 감사한 마음을 가지지 않는다. 그리고 순결한 삶을 살고자 하는 마음을 버리게 된다. 그들은 또한 인간적인 의리나 인정을 베푸는 데 인색하며 다른 사람의 원통함에 대해서는 별다른 관심을 두지 않는다.

그런 자들의 특징은 자신의 목적을 달성하기 위해 남을 모함하며 스스로 절제하지 못한다는 것이다. 나아가 자기를 높여주지 않고 거스르는 사람들에게는 냉정하게 되어 사나운 성품을 드러내기도 한다. 따라서 하나님의 선한 것을 받아들이지 않을 뿐더러 함께 지내던 자들을 쉽게 배신하며 조급한 행동을 한다.

그러면서도 그와 같은 습성에 빠진 종교인들은 자기가 세상에서 최고인줄 착각하며 자만한 마음을 버리지 못한다. 그들은 입술로는 하나님의 이름을 앞세우지만 실상은 하나님을 거의 의식하지 않은 채 살아간다. 그와 같은 태도는 결국 하나님을 사랑하는 것보다 자기를 위해 세상의 쾌락을 추구하도록 만든다.

3. 위선적인 종교인들에 대한 경계 (딤후 3:5-7)

진정으로 하나님을 알고 사랑하는 자들은 하나님과 사람들 앞에서 겸손할 수밖에 없다. 이는 저들이 하나님 앞에서 죄인이라는 사실을 분명히 깨달아 알고 있기 때문이다. 물론 그 겸손한 모습은 일반적인 형식에 연관되어 나타나지는 않는다. 그 겸손은 불의에 대해 분노할 줄 알며 연약한 자들을 보호하려는 강인한 모습을 보이기도 한다.

그러나 겉보기에 경건한 모양은 있으나 실상은 경건의 능력을 부인하는 자들이 있다. 그것은 외식하는 자들의 종교적인 양상으로 나타난다. 그들은 외형을 통해 다른 사람들로부터 인정받고자 애쓴다. 그러나 참된 경건은 그런 것이 아니라 하나님께서 요구하시는 삶을 통해 드러나게 되는 것이다.

신앙이 어린 자들은 경건의 모양을 가지고 있는 듯이 보이지만 실상은 경건치 못한 자들을 올바르게 식별하지 못한다. 따라서 그들은 저들의 겉모습만 보고 마치 훌륭한 신앙인인 양 생각하게 된다. 하지만 성숙한 성도들은 그런 자들을 식별하여 경계해야 할 뿐 아니라 저들로부터 단호히 돌아서야 한다.

그런 사람들 가운데는 남의 집에 가만히 들어가 어리석은 여자를 유인하기도 한다. 온갖 감언이설甘言利說로써 어리석은 자를 미혹하게 되는 것이다. 그렇게 되면 분별력이 없는 어리석은 자들은 더러운 죄에 빠지게 되며 여러 가지 욕심에 끌려 그와 같은 자를 용납하여 받아들이게 된다.

그와 같은 여자들은 교회에서 열성을 다해 행동하며 배우는 것 같아 보이지만 실상은 아무것도 알지 못한다. 그들은 끝내 참된 진리의 지식에 이를 수 없는 것이다. 이에 대해서는 오늘날 우리 시대도 예외가 될수 없다. 교회에 속한 성숙한 성도들은 경건의 모양은 갖추고 있으나 하나님 앞에서 불경한 행위를 하는 자들을 분별하여 견제할 수 있어야 한다. 그래야만 연약한 성도들을 지켜 보호할 수 있을 것이기 때문이다.

4. 하나님의 말씀을 멸시하는 자들 (딤후 3:8,9)

사도 바울은 자신이 처했던 어려운 형편을 설명하기 위해 모세 시대에 일어났던 한 배도의 사건을 소개한다. 이스라엘 민족이 출애굽할 당시 하나님께서 세우신 모세를 대적하는 것은 여호와 하나님을 대적하는 행위와 마찬가지였다. 그런 자들 가운데는 얀네(Jannes)와 얌브레

(Jambres)가 있었다.

그 사람들은 하나님의 진리를 대적하는 자들로서 마음이 부패한 자들이었다. 그들은 참된 믿음에 관해서는 완전히 버려진 바 되었다. 하나님의 자녀들을 대적하면서 완악한 지경에 놓여있었음에도 불구하고 저들에게 회개의 기미가 전혀 보이지 않았던 것은 하나님의 은혜로부터 벗어나 있었기 때문이다.

하지만 하나님과 그의 사역을 훼방하는 저들의 악행에는 한계가 있었다. 사탄에게 속한 자들이 하나님의 자녀들을 유혹하여 죄에 빠뜨리려고 애쓴다고 할지라도 성숙한 자들 가운데서는 쉽게 그렇게 되지 않는다. 이는 배도에 빠진 그 사람들의 어리석음이 참된 교회 가운데서 탄로나게 될 것이기 때문이었다.

제6장 _ 경건한 성도의 삶의 양상
(딤후 3:10-17)

1. "나를 보라" (딤후 3:10,11)

사도 바울은 디모데에게 하나님을 경외하며 살아가는 자신의 신앙적인 삶의 내용을 들여다보라고 했다. 즉 그가 가르친 교훈과 구체적인 행실, 그리고 하나님과 교회와 세상을 향한 의도와 믿음과 사랑과 인내를 보라는 것이었다. 또한 복음으로 인해 자신이 당했던 모진 핍박과 고난을 그에게 적시했다.

디모데는 오래 전 사도 바울이 이고니온과 루스드라에서 겪었던 모든 일들을 직접 목격한 바 있었다. 또한 그가 유대인들로부터 받은 모진 박해에 관해 잘 알고 있었다. 바울은 디모데로 하여금 그 모든 사실을 상기시키면서 하나님께서 그를 힘든 상황 가운데서 구출해주셨음을 말하고 있다.

바울이 디모데에게 굳이 그 말을 했던 이유는 지금 디모데가 처한 상황이 과거 자신이 처했던 상황과 유사했기 때문인 것으로 보인다. 주변의 악한 자들과 배도자들이 하나님의 사람 디모데를 심한 고통에 빠뜨리고 있었다. 또한 올바르게 자라가야 할 교인들이 정상적으로 성장하지 않고 다양한 문제를 일으키는 것도 디모데에게 괴로운 일이었다.

이와 같은 모든 힘겨운 일들은 디모데뿐 아니라 바울 역시 여전히 겪고 있는 문제였다. 바울이 디모데에게 편지하면서 이에 대한 언급을 하는 것은 세상의 악한 실체를 드러내는 것이며 배도에 빠진 자들을 하나님과 그의 교회에 고발하는 성격을 지니고 있다. 이에 대해서는 오늘날 우리를 포함한 모든 시대의 교회와 참된 지도자들이 직면하게 되는 상황이자 취해야 할 자세이다.

그러나 하나님의 자녀들이 힘든 상황 가운데서 참된 소망을 가질 수 있는 것은 하나님께서 그 고통으로부터 구해주실 것이기 때문이다. 바울은 전능하신 하나님께서 자신을 어려움 가운데서 건져내신 사실을 언급했다. 고통 중에 있는 디모데 역시 그렇게 하시리라는 것이었다. 바울의 그 말은 디모데에게 커다란 위로가 되었을 것이 틀림없다.

이와 같은 상황은 모든 시대 모든 지역에서 발생했으며 오늘날 우리에게도 그대로 일어나고 있다. 그것은 시대와 정황을 뛰어넘어 모든 하나님의 자녀들에게 나름대로의 고통이 따르게 된다는 사실을 말해 준다. 지혜로운 성도라면 항상 그 고통의 의미를 깨닫고 있어야 하며, 동시에 하나님으로 말미암는 참된 위로를 깨닫고 있어야 한다. 그것이 성도들이 타락한 이 세상을 살아갈 때 허락되는 진정한 힘이 될 수 있기 때문이다.

2. 경건하게 살고자 하는 자들은 세상에서 고통을 당함 (딤후 3:12)

하나님을 잘 믿으면 세상에서 남부럽지 않게 살게 된다는 말은 이방 종교의 기복주의祈福主義로부터 연유한 사상이다. 올바른 신앙을 소유한 성도라고 해서 타락한 세상 가운데 하나님께서 주신 복을 받아 화려하게 잘 살 수 있는 것이 아니다. 도리어 많은 경우에는 참된 신앙을 지키기 위해 세상의 환난과 핍박을 당하게 된다. 그러므로 바울뿐 아니라 베드로와 요한도 그에 대한 분명한 교훈을 주고 있다.

"사랑하는 자들아 너희를 시련하려고 오는 불시험을 이상한 일 당하는것 같이 이상히 여기지 말고"(벧전 4:12); "형제들아 세상이 너희를 미워하거든 이상히 여기지 말라"(요일 3:13)

경건하게 살고자 하는 자들은 핍박을 받게 되리라는 사도들의 교훈은 교회 안의 특별한 사람들에게만 해당되는 말이 아니다. 이와 같은 일은 천상의 나라에 소망을 둔 모든 성도들에게 공히 일어나는 것이 분명하다. 하지만 우리가 이와 더불어 생각해 보아야 할 점은, 이 말이 모든 시대 모든 성도들에게 동일한 양상으로 적용될 것은 아니라는 점이다.

과거 역사 가운데는 기독교가 심한 박해를 받던 시대가 있었다. 때로는 정치적 상황에 따라 평온한 시대가 있기도 했다. 그리고 또 다른 어떤 경우에는 기독교가 득세하여 세속적인 권력을 장악하고 있던 때도 있었다. 이렇듯이 교회가 처한 상황은 각 시대에 따라 매우 다양한 양상을 띠고 있었던 것이다.

이에 대해서는 오늘날 우리의 시대 역시 마찬가지라 할 수 있다. 종교의 자유를 누리는 서구의 대다수 교회들과, 기독교가 제한되거나 심한 박해를 받는 특수한 지역에 살고 있는 성도들의 입장은 전혀 다르다. 즉 기독교인들이 대우받는 지역이 있는데 반해 생명의 위험을 무릅쓰고 신앙생활을 해야 하는 지역도 있는 것이다.

이처럼 교회는 다양한 형편 가운데 놓여있지만 세상으로부터 환난과 핍박이 없는 곳은 존재하지 않는다. 단지 그 형태와 양상에 상당한 차이가 날 따름이다. 즉 하나님을 경외하며 천상의 나라에 소망을 두고 살아가는 성도들이 당하는 박해는 모든 시대에 해당되어 적용된다. 또한 기독교가 물리적인 박해를 받지 않고 평온을 유지하는 시대에도 세속적 가치에 저항함으로써 여전히 성도들에게 적용되는 말씀이다.

이는 세상에 살아가는 모든 성도들은 나름대로 상당한 어려움을 당할 수밖에 없음을 말해준다. 그럼에도 불구하고 성도들은 항상 경건한 삶을 살고자 하는 자세를 유지해야 한다. 이는 물론 겉으로 드러나는 종교적인 모양새를 의미하는 것이 아니라 하나님의 말씀에 따라 예수 그리스도 안에서 경건하게 살아가는 것과 연관된다.

3. 악한 자들의 형통한 삶 (딤후 3:13)

하나님의 자녀로서 선하게 살아가는 자들이 모두 다 이 세상에서 권세를 얻거나 복을 받는 것은 아니다. 도리어 그리스도 안에서 경건한 삶을 살아가고자 하는 자들은 더욱 큰 어려움에 직면하게 된다. 성도들은 세상의 악과 조화되는 삶을 살 수 없으며 도리어 그에 저항하는 삶을 지속해야 하기 때문이다.

보통 사람들이 거짓을 수용함으로써 세상을 능숙하게 살아가는 것을 목격하면서도 우리는 그렇게 할 수 없다. 자기의 부를 축적하기 위해 불의와 타협하며 부정을 저지르는 것이 일반화된 사회라 할지라도 성도들은 그렇게 해서는 안 된다. 뿐만 아니라 도리어 저들의 악을 지적해야하며, 어린 교인들 가운데 그에 미혹되는 자가 있다면 저들을 권면해 돌이켜 세워야 한다. 우리가 그렇게 한다면 세상으로부터 눈총을 받게 될것이 틀림없다. 그것은 곧 환난과 핍박으로 연결될 수밖에 없는 것이다.

그러므로 세상에서는 악한 자들이 하나님을 경외하는 성도들보다 더형통하게 비쳐질 수 있다. 그들은 서로 속이며 타협하는 가운데 저들의 목적을 성취해 가기 때문이다. 따라서 하나님을 경외하지 않으면서 자신의 욕망을 추구하는 사람들이 세상의 번영을 누리는 것은 지극히 자연스럽다.

신앙이 어린 자들은 그와 같은 상황을 보며 마음이 나약해지기도 하며 그리스도로 인해 버렸던 욕망을 다시금 되돌려 세우기도 한다. 교회와 성숙한 성도들은 항상 그에 대해 민감하게 신경쓰지 않으면 안 된다. 그러므로 잠언서 기자는 그에 연관된 노래를 통해 교훈을 주고 있다.

"너는 악인의 형통을 부러워하지 말며 그와 함께 있기도 원하지 말찌어다 … 너는 행악자의 득의함을 인하여 분을 품지 말며 악인의 형통을 부러워하지 말라 대저 행악자는 장래가 없겠고 악인의 등불은 꺼지리라"(잠 24:1,19,20)

이 말씀이 성도들에게 시사하는 바는 매우 크다. 하나님의 자녀들이 타락한 이 세상에서 풍요롭게 살아갈 수 있는 복을 받는다고 주장하는 것은 틀린 말이다. 도리어 의로운 자들은 세상에서 상당한 핍박을 받게 된다. 그런 상황을 정확하게 직시하고 올바르게 판단함으로써 잠시 지나가는 세상이 아니라 영원한 천국에 소망을 두게 되는 것이다. 그렇게 살아가는 것이 하나님의 자녀들에게 진정한 복이 된다.

4. 삶의 절대적인 근간이 되는 성경 (딤후 3:14,15)

하나님의 자녀들의 모든 삶은 기록된 성경에 근거하고 있다. 그렇다면 하나님을 알지 못하는 자들의 삶의 근간은 과연 무엇인가? 그들은 삶의 모든 의미와 그 중심을 인간들의 이성과 경험에 따라 이 세상에 두고 살아간다. 이는 거기로부터 모든 가치가 형성된다는 사실을 말해 주고 있다.

그러나 교회에 속한 성도들의 삶은 타락한 세상에 그 근거를 두지 않는다. 아담의 후손인 죄인으로 세상에 태어났을 때와 하나님을 알지 못하던 때는 그러했지만, 예수 그리스도를 믿게 됨으로써 그곳에서 발을 떼게 된 것이다. 그러므로 성도들의 삶의 의미와 가치는 이땅이 아니라 영원한 천상에 존재한다. 그것이 하나님으로부터 계시된 말씀 가운데 기록되어 있는 진리이다.

디모데는 어려서부터 하나님의 말씀인 성경을 알았다는 사실이 본문 가운데 강조되어 있다. 그러므로 사도 바울은 디모데에게 '너는 배우고 확신한 일에 거하라' 고 요구한다. 이는 성경을 통한 배움과 신앙에 대한 확신을 의미하고 있다. 그것이 예수 그리스도 안에 있는 믿음으로 말미암아 구원에 이르는 지혜를 부여하게 된다.

또한 사도 바울은 그 신앙이 믿음의 선배들로부터 상속받아 이어지게 된다는 사실을 언급하고 있다. 이는 특별히 교회와 가정의 소중함을 드러내 보여주는 것이다. 디모데는 언약의 가정에서 자라나면서 어릴 때부터 하나님의 말씀을 배워 익혔다. 가정에서 부모가 어린 자녀들을 신앙으로 양육하는 것은 무엇보다 중요하다. 그런 가정들이 모여 하나님의 말씀에 순종하는 거룩한 교회 공동체를 이루게 된다.

이에 대해서는 오늘날 우리 시대 교회도 귀담아 들음으로써 적용해야만 한다. 교회는 어린 자녀들에게 하나님의 말씀을 상속해 주기 위해 모든 노력을 기울이지 않으면 안 된다. 또한 교회에 속한 모든 언약의 가정이 그와 동일한 원리 가운데 놓여 있어야 한다. 특히 부모들은 하나님께서 허락해 맡기신 자녀들을 하나님의 뜻에 맞게 양육하고자 하는 마음을 소유하고 삶을 실천해야 하는 것이다.

이는 또한 성도의 가정에서 태어나는 자녀들에게 베푸는 유아세례와 밀접한 관계를 가지게 된다. 교회가 언약의 가정에서 출생한 아이들에게 세례를 베풀게 되는 것은 하나님의 언약 때문이다. 즉 그것을 통해 지상 교회가 주님께서 재림하실 때까지 상속되어감을 모든 성도들이 눈으로 보고 확인하게 되는 것이다.

5. 성경의 실제적인 기능 (딤후 3:16,17)

하나님의 말씀은 이 세상에서 생성된 것이 아니다. 즉 성경은 유대인들의 역사 가운데 만들어지지 않았다. 나아가 기독교 역사의 산물로서 제작된 것이 아니다. 모든 성경은 천상에 계시는 하나님께서 특별히 택하신 자들을 통해 이 세상에 있는 교회를 향해 주신 계시의 말씀이다.

그러므로 사도 바울은, 모든 성경은 하나님의 감동으로 된 것으로서 교훈과 책망과 바르게 함과 의로 교육하기에 유익하다고 했다. 즉 성경은 인간들이 쓴 다양한 글들을 모아 집대성한 것이 아니라 하나님의 감동으로 된 것이기 때문에 일점일획도 틀리지 않은 완벽한 내용을 담고 있는 것이다. 이는 물론 사람들이 소유하고 있는 성경의 사본이나 번역본을 일컫는 것이 아니라 맨 처음 주어졌던 원본을 말하고 있다.

그리고 그 성경은 사람의 잘못된 것들을 바로잡는 기능을 한다. 이는 일반적인 실수나 잘못된 습성을 바르게 교정한다는 것 이상의 의미를 지니고 있다. 우리는 세상의 죄 가운데 태어나 죄에 익숙하게 된 자들은 불변하는 참된 가치를 전혀 알지 못한다는 사실을 기억한다. 따라서 인간은 자신의 이성과 경험에 따라 모든 것을 해석할 수밖에 없다.

그러므로 예수 그리스도로 말미암아 거듭 태어난 성도들은 모든 것을 계시된 말씀을 통해 새롭게 배움으로써 삶의 의미를 다시금 정립해야 한다. 잘못된 것에 대해서는 성경으로 올바르게 교훈하고 책망해야 한다. 그리고 비뚤어지고 굽은 사고는 진리로 바르게 잡아주어야 하며 새롭게 교육해야만 한다. 이는 보완이나 보충의 필요성을 말하는 것이 아니라 옛것을 버리고 천상으로부터 주어진 새로운 것을 받아들여야 한다는 사실을 의미하고 있다.

이렇게 함으로써 하나님의 자녀가 된 성도로서 온전하게 자라갈 수 있다. 그리고 하나님께서 원하시는 모든 선한 일들을 행할 수 있는 능력을 갖추어 가게 된다. 이는 성도의 성장과 성숙이 인간들의 종교적인 행위가 아니라 하나님의 말씀에 그 뿌리를 두고 있음을 말해준다. 즉 성경을 읽고 깊이 묵상함으로써 그 자체의 능력을 통해 우리에게 실제적인 적용이 일어나게 되는 것이다.

제7장 _ 말씀 선포와 유언적 교훈
(딤후 4:1-8)

1. 바울의 명령 (딤후 4:1)

사도 바울은 디모데에게 엄중한 명령을 내리고 있다. 이는 개인적인 인간관계 때문이 아니라 하나님의 교회가 역사 가운데 상속되어 가야 할 사실과 연관되어 있다. 앞에서 다정한 아버지와 같은 모습을 보이던 바울이 여기서는 매우 엄격한 아버지의 모습을 보이고 있는 것이다.

바울은 하나님 앞과 살아 있는 자와 죽은 자를 심판하실 그리스도 예수 앞에서 그가 나타나실 것과 그의 나라를 두고 엄히 명한다고 밝혔다. 이 말은 누구든지 만일 이 명령을 거스르거나 어기게 되면 결코 살아남지 못할 것이라는 의미를 지니고 있다. 세상의 모든 것을 심판하실 분이 장차 영원한 왕국의 왕으로 재림하여 그 모든 것들을 보시게 된다는 사실은 예삿일이 아니다.

우리는 디모데를 향한 사도 바울의 명령을 보면서 바울뿐 아니라 모든 사도들이 교회를 향해 동일한 명령을 하고 있다는 사실을 염두에 두어야 한다. 그리고 구약시대의 모든 선지자들과 하나님의 말씀을 대언한 모든 믿음의 선배들이 지상 교회의 성도들에게 동일한 명령을 내렸던 것으로 기억해야 한다. 하나님께서 저들을 통해 모든 하나님의 자녀들에게 공적으로 말씀하셨기 때문이다.

따라서 지상에 존재하는 참된 교회와 성도들은 항상 하나님의 말씀을 가운데 두고 그 명령을 듣지 않으면 안 된다. 그 말씀을 통해 선지자들과 사도들의 명령한 내용을 구체적으로 들을 수 있는 것이다. 지상 교회는 그 명령을 온전히 들어 실천하려는 의지를 가짐으로써 하나님을 경외하는 성도로서 겸손한 삶의 자세를 유지할 수 있게 된다.

2. 말씀 선포와 목양의 책무 (딤후 4:2)

바울은 또한 디모데에게 하나님의 말씀을 '전파'하라는 명령을 하고 있다. 이는 다른 사람들에게 '예수를 믿으라'는 말을 하면서 여기저기를 누비며 다니라는 의미와 다르다. 즉 이 말은 모든 열성을 다해 하나님을 알지 못하는 불신자들에게 전도하라는 말이 아니다. 이 명령은 하나님의 말씀을 교회 가운데 '선포'하라는 의미를 지니고 있다. 교회를 통해 선포되는 진리의 말씀이 성도들에게는 영원한 구원을 선포하게 되지만 불신자들에게는 무서운 심판을 선포하게 된다.

그리고 바울은 때를 얻든지 못 얻든지 항상 그에 힘쓰라는 말을 하고 있다. 이는 어떤 상황 가운데서라도 그 사역을 멈추지 말라는 뜻이다. 즉 외부로부터 심한 환란이 임하든지 내부로부터 모진 핍박이 있든지 간에 하나님의 말씀을 선포하는 그 사역은 교회 가운데서 끊임없이 지속되어야 한다.

하나님의 말씀을 선포하라는 명령은 다른 사람들을 화려한 언술로써 설득하라는 것을 의미하지 않는다. 선포에는 타협의 여지가 없다. 따라서 어떤 경우에도 진리의 말씀을 양보하는 일이 있어서는 안 된다. 이는 획일적인 성경해석을 고집하라는 것과 다르다. 모든 인간들은 부족하기 때문에 하나님의 말씀을 완벽하게 깨달아 해석할 수 있는 자는 세상

존재하지 않기 때문이다.

그러나 성경에 기록된 내용 가운데 일부를 제거한다든지 거기에 무엇을 첨가하는 문제에 대해서는 어떤 경우에도 타협하거나 양보해서는 안된다. 지상 교회와 교회의 교사인 직분자는 하나님의 말씀을 교회 가운데 온전히 보존하여 지키는 것이 무엇보다 중요하다. 하나님의 말씀을 올바르게 지킨다는 것은 결코 쉽지 않다. 하나님의 교회 주변에는 항상 대적자들이 두루 다니고 있으며 어리석은 자들은 그에 미혹되기 쉽다. 따라서 교회에서는 항상 하나님의 말씀이 올바르게 선포되지 않으면 안된다.

3. 배도자들과 어리석은 자들 (딤후 4:3)

죄에 빠진 인간들은 항상 하나님을 대적하는 상태에 놓여 있다. 그런 자들은 그 악행을 저지르면서도 그에 대한 인식을 전혀 하지 못한다. 즉 하나님을 대항해 악을 행하면서도 자기가 그렇게 하고 있다는 사실을 전혀 모르는 것이다. 그런 자들 가운데는 배도에 빠져 있으면서 하나님께 충성을 다하는 것으로 착각하는 자들마저 있다.

그와 같은 일은 교회 바깥에서 뿐 아니라 기독교 내부에서도 일어나게 된다. 종말의 때가 이르게 되면 스스로 기독교인이라 주장하는 자들 가운데 올바른 교훈을 배척하고 받아들이지 않는 자들이 많이 생겨나게 된다. 그들은 성경에 기록된 진리에 관심을 가지는 것이 아니라 자기의 귀를 시원하게 긁어주는 그럴듯한 말을 하는 자들을 찾아나서기를 좋아한다.

그런 명목상의 기독교인들은 하나님을 믿는 이유가 자신의 종교적인 욕망을 채우는 데 있다. 그들은 하나님의 진리를 전하고 증거하는 교사가 아니라 자기 마음에 드는 말을 해주는 자들을 스승으로 두기를 좋아한다. 그렇게 되면 결국 하나님의 진리를 듣기를 거부하고 진리와 상관없는 허탄한 이야기를 듣고 그것을 따르게 된다.

4. 성도들을 올바르게 가르쳐야 할 교사 (딤후 4:5)

사도 바울은 디모데에게 세상이 점차 악하게 되어 갈지라도 모든 일에 신중하라는 당부를 하고 있다. 교회가 그와 같은 혼탁한 형편에 직면하게 되면 교사 직분을 맡은 자들은 더욱 신중하게 하나님의 말씀을 선포함으로써 전달해야 한다. 그렇게 하는 것은 결코 쉬운 일이 아니다. 왜냐하면 배도에 빠진 자들이 저들의 욕망을 포기한 채 그냥 가만히 있지 않을 것이기 때문이다.

악한 자들은 하나님의 진리를 선포하는 자들을 억압하고 핍박할 것이 분명하다. 그런 자들은 하나님의 말씀을 통해 저들의 악한 모습이 밖으로 드러나는 것을 좋아하지 않는다. 나아가 이미 교회에 들어와 종교적인 외양을 갖추고 있음으로써 도리어 의인인양 행세하는 경우도 생겨날 수 있다.

그와 같은 열악한 형편 가운데서 성도들에게 진리의 말씀을 선포한다는 것은 그 자체로서 고난을 의미한다. 하지만 복음 사역을 맡은 직분자들은 자기에게 맡겨진 전도자의 일을 성실하게 감당하지 않으면 안 된다. 따라서 사도 바울은 디모데에게 교회가 저에게 맡긴 직무를 다하도록 요구하고 있다.

5. 바울의 유언적인 교훈 (딤후 4:6-8)

사도 바울은 이제 자기가 관제(a drink offering)와 같이 벌써 부어지고 자기가 떠날 시각이 가까웠다는 사실을 언급했다. 이는 하나님 앞에서 자신의 삶을 마감할 때가 이르렀음을 말하는 것이다. 바울에게는 그것이 무섭고 두려운 시간이 아니라 세상의 모든 사역을 마치는 감격의 시간으로 다가왔다.

그러므로 바울은 자신의 인생을 되돌아보면서, 먼저 자기가 선한 싸움을 싸우고 달려갈 길을 마치고 믿음을 지켜왔음을 언급했다. 이는 마치 운동선수가 육상경기를 하듯이 자기도 최선을 다해 진리를 위해 싸우면서 자신의 인생을 달려와 마지막 결승점에 이르렀다는 것이다.

바울은 죽음을 앞두고 진리와 영생에 대한 확신에 가득 차 있었다. 최선을 다해 경주한 선수에게 면류관이 주어지듯이 자기를 위한 영원한 의의 면류관이 예비되어 있다는 사실을 확신했던 것이다. 이는 의로운 재판장이신 예수 그리스도께서 장차 그에게 친히 그것을 씌워주시게 된다는 사실을 의미한다.

물론 사도 바울이 받게 될 그 면류관은 자기에게만 특별히 주어지는 것이 아님을 언급하고 있다. 그것은 주님의 재림을 간절히 사모하는 모든 성도들에게 공히 주어진다는 것이다. 이는 세상의 고통을 이기고 신실한 사역을 감당하는 디모데를 위해서도 그것이 예비되어 있음을 확증하는 의미를 지닌다. 이 말씀은 역사상의 모든 참된 교회에 속한 성도들을 비롯해 오늘날 우리에게도 궁극적인 소망이 되고 있다.

제8장 _ 바울의 당부와 마지막 인사
(딤후 4:9-22)

1. 바울의 탄식과 위로 (딤후 4:9-12)

바울은 디모데에게 속히 자기에게 오라는 말을 하고 있다. 죽음을 앞둔 자신의 형편을 언급한 것으로 보아 아마도 그의 얼굴을 직접 보고 할 말이 있었던 것으로 보인다. 그리고 지상 교회를 상속하게 될 여러 직분자들 가운데 한 사람인 그를 통해 위로받고자 하는 마음도 있었을 것이다.

타락한 인간들이 살아가는 세상 가운데는 항상 배도와 배신이 넘쳐난다. 하나님의 사도였던 바울에게도 많은 배신자들이 있었다. 그들은 한결 같이 한때 바울의 측근에 있으면서 열성을 내던 자들이었다.

그들 중에는 데마(Demas)와 그레스게(Crescens)와 디도(Titus)가 있었다. 데마는 세상을 사랑하여 바울을 버리고 데살로니가로 갔다. 그리고 그레스게는 갈라디아 떠났으며 디도는 달마디아로 떠났다. 여기서 말하는 디도가 바울을 배신했다면 바울의 편지를 받은 디도와는 동명이인同名異人이었을 것이 틀림없다.

우리는 또한 여기서 매우 중요한 생각을 떠올리게 된다. 그것은 사도 바울이 사람들을 성경적인 근거 없이 함부로 판단하지는 않는다는 사실이다. 바울을 떠나 배도하게 된 자들은 실상 하나님을 버리고 떠난 것과 마찬가지다. 그런 사람들은 하나님의 구원과 상관이 없는 자들이다.

그런데 바울은 저들을 가까이 두면서 먼저 내치지 않았다. 바울은 사도로서 저들의 신앙이 온당한지에 대해 다른 사람들보다는 훨씬 정확하게 알고 있을 것이 틀림없다. 배도자들은 그전이라 할지라도 교회 가운데서 신앙에 대해 상당한 문제들을 노출시켜왔을 것으로 보인다.

그럼에도 불구하고 바울은 마음을 억누르며 끝까지 인내했다. 바울의 이런 자세는 오늘날 우리에게도 많은 것을 시사해 준다. 우리는 주변에서 문제를 일으키는 교인들을 보며 저들의 구원 여부를 함부로 속단해서는 안 된다. 물론 그렇기 때문에 저들을 위한 더욱 신실한 권면과 권징이 따라야 한다.

그리고 바울은 이제 누가(Luke)만 자기와 함께 있다는 사실을 언급하고 있다. 우리는 여기서 노년이 된 바울의 외로운 모습을 엿보게 된다. 물론 하나님과 영원한 천상의 나라를 바라보면 외로울 것이 전혀 없다. 하지만 교회 가운데서 함께 가까이 지내며 동역하던 자들의 배신은 마음을 아프게 하지 않을 수 없다.

따라서 바울은 디모데를 향해 자기에게 올 때 마가(Mark)를 데리고 오라는 말을 했다. 바울은 그가 신뢰할 만한 인물이며 자기에게 유익이 된다는 사실을 언급했다. 그리고 자기와 함께 있던 두기고(Tychicus)는 에베소로 보냈음을 말했다. 우리는 여기서도 저들의 이동과 여행을 통해 이루어지는 보편교회의 원리를 보게 된다.

2. 디모데에게 부탁한 말 (딤후 4:13)

바울은 디모데에게 속히 자기에게 오라고 요구하면서 몇가지 부탁을 했다. 그것은 드로아(Troas)에 있는 가보(Carpus)의 집에 있는 자신의 겉옷과 가죽 종이에 쓴 책을 가져오라는 것이었다. 겨울을 앞두고 그에게 그 옷이 필요했기 때문이다.

또한 바울은 디모데에게 가죽 종이에 쓴 자기의 책을 가져오라는 당부를 했는데 그 책은 가죽으로 된 두루마리 책이었을 것이 틀림없다. 그것은 아마도 성경책이었을 가능성이 크다. 만일 그렇다면 우리가 생각하는 성경 전체가 아니라 성경책들 가운데 몇 권이었을 것이다.

그 책은 구약성경의 여러 서책들 가운데 한 권이었을 수도 있으며, 신약성경들 가운데 한 권일 수도 있다. 어쩌면 자기가 친히 계시받아 쓴 여러 서신들 가운데 하나일 가능성도 없지 않다. 그것도 아니라면 신앙이나 신학에 관련된 다른 책일 수도 있다.

우리는 그 책이 어떤 종류의 책이었는가 하는 점은 명확하게 알 수 없을지라도 바울에게는 매우 소중한 책이었을 것이 분명하다. 이를 통해 우리는 바울이 죽을 때까지 성경을 가까이 하며 살았다는 사실을 알게 된다. 그것은 모든 성도들은 인간의 이성과 경험이 아니라 계시되어 기록된 하나님의 말씀을 통해 모든 진리를 분명하게 알아가야 한다는 사실을 시사해주고 있다.

3. '배도자들을 각별히 주의하라' (딤후4:14-16)

사도 바울은 디모데에게 구리 세공업자 알렉산더(Alexander)에 대한 특별한 언급을 했다. 그가 지금까지 자기에게 많은 해를 입혔음을 말했다. 당시 알렉산더는 디모데와 한 지역에 살고 있었거나 가까이서 볼 수 있는 위치에 있었던 것이 분명하다. 디모데는 바울이 그 말을 하지 않더라도 어느 정도 상황을 알고 있었다. 그런데 바울이 다시금 그에 대해 언급하는 것은 그의 교묘한 배도행위 때문이었던 것으로 보인다.

분명한 사실은 알렉산더라는 인물이 상당한 부자였다는 점이다. 그는 돈으로써 교회를 위한다는 명분으로 종교적인 많은 일들을 했을지도 모른다. 그렇게 되면 어리석은 교인들은 그가 매우 신앙이 좋은 사람으로 착각할 수 있다.

바울이나 디모데가 저들의 종교적인 행위를 인정하지 않고 잘못을 지적하면 도리어 저항하게 된다. 그렇게 되면 신앙이 어린 교인들에게 자신을 내세우며 사도와 교사를 비방하며 교인들을 자기에게 끌어들이려 한다. 알렉산더 역시 그런 행동을 하며 교회와 성도들을 심하게 어지럽혔던 인물이다.

바울은 그것을 바로잡기 위해 성도들에게 계시된 말씀으로 권면하며 많은 노력을 기울였다. 그러나 상당수 어리석은 교인들이 바울의 가르침을 받아들이지 않고 오히려 알렉산더의 잘못된 주장에 넘어가 바울을 떠나는 일이 발생하게 되었다. 그것은 하나님과 그의 말씀에 저항하는 배도행위였다.

그런데 바울은 어린 교인들에게 허물을 돌리지 않기를 원한다고 했다. 그러나 교회를 어지럽힌 알렉산더에 대해서는 하나님께서 그의 악행에 대해 그대로 갚으시리라는 말을 했다. 우리는 여기서 진리를 어지럽히고 교인들에게 잘못된 사상을 주입하는 자에 대한 바울의 엄격하고 단호한 모습과 더불어 꾐에 빠진 어리석은 교인들에 대해 관용을 보이는 바울의 유연한 모습을 동시에 보게 된다.

바울이 많은 사람들에 의해 곤욕을 치룬 것은 그의 잘못된 처신 때문이 아니었다. 그것은 보이지 않는 사탄의 활동에 연관되어 있다. 바울은 디모데에게 이 모든 상황을 설명하며 유언적인 말을 남기면서 모든 성도들은 반드시 예수 그리스도의 사도인 자기를 따라야 한다는 사실을 강조해 말했다. 이에 대해서는 오늘날 교회 가운데 살아가는 우리 역시 바울과 디모데의 뒤를 따르지 않으면 안 된다.

4. 하나님의 경륜과 말씀 선포 (딤후 4:17,18)

사도 바울은 마지막 죽을 때까지 영원한 천상의 나라에 소망을 두고 살았다. 그리고 그가 소유한 복음이 세상 가운데 선포되기를 바라며 그 사역을 지속했다. 그는 자기가 하나님의 선한 도구가 되어 그렇게 순종했으며 항상 하나님께서 자기와 함께하신 사실을 증거하고 있다.

세상의 모진 환난과 핍박 가운데서도 하나님이 자기와 함께하셔서 힘을 주셨던 것은 그를 통해 선포된 하나님의 말씀이 모든 이방인들이 듣도록 하기 위한 것이라는 사실을 말했다. 그 말씀을 통해 세상에 구원과 심판이 선언된다. 하나님의 자녀들은 그 선포를 통해 하나님의 음성을 들을 것이며 그렇지 않은 자들은 심판을 받게 된다.

사탄과 그의 세력은 하나님의 말씀이 선포되는 것을 극도로 경계하며 싫어한다. 그래서 악한 세력은 할 수 있으면 복음 선포자들을 최악의 궁지에 몰아놓고자 한다. 그래서 바울은 무서운 사자굴에 던져졌다. 여기서 말하는 것이 실제로 사자를 말하는 것인지 아니면 세상이 마치 사자굴과 같다는 상징적인 의미를 지니는지는 명확하지 않다.

사도 바울은 과거에 하나님께 패역을 행하던 유대인들의 집단 가운데 있다가 구출받은 적이 있는데 어쩌면 그 유대인들을 무서운 사자들로 묘사하는 것일 수 있다. 이와 같이 몇가지 경우들 가운데 어떤 것이라 할지라도 그 상황은 매우 두렵고 힘들었던 것이 분명하다. 우리가 여기서 반드시 인식해야 할 중요한 사실은 오늘날 우리 시대에도 여전히 사자들이 득실대고 있다는 점이다.

하지만 사탄의 행위에는 한계가 있다. 자기를 추종하여 따르는 자들에 대해서는 맘대로 할 수 있겠지만 하나님의 자녀들에 대해서는 절대로 그렇게 하지 못한다. 사탄의 세력이 아무리 계략을 짜고 몸부림친다고 할지라도 하나님께서는 궁극적으로 자기 자녀들을 악에서부터 구출하실 것이기 때문이다.

사도 바울은 하나님께서 자신을 모든 악한 상황 가운데서 건져내신다는 사실을 잘 알고 있었다. 그는 영원한 구원을 받아 천국에 들어갈 것을 소망으로 삼았다. 따라서 죽음을 앞두고 있는 상태에서도 세상에 대한 미련이 아니라 하나님을 향한 기쁨과 즐거움이 남아 있었던 것이다.

그러므로 바울은 하나님께 무궁한 영광을 돌렸다. 바울이 그와 같은 영광을 돌릴 수 있었던 것은 하나님으로 말미암는 믿음 때문이었다. 이에 대해서는 오늘날 우리도 그와 동일한 위치에 서 있다. 우리 역시 죽음을 눈앞에 가까이 두고 있지만 세상에 대한 미련을 남겨둘 필요가 없으며 영원한 기쁨의 천국을 바라볼 수 있어야 하는 것이다.

5. 마지막 인사와 보편 교회의 관계 확인 (딤후 4:19-22)

바울은 디모데에게 보내는 두 번째 서신을 마무리하면서 여러 성도들에게 문안을 전하고 있다. 브리스가(Prisca)와 아굴라(Aquila)의 집과 오네시보로(Onesiphorus)의 집에 문안하라고 했다. 그들은 디모데와 가까운 지역에 살았던 것으로 보인다. 본문에서 말하는 '집'이란 저들의 개인 가정이라기보다 저들이 교사와 지도자가 되어 인도하는 교회 무리로 보는 것이 자연스럽다.

그와 더불어 그에게 고린도에 머물고 있는 에라스도(Erastus)에 대한 안부를 전했다. 또한 질병에 걸린 드로비모(Trophimus)를 밀레도에 남겨둔 사실도 언급했다. 타락한 세상에서 살아가는 성도들의 삶이 결코 쉽지 않다는 사실을 보여주는 대목이다. 그리고 으불로(Eubulus)와 부데(Pudens)와 리노(Linus)와 글라우디아(Claudia)를 비롯한 모든 형제들의 문안을 저에게 전했다.

여러 성도들의 안부 인사를 전한 바울은 다시금 디모데에게 겨울이 오기 전에 자기에게 오라는 말을 남겼다. 우리는 여기서 바울에게 겨울이 오기 전에 디모데를 꼭 봐야겠다는 마음이 강하게 일고 있음을 엿보게 된다. 그는 편지를 마무리하면서 주께서 디모데의 심령에 함께하시기를 바라며 하나님의 은혜가 그와 함께하는 모든 성도들에게 임하기를 기원했다.

디도서

제1장 _ 바울의 직분과 디도

(딛 1:1-4)

1. 직분의 목적 (딛 1:1,2)

바울은 디도에게 편지하면서 먼저 자신의 특별한 신분에 관해 언급했다. 자기를 '하나님의 종'이라고 소개한 것은 하나님의 명령과 요구에 순종해야 하는 자라는 사실을 밝히는 의미를 지닌다. 하나님의 종이라면 더 이상 세상의 어느 누구의 명령이라 할지라도 그것을 따르는 자가 될 수 없다.

또한 그는 자기가 예수 그리스도의 사도로 택정된 사실을 말했다. 이는 바울에게 하나님께서 특별히 맡기신 중요한 사명이 존재한다는 사실에 연관되어 있다. 바울은 그리스도의 사도로서 최선을 다해 그 사명을 감당하지 않으면 안 된다.

바울이 하나님의 종과 예수 그리스도의 사도가 된 것은 하나님의 교회 곧 그가 택하신 자녀들을 위해서였다. 즉 그것은 바울 자신을 위한 명예가 아니라 하나님의 백성들을 위한 것이었다. 하나님으로부터 부르심을 입은 모든 성도들은 믿음을 선물로 받은 자들이며 경건에 속한 진리의 지식을 소유한 자들이다.

또한 교회에 속한 성도들은 영원한 생명에 대한 소망을 가지고 있다. 그 영생은 거짓이 없으신 하나님께서 인간을 비롯한 우주만물이 조성되기 전인 영원 전부터 이미 약속하신 바였다. 바울은 그와 같이 창세 전부터 선택받은 백성들을 위해 천상으로부터 허락된 복음을 선포하는 사역을 감당하도록 종과 사도로 부르심을 받았던 것이다.

우리는 여기서, 바울이 하나님과 예수 그리스도를 동등한 위치에 두고 있음을 보게 된다. 그는 이를 통해 예수님이 하나님 곧 인간의 몸을 입으신 하나님의 아들이라는 사실을 증거하고 있다. 이로써 성부와 성자의 관계와 더불어 삼위일체 하나님에 대한 의미가 선포되었던 것이다.

2. 전도: 복음 선포 (딛 1:3)

하나님께서는 때가 이르러 거룩한 뜻을 전도를 통해 나타내시기를 기뻐하셨다. 이는 곧 하나님의 교회와 그에 속한 성도들이 복음 전파의 통로가 된다는 사실과 연관된다. 창세 전부터 주어진 하나님의 약속은 이 세상 가운데서 가시적으로 이루어지게 된다. 이것은 물론 인간의 몸을 입고 이땅에 오신 예수 그리스도와 그의 백성들을 통해 나타난다.

하지만 인간의 구원에 연관된 그 약속은 아무렇게나 이루어지지 않는다. 그것은 하나님의 섭리와 경륜에 따라 실행된다. 거기에는 반드시 하나님께서 작정하신 때가 개입된다. 바울은 때가 되어 하나님께서 창세 전에 약속하신 내용이 성취되었음을 말하고 있다. 이는 하나님의 계획 가운데 거룩한 사건이 이땅에서 발생하게 되었음을 의미한다.

그런데 바울은 본문 가운데서 자기가 사도로 임명받아 복음을 전파하게 된 것도 하나님께서 정하신 때와 연관되어 있음을 말하고 있다. 이는 바울 자신의 개인적인 판단과 열정으로 그 사역을 행하고 있는 것이 아님을 드러내 보여준다.

이에 대해서는 원리상 보편 교회에 속한 모든 성도들 가운데 공히 적용되어야 할 내용이다. 우리 시대의 흩어진 교회들 역시 마찬가지다. 즉 교회의 직분자들이 하나님의 부르심을 받아 복음 사역을 감당하게 된 것은 우연히 발생한 일들이 아니라 하나님의 경륜 가운데 진행되고 있는 것이다.

3. 디도와 복음 상속(딛1:4)

사도 바울은 디도에게 '같은 믿음을 따라' 자기의 아들이 된 자라는 표현을 하고 있다. 우리는 이 말 가운데서 바울과 디도의 믿음의 출처와 내용이 동일하다는 사실을 알게 된다. 그리고 여기서는 디도의 믿음이 바울로부터 상속된 것이라는 사실을 시사하고 있다.

바울은 편지의 서두에서 하나님 아버지와 교회의 구주이신 예수 그리스도로부터 은혜와 평강이 디도에게 있기를 기원했다. 그가 소유해야 할 것은 바로 그것이었다. 그가 그것들을 가져야만 교회에 속한 성도들과 뒤따르는 다음 세대의 모든 성도들에게 그대로 상속해 줄 수 있다. 자기에게 없는 것을 다른 사람에게 상속해 줄 수는 없기 때문이다.

하나님께서 허락하시는 그 은혜와 평강은 타락한 세상에서 사람들이 기대하고 바라는 것과는 본질적으로 다르다. 세상에서는 그와 같은 것들이 아예 존재하지 않는다. 천상으로부터 주어지는 진정한 은혜와 평강은 오직 참된 교회와 그에 속한 성도들에게만 있게 된다.

제2장 _ 교회와 장로의 자격 및 장립
(딛 1:5-9)

1. 디도를 그레데에 남겨둔 이유 (딛 1:5)

사도 바울은 디도를 그레데(Crete)에 남겨두었다고 말했다. 이는 바울이 디도와 함께 그레데를 방문했다가 디도를 그곳에 혼자 남겨둔 채 자기는 그곳을 떠났음을 시사하고 있다. 그런데 바울이 언제 디도와 함께 그레데를 방문했을까?

성경에는 바울과 디도가 특별한 목적을 가지고 함께 그레데를 방문한 기록이 나타나지 않는다. 물론 기록에는 없지만 그들이 같이 그곳을 방문했던 것은 틀림없는 사실이다. 우리가 성경에 기록된 내용을 배경으로 하여 추측해 볼 수 있는 가능성은 열려 있다.

바울이 그레데를 방문한 성경의 직접적인 증거는 복음선포 사역을 위한 마지막 전도여행을 마치고 죄수가 되어 가이사랴 감옥에서 배를 타고 로마로 이송되어 가던 중에 있었던 일로 보인다. 사도행전에는 자의적이지는 않았지만 그때 바울이 그레데를 방문하게 되었던 기록이 나타난다(행 27장, 참조). 아마도 그때 바울은 디도를 대동하고 배를 타고 가다가 디도를 그곳에서 내리게 하지 않았을까 하는 생각을 해 볼 수 있다.

우리가 분명히 알 수 있는 사실은 바울이 그레데에 있던 여러 교회와 성도들의 형편에 대해 많이 알고 있었다는 점이다. 그래서 바울은 다른 지역에서와 마찬가지로 그곳의 교회가 굳건히 세워져 가기를 원했다. 그런 염원을 가지고 있던 중에 바울은 디도와 함께 그곳을 들렀다가 디도를 남기고 자기는 떠났던 것이다.

바울은 본문 가운데서 디도를 그곳에 남겨둔 이유를 밝히고 있다. 거기에는 디도가 남아서 정리해야 할 일들이 있었다. 그 구체적인 내용은 알 수 없으나 그것이 교회와 성도들에 관한 문제였음은 분명하다. 즉 진리에 대한 올바른 지식을 소유한 자가 아니라면 쉽게 해결할 수 없는 문제가 저들에게 있었던 것으로 보인다.

그리고 디도가 해야 할 중요한 사역은 각 성에 교회의 감독자인 장로들을 세우는 일이었다. 장로가 세워져야만 하나님의 말씀을 성도들에게 선포하며 체계적으로 가르치며 교육할 수 있게 된다. 그리고 성도들과 저들의 가정을 심방하여 하나님의 말씀으로 권면하며 도울 수 있다. 바울은 디도에게 그 사역을 맡겼었는데 이제 서신을 통해 그점을 다시금 확인하고 있는 것이다.

2. 목사의 자격 (딛 1:6-8)

교회의 감독자인 장로 곧 목사는 개인의 의사에 따라 스스로 지원할 수 있는 직분이 아니다. 다른 직분도 마찬가지이지만 성도들을 영적으로 관리하는 청지기와 가르치는 교사의 직임을 맡은 장로는 더욱 그렇다. 집사 직분이 가시적인 성격을 지닌 봉사를 요구하는 직분이라면 목사는 주로 영적인 문제에 연관된 직분 사역으로 이해할 수 있는 것이다.

목사는 성도들의 의사에 따라 선출해 세움으로써 교회가 임직하게 된다. 그것은 올바른 교회의 상속과 밀접하게 연관되어 있다. 하나님의 말씀을 통해 진리를 가르치는 목사가 잘못되면 모든 성도들이 엉뚱한 방향으로 치우치게 될 우려가 생긴다. 그가 성도들에게 허황된 거짓을 가르치고 전혀 본이 되지 않는 삶을 산다면 올바른 교회 상속이 지속적으로 이루어져 갈 수 없다.

그러므로 바울은 목사가 될 성도의 기본적인 자격 요건을 언급하고 있다. 이는 디도에게 장로의 자격 자체를 적시하는 것이기도 하거니와 성도들이 그것을 알고 선출에 임해야 한다는 사실을 말해준다. 모든 성도들은 이에 대한 내용을 기억하지 않으면 안 된다. 그것은 개인의 지식을 위해서가 아니라 지상 교회를 위한 것이다. 그래야만 올바른 감독자를 세워 성도들을 위한 감독을 맡길 수 있게 된다.

하나님의 청지기인 감독자인 장로가 되기 위해서는 먼저 책망할 것이 없어야 한다. 이는 완벽한 자를 의미하는 것이 아니다. 하나님을 경외하고 그의 말씀에 진정으로 순종하는 자세를 지닌 성도가 아니라면 결코 감독이 될 수 없다.

바울은 그에 대한 구체적인 내용들을 언급하고 있는데, 우선 올바른 가정을 세워가는 자라야 할 것을 요구하고 있다. 한 아내의 남편으로서 방탕한 삶으로 인해 비난을 받는 일이 있어서는 안 된다. 그리고 하나님을 믿음으로써 순종하는 자녀를 둔 사람이어야 한다. 이는 가장으로서 가정을 원만하게 잘 다스려 관리해야 한다는 것을 의미하고 있다. 또한 감독이 될 수 있는 기본적인 자격은 자신의 종교적인 욕망과 야망을 포기할 수 있어야 한다. 그와 같은 욕망을 가진 자는 자기 고집대로 교회를 이끌어가고자 하는 오류에 빠지게 된다. 그렇게 되면 누군가 자기가 추구하고자 하는 일을 탐탁지 않게 여기면서 문제를 제기할 때 급히 화를 내게 된다. 그런 자는 교회의 감독자가 되기에 적합하지 않다.

그리고 술을 즐기거나 다른 사람들에게 폭력을 행사하는 자는 교회의 감독자 즉 장로가 될 수 없다. 세상의 더러운 이득을 탐하며 그것을 추구하는 자도 감독자가 되어서는 안 된다. 그런 자를 감독자로 세우게 되면 교회 전체가 하나님의 말씀으로부터 멀어져 혼란스러워질 수밖에 없는 것이다.

따라서 교회에 속한 성도들을 목양하는 감독자는 교회와 외지에서 자기를 찾아온 나그네를 잘 대접하는 자라야 한다. 그리고 자신의 개인적인 삶이 아니라 교회와 이웃을 위한 선한 삶을 살고자 하는 의지를 가지고 있어야 한다. 항상 신중하며 하나님으로부터 의로운 자로 인정을 받아 거룩한 자로서 모든 것을 절제할 수 있는 성도가 감독자로서 기본적인 자격을 가지게 된다.

3. 말씀의 교사로서 하나님의 청지기 (딛 1:7-9)

교회의 감독자로 세움을 받은 직분자는 청지기 즉 선한 관리자가 되어야 한다. 그것은 자기의 소유를 스스로 관리하는 것이 아니라 하나님의 교회를 관리하는 의무를 말하고 있다. 따라서 감독자는 개인의 판단으로 관리자의 직무를 감당하려고 해서는 안 되며 하나님의 뜻에 따라 그 책무를 다해야 한다.

그렇게 하기 위한 첫째 조건은 하나님의 말씀을 올바르게 깨달아 알아야 하는 것이다. 그에 대한 이해가 없다면 교회의 감독이 되어서는 안 된다. 만일 그런 자가 감독이 되면 말씀을 통한 하나님의 뜻과는 상관이 없이 종교적인 욕망에 따라 교회를 다스리려 할 것이기 때문이다.

그러므로 원리상으로 볼 때 성경에 계시된 하나님의 말씀을 그대로 지키려는 의지를 가진 자가 감독이 될 수 있다. 교회의 교사로서 직분을 맡은 자들은 그 말씀으로서 성도들을 가르치며 관리하게 된다. 그래야만 그것을 통해 바른 교훈으로 권면할 수 있으며 진리를 거슬러 말하는 자들을 책망할 수 있는 것이다. 성경을 올바르게 알지 못하는 자가 교사로 세워지면 하나님의 뜻이 아니라 인간의 이성과 경험을 동원해 교회를 이끌어 감으로써 올바른 교회로 성장해 갈 수 없게 된다.

제3장 _ 악한 자들에 대한 경계

(딛 1:10-16)

1. 불순종하는 자 (딛 1:10,11)

세상에는 항상 하나님의 교회를 어지럽히는 악한 자들이 존재한다. 그들은 위장된 모습을 하고 교회 내부와 주변을 맴돌고 있다. 지혜로운 자들은 그런 자들을 눈여겨 살피게 된다. 그러나 신앙이 어리거나 어리석은 자들은 방심한 상태로 살아간다.

사도들이 활동하던 기독교 첫 세기에는 하나님의 말씀에 불순종하고 진리를 벗어난 헛된 주장을 하면서 어리석은 교인들을 속이는 자들이 많았다. 그들 중에는 할례당에 속한 자들이 적지 않았다. 그와 같은 자들은 그후 역사 가운데 끊임없이 나타났다. 하나님의 말씀을 인간의 목적을 위한 방편으로 삼는 자들은 율법주의자가 되어 성경을 왜곡되게 가르치면서 자신의 욕망을 채워나갔다.

교회의 교사인 감독자는 교회 가운데서 비성경적인 주장을 하며 가르치는 자들의 입을 막아야 한다. 그렇게 하지 않으면 신앙이 어린 교인들이 쉽게 그에 미혹될 우려가 따른다. 그런 자들이 성경을 그릇 해석해 거짓을 퍼뜨리는 것은 자기를 위해 사사로운 이득을 취하기 위한 목적이 있기 때문이다.

성경의 교훈을 벗어난 그와 같은 자들의 거짓 사상은 하나님의 교회를 어지럽히게 될 뿐 아니라 믿음의 가정을 무너뜨리게 된다. 이는 저들에게 교회에서 공적으로 가르치는 것을 허락하지 말아야 한다는 사실을 말해준다. 그들이 개인이나 교인들의 가정을 방문해 거짓을 주장하며 가르치게 되면 심각한 문제가 야기될 수밖에 없다. 따라서 온 교회와 성도들은 그에 대해 민감하게 살피지 않으면 안 된다.

2. 할례당 (딛 1:10,14)

하나님과 성경을 핑계대어 거짓 주장을 펼치는 자들은 철저하게 타인과 자신을 속이고 있다. 의도적으로 남을 속이는 경우도 있지만 자기 스스로 자기에게 속고 있을 수도 있는 것이다. 그런 자들에게는 유대인들과 종교적인 인간들의 허탄한 이야기를 떠벌리면서 하나님의 교회가 전하는 말씀을 귀담아 듣지 않는 특성이 있다.

그들은 기록된 하나님의 말씀보다 인간의 종교적인 이성과 경험을 앞세워 그것을 저들이 가진 사상의 기초로 삼는다. 이는 잘못된 교회의 전통과 세상으로부터 교회 내부로 들어온 오염된 습성을 마치 진리인양 가르치면서 그것으로써 사람들을 설득하려고 한다. 그것은 교회를 위태롭게 하는 위험천만한 일이다.

그럼에도 불구하고 그런 사람들 가운데는 스스로 교만한 자들이 많이 있다. 그들은 진리를 버리고 하나님에 대한 배도에 빠져 거짓 주장을 펼치면서도 그것을 종교적인 자랑거리로 삼는다. 참된 교회와 성숙한 성도들 특히 교회의 감독자인 장로들은 참된 진리에 대해 아무것도 아는 것이 없이 강한 자부심을 가진 그런 자들을 정신차려 경계하지 않으면 안 된다. 이는 그렇게 하는 것이 지상의 교회와 성도들을 안전하게 보호하기 위한 소중한 방편이 될 수 있기 때문이다.

3. 이방인 (딛 1:12-14)

사도 바울은 그레데인들에 대해 다소 과격한 표현을 하고 있다. 그레데인들이 이 말을 들으면 매우 분개할 수 있기 때문이다. 그 편지 내용은 나중에 교회 가운데 공개되어야 할 것이었다. 물론 그것은 하나님으로부터 계시된 말씀이기 때문에 바울이 개인적인 심정으로 내용을 조절할 수 있는 것은 아니었다.

그레데인들을 비판적으로 평가한 바울의 언급은 그가 개인적인 판단에 따라 지어낸 말이 아니다. 그것은 그레데인들 가운데 어떤 시인의 시구절詩句節을 인용한 것이었다. 하지만 그가 그 말을 인용했다는 것은 전적으로 그와 공감하고 있음을 말해주고 있다.

바울은 시인의 말을 빌어 그레데인들은 항상 거짓말쟁이며 악한 짐승이자 배만 위하는 게으름뱅이라고 평했다. 이는 저들에게는 진리는 물론 진실한 삶의 자세를 전혀 찾아볼 수 없다는 의미였다. 그러므로 그들은 이성 없는 악한 짐승과 전혀 다를 바가 없었다. 그들은 진리와 비진리라든지 옳고 그름에 대해서는 아무런 관심이 없고 오직 눈앞에 놓인 현실적인 욕망을 추구하기에 급급했다.

물론 이 말이 일반적인 관점에서 볼 때 그들 가운데는 진실한 자가 단한 사람도 없다는 것을 의미하지 않는다. 그들 가운데도 순진한 아기들이 있었을 것이며 나름대로 윤리적인 선을 추구하는 자가 있었을 것이다. 비록 소수라 할지라도 인간들의 사회에는 그런 자들이 있을 수밖에 없다.

그럼에도 불구하고 바울은 그레데인들에 대한 시인의 부정적인 평가에 전적으로 동의하고 있다. 그레데인 출신의 시인이 언급한 자기 동족에 대한 표현이 옳다는 것이다. 그레데인들이 저들의 독특한 사회와 문화 가운데 소유한 일반적인 성품이 그와 같았기 때문이다.

그런데 우리가 여기서 기억해야 할 바는 바울이 그 말을 한 것은 일반적인 그레데인들을 평가하려는 것이었다기보다 교회 안으로 들어온 사람들 때문이었다는 사실이다. 그들은 하나님을 믿는 교인이 되었다고 주장하면서도 여전히 옛 습성을 버리지 못하고 있었다. 그런 자들은 거짓에 익숙한 악한 짐승과 같은 삶의 모습을 그대로 가지고 있으면서 현실적인 만족을 추구하기에 급급했다.

그러므로 바울은 디모데에게 그런 사람들을 엄히 꾸짖으라는 말을 하고 있다. 그곳에 태어나 그곳 사람들과 함께 살아가면서 몸과 삶에 익힌 잘못된 습성들을 하나님의 말씀으로 걷어내라는 것이었다. 그와 같은 것을 그대로 둔 상태에서는 올바른 신앙인이 될 수 없기 때문이다.

교회의 감독자인 교사가 그렇게 해야 하는 이유는 저들의 신앙이 온전히 성숙해 가도록 하기 위해서이다. 그래야만 그들이 유대 율법주의자들의 허탄한 이야기를 들을 때 그 잘못을 분별할 수 있게 된다. 그들이 미혹될 만한 것들을 동원해 어리석은 사람들이 듣기에 달콤한 말을 할 때는 그것을 단호하게 거부해야 한다. 올바른 신앙인의 삶을 굳건히 해야만 진리를 배반하는 자들의 요구에 속아넘어가지 않을 수 있는 것이다.

4. 하나님의 자녀와 불신자 (딛 1:15,16)

하나님을 알고 믿는 성도들과 그렇지 않은 사람들 사이에는 확연한 구별이 이루어진다. 예수 그리스도와 연관된 자들은 모든 것이 정결하게 된다. 그러나 그와 아무런 상관이 없는 자들은 정결한 부분이 전혀 없으며 저들의 모든 마음과 양심은 전적으로 더럽고 불결할 따름이다.

이는 인간들의 일반적인 사고와 행동이 저들의 정결함과 불결함을 결정짓는 것이 아님을 말해주고 있다. 그것은 전적으로 하나님과 예수 그리스도로 말미암아 결정된다. 십자가 위에서 흘리신 그리스도의 피를 통해서만 정결하게 될 수 있는 것이다 .

바울은 여기서 동일한 한 사람이 부분적으로는 깨끗하고 부분적으로는 더러운 것이 아니라는 점을 강조했다. 즉 어느 사람의 어떤 면은 정결한데 다른 어떤 면은 그렇지 않다는 식으로 말할 수는 없다. 다시 말해 반반은 없으며, 정결하다면 완전히 정결하고 불결하다면 완전히 불결한 것이다.

하나님을 알지 못하는 자들의 마음과 양심에는 순결한 면이 전혀 존재하지 않는다. 그런 자들이 가진 종교적인 실상은 저들의 입술이 아니라 삶의 본질에 달려 있다. 그럼에도 불구하고 형식적인 종교인들 가운데는 입술로 하나님을 시인하는 듯 하면서도 실제로는 부인하는 자들이 많이 있다.

그런 사람들은 외견상 훌륭한 종교인으로 보일지 모르지만 실상은 하나님 앞에서 가증한 인간에 지나지 않는다. 그들은 하나님의 말씀에 온전히 복종하기를 거부하며 하나님으로 말미암은 모든 선한 일들을 버리고 자신의 종교적인 욕망을 추구하기에 급급한 것이다. 교회의 감독자들은 그런 자들을 살펴 엄하게 대처하지 않으면 안 된다.

제4장 _ 성도들의 가정과 교회 질서
(딛 2:1-8)

1. 나이든 성인 남자들 (딛 2:1)

하나님께 속한 성도들의 가정과 주님의 몸된 교회에서는 성경의 원리에 근거한 질서가 유지되어야 한다. 하나님은 질서의 하나님이심으로 그에게 속한 모든 성도들이 그에서 벗어나서는 안 된다. 따라서 교회의 감독자로서 교사 직분을 맡은 형제들은 주관적인 판단에 따라 아무렇게나 말하고 행동해서는 안 된다.

그러므로 바울은 디도에게 항상 바른 교훈에 합당한 것을 말하도록 요구했다. 거기에는 하나님의 말씀에서 벗어난 헛된 말을 하지 말라는 의미가 내포되어 있다. 그렇게 함으로써 교회의 교회다움을 온전히 지켜나갈 수 있게 되는 것이다.

사도 바울은 그에 대한 구체적인 말을 하면서 가정 먼저 나이든 성인 남자들이 가져야 할 자세에 관해 언급했다. 그들은 연령적으로 보아 교회 가운데서 가장 많이 수고하는 중요한 위치에 서있게 된다. 따라서 전체 교회가 저들의 모든 언행으로부터 영향을 받지 않을 수 없는 것이다.

그러므로 그들은 절제하는 삶의 자세를 유지해야 한다. 즉 자신의 욕망에 따라 모든 것을 즉흥적으로 처리하고 결정하려 해서는 안 된다. 또한 그들은 하나님과 사람들 앞에서 경건한 삶의 모범을 보여야만 한다. 그렇게 되기 위해서는 항상 하나님의 말씀을 통해 자신을 돌아보지 않을 수 없다.

그들은 또한 모든 일에 대해 신중해야만 한다. 저들의 생각과 결정은 여러 성도들에게 그대로 영향을 미치게 될 것이기 때문이다. 그것을 잘 알고 있는 사도 바울은 디도를 통해, 나이 든 남자 성도들은 눈앞에 보이는 현상에 따라 성급하게 반응할 것이 아니라 성경의 원리에 근거해 신중하게 반응해야 한다는 사실을 말했다.

그러므로 그들은 항상 믿음과 사랑에 따라 행동해야 한다. 이는 물론 세상에서 말하는 일반적인 의미와는 다르다. 성경에서 언급하는 믿음과 사랑은 하나님께서 교회 가운데 특별히 허락하신 은사에 속한 것들이다 (고전 13:13, 참조). 그들은 또한 주변의 사람들과 저들 가운데 발생하는 다양한 일들에 대해 여유롭게 반응할 필요가 있다. 그들은 모든 일에 인내함으로써 합당하게 대응할 수 있어야 하는 것이다.

2. 나이든 성인 여자들

(1) 나이든 여자의 행실 (딛 2:3)

사도 바울은 또한 여자들의 행실에 관한 기록을 남기고 있다. 교회의 나이든 성인 여자들은 진중하지 않은 가벼운 태도로 아무렇게 처신해서는 안 된다. 그들은 하나님의 말씀에 따라 하나님을 경외하는 성도답게 행동해야 하는 것이다.

나이든 여자들은 나이든 성인 남자들과 마찬가지로 교회에서 많은 영향을 끼치는 사람들이다. 따라서 그들은 하나님 앞에서 항상 순결한 모습을 유지하도록 애써야 한다. 나아가 그들은 다른 사람들을 모함하는 행동을 하지 말아야 한다. 다른 사람을 뒤에서 모함하는 태도는 결코 건전한 권징사역을 위한 기초가 될 수 없으며 다른 사람을 깎아내리고 자기를 내세우기 위한 사악한 방편에 지나지 않는다.

또한 나이든 성인 여자들은 술을 많이 마셔서는 안 된다. 어떤 형편 가운데 놓여 있을지라도 술의 힘을 빌리는 것은 온당하지 못하다. 신앙이 성숙한 여자들은 도리어 하나님의 말씀을 통해 다른 성도들을 선하게 가르치고 지도할 수 있어야 한다. 이처럼 하나님의 몸된 교회에서 경건한 삶의 본을 보이며 선한 것을 가르쳐야 할 나이든 여자들의 역할은 매우 중요하다.

(2) 젊은 여자들에 대한 교육 (딛 2:4,5)

나이든 성인 여자들에게 맡겨진 중요한 임무중 하나는 젊은 여자들을 교육하며 말씀의 원리에 따라 교훈하는 일이다. 그들은 젊은 여자들에게 순결한 삶에 대한 교훈을 베풀어야 하며 여성다운 정숙함을 가르치고 지도해야 한다. 이를 위해서는 부드러우면서도 엄격한 교육이 동반되지 않으면 안 된다.

그들은 또한 젊은 여자들에게 남편과 자녀를 진심으로 사랑하도록 교훈해야 한다. 세속적인 사고에 물든 여자들은 남편과 자녀들을 사랑하는 것마저 자기 자신을 위한 이기적인 것일 뿐 진정으로 가족을 위하는 자리에서 멀어진다. 즉 자기 인생의 목적을 위해 가족을 사랑한다고 할 뿐 그 이상이 아닐 수 있다. 저들에게는 진정한 희생정신이라는 것이 남아 있지 않은 것이다.

또한 나이든 여자들은 젊은 여자들에게 신중하며 순전한 삶을 살도록 교훈해야 한다. 여자로서 집안일을 하며 가족들을 돌보는 것이 얼마나 소중한 일인가를 깨우쳐 주지 않으면 안 된다. 여자들이 가정에 속한 일에서 벗어나려고 하는 것은 위험천만한 일이다.

그리고 나이든 성인 여자들은 젊은 여자들에게 남편에게 복종하도록 교훈하고 가르쳐야 한다. 어리석은 자들은 그렇게 하는 것이 여자들에게 손해가 된다고 생각하거나 부당하다는 생각을 한다. 특히 말세가 되어 편만하게 된 소위 남녀평등男女平等 사상에 대해 그릇된 사고를 하는 자들에게 그런 현상이 더욱 심하게 나타난다.

우리는 아내가 남편에게 복종하는 것이 여자의 권리를 박탈하거나 축소하는 것이 아니라 진정으로 여자와 가족을 위한 것이란 사실을 기억하지 않으면 안 된다. 많은 여자들이 여권주의(feminism)를 앞세운 세속적인 목소리를 듣고 질서를 거스르는 어리석은 행동을 하다가 제눈을 찌르는 것을 수없이 많이 볼 수 있다.

타락한 시대에는 나이든 성인 여자들이 젊은 여자들에게 그와 같은 삶을 교훈하지 않는다. 많은 경우에는 나이든 여성들 자신이 순결하고 정숙한 삶을 받아들이지 않고 있다. 나아가 설령 그와 같은 교훈으로 가르친다고 해도 젊은 여자들이 그것을 거부하는 경우가 많다. 역사 가운데는 그와 같은 예들이 많이 있었겠지만, 말세를 당한 우리 시대 교회는 특히 이에 대해 깊은 관심을 기울이지 않으면 안 된다.

하나님의 말씀이 이와 같은 소중한 교훈을 주고 있으므로 교회와 모든 성도들은 그에 온전히 순종해야 할 따름이다. 그렇게 함으로써 하나님의 말씀이 악한 자들에 의해 비방받지 않도록 해야 한다. 그 교훈을 받아들이지 않는 자들은 성경을 받아들이지 않겠다고 선언하는 것과 다르지 않다. 나아가 그것을 거부하는 자는 인간이 아니라 하나님께 저항하는 행동을 하는 것과 마찬가지다.

(3) 젊은 남자들 교육 (딛 2:6-8)

나이든 성인 여자들에게 맡겨진 중요한 임무중 하나는 젊은 남자들을 신중하게 권면하는 일이다. 이는 교회와 가정에서 공히 감당해야 할 몫이다. 성숙한 여자들은 교회에서 증거된 말씀을 근거로 하여 젊은 남자들을 삶으로 교훈하는 것이 얼마나 중요한가 하는 점을 깨닫지 않으면 안 된다.

젊은 남자들에게 올바른 권면을 하기 위해서는 나이든 성인 여자들이 먼저 선한 일의 본을 보여야만 한다. 그리고 교회에 선포되는 하나님의 말씀과 그것을 근거로 저들이 적용하는 교훈에 조화되는 성실한 삶을 살아야 한다. 그렇게 함으로써 젊은 남자들로 하여금 부패하지 않은 단정한 언행과 책망할 것이 없는 바른 말을 하도록 지도해야 한다.

교회와 가정이 그렇게 할 때 하나님을 대적하는 자들이 함부로 접근할 수 없게 된다. 교회를 어지럽히기 위해 세상적인 가치와 논리를 동원해 접근하는 악한 자들을 성숙한 신앙으로서 방어하는 것은 여간 중요하지 않다. 따라서 젊은 청년들을 비롯한 모든 성도들이 하나님 앞에서 신실한 신앙 생활을 유지함으로써 악한 자들이 교회에 속한 성도들을 함부로 비난하지 못하도록 해야 한다.

제5장 _ 사회와 교회 질서
(딛 2:9-15)

1. 종들과 상전 (딛 2:9)

하나님의 자녀들은 일반 사회에서 가지는 신분과 교회에서 가지는 직분 및 신분에 관한 올바른 이해를 해야 한다. 그래야만 자신의 태도와 몸가짐을 올바르게 처신할 수 있다. 자칫 잘못하면 성도로서 가지는 자신의 신분과 직분으로 말미암아 세상에서의 모든 신분을 무시하는 잘못된 오류에 빠지게 된다.

교회에 속한 성도라고 해서 세상의 모든 질서를 무시해도 좋은 것이 아니다. 오히려 참된 성도라면 사회의 질서에 대해 더욱 신중하게 참여해야 한다. 천상에 소망을 두고 살아가는 성도들이라고 할지라도 세상에 살아가는 동안에는 여전히 사회 질서 가운데서 생활해야 하기 때문이다.

그러므로 바울은, 세상에서 종의 신분을 가지고 상전을 섬기는 자라면 하나님의 자녀가 되어 교회의 직분을 가지고 있다고 할지라도 여전히 그 종의 신분이 없어지지 않는다고 했다. 따라서 종들은 자기 상전들에게 범사에 순종해야 할 의무가 있다. 그렇게 함으로써 주인이 만족스러워하는 삶의 자세를 유지해야 하는 것이다.

예를 들어 사회에서 하인의 신분을 지닌 사람이 교회에서 장로나 집사 직분을 맡을 수 있다. 이와 동시에 세상에서 높은 지위에 있는 자가 교회에서는 직분이 없는 일반 성도일 수 있다. 이럴 경우에는 하인이라 할지라도 교회 안에서는 아무런 신분적인 차이가 발생하지 않는다. 모든 사람들은 하나님 앞에서 평등하기 때문이다.

> "거기는 헬라인과 유대인이나 할례당과 무할례당이나 야인이나 스구디아인이나 종이나 자유인이 분별이 있을 수 없나니 오직 그리스도는 만유시요 만유 안에 계시니라"(골 3:11)

이처럼 모든 사람들은 하나님 앞에서 평등하다. 교회 안에서는 어떠한 신분적인 차별도 존재하지 않는다. 따라서 종과 상전의 차이도 없다. 그럼에도 불구하고 성도들이 교회 밖에 나가 일을 할 때는 세상에서의 신분이 존중되어야 한다.

이는 교회에서의 직분이 세상에서의 신분 변화를 가져오지 않는다는 사실을 말해준다. 즉 장로나 집사 등의 직분자라고 해서 종의 신분이 다른 신분으로 바뀌는 것이 아니다. 교회에 속한 모든 성도들은 자신과 타인의 교회적 직분뿐 아니라 사회적 신분을 존중해주는 마음을 유지해야 하는 것이다.

2. 종들이 지녀야 할 품격 (딛 2:10)

세상에서 미천한 신분을 지닌 종이라 할지라도 하나님의 자녀가 되었다면 그것 자체로서 그를 고귀한 자리에 앉혀놓게 된다. 그는 거룩한 교회의 일원으로서 영원한 천상으로부터 주어진 고상한 품격을 지닌 성도이다. 모든 하나님의 백성들은 일상적인 삶 가운데서 자신이 소유한 그 신실한 성품을 드러내 보일 수 있어야 한다.

그러므로 그가 경제적으로 가난하다고 해서 다른 사람의 것을 훔쳐서는 안 된다. 하나님의 자녀가 된 자들은 아무리 견디기 힘든 환경에 처한다 할지라도 교회에 속한 성도로서 자신의 품격을 지켜야 한다. 그렇게 함으로써 세상 사람들에게도 하나님의 구원을 받은 자신의 삶을 드러내 보여줄 수 있다.

성도들의 그와 같은 신실한 자세는 모든 삶에 있어서 하나님의 교훈을 빛나게 한다. 그것은 환경의 변화에 따라 발생하는 것이 아니라 범사에 항상 일어나게 된다. 하나님의 백성들은 세상에서 어떤 신분과 지위를 가지고 있든지 자신을 통해 하나님의 영광이 드러나게 된다는 사실을 기억하지 않으면 안 된다.

3. 모든 성도들에게 허락된 구원의 은혜 (딛 2:11,12)

하나님의 구원은 개인의 사회적인 신분에 따라 주어지지 않는다. 즉 세상에서 고상한 신분을 가지고 지위가 높은 사람들에게 구원이 선별적으로 제공되는 것이 아니다. 구원은 창세전 하나님으로부터 선택받은 모든 사람들에게 베풀어지게 된다.

그것은 인간의 의사와 상관없이 전적인 하나님의 은혜에 기초하고 있다. 하나님께서 베푸시는 영원한 사랑이 아니라면 어느 누구에게도 참된 구원이 허락될 수 없다. 그러므로 구원받은 성도들은 반드시 이에 대한 깊은 깨달음을 소유해야만 한다.

하나님께서는 구원에 참여시킨 자기 자녀들을 친히 양육하고 계신다. 교회에 속한 모든 성도들은 하나님으로부터 양육을 받는 단계에 놓이게 된다. 그 과정에서 경건하지 않는 것들과 타락한 세상의 모든 정욕을 버릴 수 있도록 다듬어져 가야 한다.

그대신 기록된 말씀을 통해 하나님의 자녀로서 신중한 삶을 살아가는 방법을 배워 익혀야만 한다. 그렇게 함으로써 의로움과 경건한 자세를 유지하면서 타락한 세상 가운데 살아가지 않으면 안 된다. 교회에 속한 모든 성도들은 타락한 세상에서 살아가지만 이땅에 소망을 둔 다른 사람들과 달리 영원한 천국에 소망을 두고 있는 것이다.

4. 그리스도의 영광의 소망 (딛 2:13,14)

하나님의 자녀들은 이 세상에 궁극적인 소망을 두고 살아가지 않는다. 성도들의 삶은 오늘 이땅이 아니라 장차 임하게 될 영원한 천국을 바라본다. 즉 교회와 그에 속한 성도들은 곧 주어지게 될 복스러운 소망과 성도들의 크신 하나님이신 구주 예수 그리스도의 영광이 나타날 것을 기다리고 있다.

그는 우리를 대신해 자신을 십자가의 죽음에 기꺼이 내어주셨다. 그것을 통해 우리를 사탄이 지배하는 모든 불법의 영역에서 속량하셨다. 예수 그리스도의 구속 사역으로 말미암아 은혜를 입은 성도들은 모든 죄를 용서받고 정결하게 된 것이다.

그렇게 함으로써 죄를 용서받은 성도들은 이제 최선을 다해 선한 일을 추구하게 된다. 그것은 물론 하나님의 은혜와 도우심으로 말미암아 진행되어 간다. 이로써 하나님께서는 그에 참여하는 자들을 영원한 자신의 백성이 되도록 하셨던 것이다.

5. "교사로서 굳세라" (딛 2:15)

사도 바울은 디도에게 자기가 교훈하는 모든 내용을 교회와 성도들에게 권면하고 가르치도록 요구했다. 그리고 직분을 맡은 교사는 하나님께서 허락하신 모든 권위로써 잘못하는 자를 책망해야 한다는 사실을 말했다. 물론 감독과 교사로 세움을 받은 직분자들은 계시된 말씀에서 벗어나 인간의 이성과 경험을 도구로 삼아 교인들을 가르치거나 권면하려 해서는 안 된다.

그리고 교회의 교사는 어느 누구에게서든지 업신여김을 받지 말아야 한다. 하나님의 말씀을 가르치고 증거하는 직분자를 업신여긴다는 것은 하나님을 업신여기는 것과도 같다. 그것은 하나님 보시기에 불경한 일이 아닐 수 없다.

따라서 오늘날 우리 시대에는 이에 대한 올바른 입장을 정리해야만 한다. 특히 교회의 교사인 목사 직분을 맡은 자들은 더욱 그렇다. 그들은 굳건한 믿음을 가지고 성도들을 가르치고 지도해야 할 자들이기 때문이다. 이를 위해 모든 성도들은 하나님을 진정으로 경외하는 마음을 소유하지 않으면 안 된다.

제6장 _ 세속국가의 통치와 신앙인의 삶

(딛 3:1-7)

1. 하나님께서 세우신 특별한 제도들

하나님께서 인간들을 위해 특별히 관여하여 세우신 제도들 가운데는 가정과 교회와 국가가 있다. 가정은 창조 때부터 허락된 인간들의 삶의 기초단위라 할 수 있다. 인간이라면 누구에게든지 가정의 개념이 존재하지 않는 경우가 없다. 신자와 불신자 할것없이 이에 대한 실제적 개념을 소유하고 있는 것이다.

예수 그리스도의 십자가 사역으로 말미암아 설립된 교회는 오직 하나님의 자녀들에게만 허락된 특별한 제도이다. 이는 그리스도가 이땅에 오시기 전에도 선택받은 믿음의 선배들은 약속된 소망을 통해 그 의미를 소유하고 있었다. 주님이 오신 이후의 시대에 확립된 교회는 두말할 나위 없다.

그리고 국가는 하나님께서 세우신 특별한 제도이다. 시대와 지역에 따라 다양한 형태의 국가들이 존재하지만 그 제도는 하나님으로 말미암은 것이다. 이는 국가 자체를 하나님이 세우셨다는 의미와는 다르다. 즉 하나님께서 세상에 존재하는 모든 국가들을 직접 설립하신 것이 아니다. 즉 하나님께서는 국가들이 아니라 국가제도를 세우신 것이다.

하나님이 국가제도를 세우신 목적은 세상에서의 기본적인 질서를 유지하기 위해서였다. 그것은 세상의 무질서를 방지하기 위한 중요한 방편이 된다. 우리가 여기서 반드시 이해해야 할 바는 국가의 궁극적인 존재 이유는 그 가운데 존재하는 교회와 성도들 때문이라는 사실이다. 즉 국가가 소유한 공권력을 통해 세상에서는 약자일 수밖에 없는 성도들이 질서 가운데 보호받게 되는 것이다.

이는 기독교가 세속국가에 의해 보호받는다는 사실을 의미하지 않는다. 역사 가운데는 도리어 국가에 의해 교회가 모진 핍박을 받은 경우가 많이 있었다. 여기서 국가에 의해 교회와 성도들이 보호받는다는 것은 무정부상태의 혼란지경에서 성도들이 강포한 자들에 의해 무작위적 공격을 받거나 피해를 입는 것이 방지된다는 의미이다.

2. 국가와 성도의 관계 (딛 3:1)

세속 국가는 하나님께서 성도들을 위해 세우신 특별한 제도이기 때문에 하나님의 백성들은 국가의 소중함에 대한 인식을 분명히 해야만 한다. 따라서 교회는 세속 정치로부터 독립되어 있으나 국가를 타도나 정복의 대상으로 보지 않는다. 도리어 성도들은 국가에 속한 성실한 시민으로 살아가야 할 준비를 갖추고 있어야만 한다.

그러므로 성경은 성도들로 하여금 통치자들과 권세잡은 자들에게 복종하고 순종하라는 요구를 하고 있다. 이는 그에 맹목적인 충성심을 보이라는 말이 아니다. 하나님께서 허락하신 국가제도의 의미를 알고 그에 올바르게 참여하라는 것이다. 그렇게 함으로써 성도들은 모든 선한 일을 행하기 위한 준비를 갖추게 된다. 이에 대해서는 바울뿐 아니라 베드로 역시 그에 대한 강조를 하고 있다.

> "각 사람은 위에 있는 권세들에게 굴복하라 권세는 하나님께로 나지 않음이 없나니 모든 권세는 다 하나님의 정하신 바라"(롬 13:1); "인간에 세운 모든 제도를 주를 위하여 순복하되 혹은 위에 있는 왕이나 혹은 악행하는 자를 징벌하고 선행하는 자를 포장하기 위하여 그의 보낸 방백에게 하라"(벧전 2:13,14)

이처럼 하나님의 백성들도 이 세상에 살아가면서 세속 국가의 통치에 복종해야 한다. 그러나 이 말이 교회가 국가에 예속되었다거나 국가의 모든 정책을 무조건 긍정적으로 받아들여 복종해야 한다는 의미가 아니다. 개별 성도들의 입장과 공적인 교회가 취할 자세는 서로 동일하지 않은 것이다.

물론 개인 성도들과 교회는 국가의 권위를 존중한다. 그러나 만일 국가가 하나님의 뜻에 반하는 잘못된 정책을 펼친다면 그것을 그대로 받아들일 수는 없다. 그때는 도리어 정당한 비판을 가해야만 한다. 우리는 이에 대해 성경에 나타난 많은 믿음의 선배들의 교훈과 실천을 주의 깊게 살펴 현실에 적용하지 않으면 안 된다. 그래서 역사 가운데는 교회법과 국가법의 적용에 관한 문제들이 끊임없이 발생해 왔던 것이다.

3. 성도의 온유한 자세 (딛 3:2)

하나님의 자녀들이 세상에 살아가면서 갖추어야 할 기본자세가 있다. 그것은 무책임하게 남을 비방하거나 다투지 말고 관용하라는 것이다, 이는 무조건 모든 것을 받아들여 수용하는 것이 아니다. 이 말은 자기 중심적인 태도에서 모든 것을 평가하여 반응하지 말라는 의미를 지니고 있다.

그러므로 이 편지를 쓴 바울을 포함한 모든 선지자들과 사도들은 악한 자들을 강하게 비판했으며 엄한 자세로 대응했다. 이는 그들이 하나님의 진리를 허무는 악한 자들을 결코 용납하지 않았음을 말해주고 있다. 그들은 하나님의 교회와 진리를 악한 세력으로부터 보호하기 위해 최선의 힘을 다했던 것이다.

그럼에도 불구하고 바울은 디도에게 범사에 온유함으로 모든 사람들에게 비쳐져야 함을 강조해 말하고 있다. 이처럼 하나님의 백성은 진리에 연관된 문제와 일반 국가적이며 윤리적인 문제를 잘 분별할 수 있어야 한다. 즉 하나님의 교회와 진리를 해롭게 하고 허무는 것이라면 어떤 것도 용납해서는 안 되며, 그렇지 않은 경우라면 한없이 관대한 자세로 반응해야 하는 것이다.

4. 타락한 인간의 본성 (딛 3:3)

하나님의 부르심을 힘입어 교회에 속한 성도가 된 자들이라 할지라도 과거에는 어리석은 자들이었다. 그에 대해서는 사도인 바울과 그에 준하는 성격을 지닌 사역자인 디도 역시 마찬가지였다. 그들도 전에는 어리석음에 빠져 하나님의 말씀을 대적하는 자리에 있었기 때문이다. 그 결과 여러 가지 욕망을 가지고 향락을 추구하는 자가 되어 더러운 죄의 종노릇을 했던 것이다.

그러므로 하나님을 알지 못하는 상태에서는 본성적으로 악독이 가득한 자로서 투기를 일삼게 된다. 이는 하나님의 자녀들도 그 전에는 그와 마찬가지였다는 의미와 더불어 지금도 하나님을 모르는 자들의 삶은 그렇다는 사실을 말해주고 있다. 타락한 아담의 자손들은 예외 없이 그런 상태에 놓여 있을 수밖에 없다.

죄 가운데 태어난 인간들은 원천적으로 하나님 보시기에 가증한 자들이다. 그런데 문제는 인간들이 그에 대한 인식이 전혀 없다는 사실이다.

그것은 타락한 인간들에게 내려진 무서운 저주에 해당된다. 하나님을 알지 못하는 자들은 이기적인 삶을 추구하기 위해 피차 미워하면서도 그것이 인간으로서 당연한 것으로 받아들이게 된다. 바울은 그에 대한 깨달음을 가지는 것이 얼마나 중요한가 하는 점을 말해주고 있다.

5. 거듭 태어난 성도들 (딛 3:4,5)

하나님의 자녀들은 원천적으로 악한 상태를 벗어나 거듭 태어난 자들이다. 모든 성도들은 예수 그리스도로 말미암아 사탄의 통치에서 벗어났다. 그들에게는 이제 새로운 의미의 삶이 주어졌으며, 그들은 하나님의 계명이 제공하는 원리에 따라야만 한다. 그것은 저들에게 영원한 참소망이 주어졌기 때문이다.

교회에 속한 성도들은 죄인을 구원하고자 하신 하나님의 자비하심과 자기 백성을 사랑하시는 능력을 힘입은 자들이다. 그가 자기 백성을 구원하실 때 저들에게서 발생한 의로운 행위 때문에 구원을 베풀어 주신 것이 아니었다. 타락한 인간들에게는 진정한 의가 생겨날 수 없다.

하나님이 자기 백성을 구원하신 것은 창세전에 그의 거룩한 이름을 두고 스스로 맺은 언약에 근거한다. 인간들이 하나님을 배반하고 사탄의 편에 섰을 때도 하나님은 즉시 저들을 멸망시키지 않으시고 긍휼을 베푸셨다. '여자의 후손' (창 3:15)을 보내 사탄을 심판하고 자기 자녀들을 구원하고자 하신 하나님의 작정과 약속은 인간들에게 허락된 최상의 사랑과 은혜였던 것이다.

그러므로 하나님의 구원은 인간의 선한 행위와는 아무런 상관이 없이 제공되었다. 하나님께서 허락하신 중생과 더불어 인간들의 더러운 죄를 씻어주신 것은 성령 하나님의 새롭게 하심으로 말미암아 일어나게 되었다. 따라서 교회와 그에 속한 모든 성도들은 이에 대한 분명한 깨달음을 가지도록 해야 한다.

6. 성령의 이끌림을 받아 사는 삶 (딛 3:6,7)

하나님께서는 예수 그리스도의 십자가 사역을 통해 이땅에 성령 하나님을 보내주셨다. 이는 지상 교회를 위한 하나님의 선물이었다. 성령 하나님의 은혜의 사역이 없이는 인간들이 아무것도 깨달을 수 없으며 선한 삶을 살아갈 수 없다.

그러므로 하나님의 백성들은 저들에게 허락된 성령으로 말미암아 거듭난 인생 가운데 풍성한 삶을 소유하게 되었다. 성도들은 그로 인해 하나님의 놀라운 은혜를 힘입어 의롭게 되고 그에 대한 모든 사실을 알아갈 수 있다. 이는 하나님을 알지 못하는 불신자들에게는 숨겨진 비밀이지만 하나님의 백성들에게는 공개적으로 주어진 것이다.

하나님께서 성도들에게 그와 같은 놀라운 은혜를 베푸신 것은 영원한 생명에 대한 소망을 따라 하나님의 상속자가 되게 하기 위해서였다. 이것은 하나님께서 새 하늘과 새 땅을 창조해 그것을 자기 백성들에게 주시게 된다는 사실을 의미한다.

제7장 _ 교회 교사에 대한 교훈과 마지막 인사

(딛 3:8-15)

1. "불필요한 눈치를 보지 말라" (딛 3:8)

하나님의 자녀들은 천상으로부터 계시된 하나님의 말씀을 그대로 믿고 신뢰한다. 이 세상의 모든 것들은 영원하지 않고 아침에 잠시 있다가 곧 사라지는 안개와 같다. 그러므로 교회와 그에 속한 성도들은 영원한 천상에 소망을 두고 살아가면서 천상의 언어를 배워 익혀가게 된다.

하나님을 알지 못하는 불신자들은 영원한 천국을 받아들이지 못한다. 이는 천국이 저들과 아무런 상관이 없기 때문이다. 따라서 믿는 성도들이 저들에게 영원한 천국을 선포하면 거부 반응을 일으키게 된다. 그것은 때로 위협적으로 다가올 수도 있다. 그렇게 되면 하나님의 자녀들은 세상에서 위축될 수도 있다. 하지만 성도들은 그로 말미암아 나약해질 필요가 없다.

특히 세상을 향해 하나님의 말씀을 선포하는 사역자들은 이에 대한 분명한 깨달음을 소유하고 있어야 한다. 어떤 위협이 닥치는 상황에 직면한다고 할지라도 주의를 기울이는 가운데 담대한 마음으로 자신의 믿음을 증거해야 한다. 하나님의 선한 일에 힘쓰는 자들은 그것을 위해 최선을 다하게 된다.

하나님의 말씀을 소유한 성도들에게서 드러나는 그와 같은 삶은 하나님 보시기에 아름다운 것이다. 또한 그것은 사람들에게 영원한 구원을 선포함으로써 참된 유익을 끼치게 된다. 따라서 진리를 깨달아 알고 있는 모든 성도들은 그에 관한 굳건한 믿음을 소유함으로써 하나님께 온전히 순종해야 하는 것이다.

2. "어리석은 논쟁을 피하라" (딛 3:9)

하나님의 자녀들은 불필요한 어리석은 변론을 피해야 한다. 진리를 멀리하는 인간들은 헛된 변론을 좋아한다. 그들은 그것을 통해 자신의 주장을 펼쳐나가고자 할 따름이다. 그러나 인간들은 변론을 통해서는 결코 하나님을 알아갈 수 없다. 그리고 그것을 되풀이 한다고 하여 신앙이 자라가지 않는다. 나아가 자신의 혈육에 연관된 불필요한 족보 이야기를 할 필요도 없다. 이는 성경의 족보를 통해 자신의 태생을 자랑하는 것과 연관되어 있다. 어리석은 유대인들은 항상 자신의 족보를 자랑스럽게 생각하고 있었다. 이에 대해서는 그 성질만 바뀌었을 뿐 우리 시대에도 자신의 출신 배경을 자랑거리로 삼는 자들이 많이 있다.

그와 같은 자들은 항상 분쟁을 일으키게 된다. 그 사람들은 자신의 족보와 육체적인 배경을 절대로 양보하지 않는다. 또한 그들은 구약의 율법을 하나님의 의도와 상관없이 자신의 형편에 따라 임의로 해석하게 된다. 그런 자들과 변론하게 되면 끝없는 다툼만 일어나게 될 따름이다.

성숙한 성도들은 의미 없는 변론과 다툼을 피할 줄 안다. 그들은 그것이 전적으로 무익하고 헛된 것에 지나지 않는다는 사실을 알고 있다. 그와 같은 방법을 통해서는 결코 다른 사람들에게 진정한 복음을 전달할 수 없다. 그런 상황에서라면 상대는 이미 자신의 마음문을 굳게 걸어 잠그게 된다. 변론과 다툼은 도리어 상대로 하여금 마음문을 더욱 굳게 닫도록 할 뿐 아니라 그에 몰입하는 성도 역시 마음이 상하게 될 뿐이다.

3. "이단자들을 멀리하라" (딛 3:10,11)

하나님의 백성들은 모든 사람들에게 무조건 관대하거나 관용을 베풀어서는 안 된다. 일반 윤리적인 문제라면 모르거니와 진리와 연관되어 있을 때는 절대로 양보해서는 안 되는 것이다. 특히 하나님의 말씀을 가르치는 교사인 목사는 악한 자들과 타협하려는 태도를 버려야만 한다.

그러므로 이단에 속한 사람을 만나 대화하고 교제할 수 있는 기회가 생긴다면 한두 번 훈계한 후에 저를 멀리해야 한다. 그를 복음으로 변화시키겠다는 생각을 가지고 있다 할지라도 지속적으로 오래 교제하는 것은 매우 위험한 일이다.

그런 자들은 사고가 부패한 자들이어서 진리를 들어보고자 하는 마음을 가지고 있지 않다. 따라서 스스로 자신을 정죄하는 자리에 놓여 있다. 그럼에도 불구하고 자기가 하나님 앞과 사람들 앞에서 무서운 죄를 범하고 있다는 사실을 전혀 인식하지 못한다.

그와 같은 자들과 변론함으로써 저들에게 진리가 온전히 증거될 수 있을까 하는 것도 문제이지만 그 과정에서 신앙이 어린 자들이 사게 될 오해에 대해서도 염두에 두어야만 한다. 어린 교인들은 성숙한 신앙인이 이단자들과 만나 가까이 교제하는 것을 보며 마음이 무디어질 우려가 있는 것이다. 특히 교회의 교사인 직분자들은 그에 대해 여간 신중한 자세를 취하지 않으면 안 된다.

4. 보편교회 원리 속의 성도들의 상호 관계와
마지막 인사 (딛 3:12-15)

사도 바울은 편지를 마무리하면서 디도에게 아데마(Artemas)나 두기고(Tychicus)를 그레데(Crete)에 보내겠다는 말을 했다. 그들 가운데 누군가가 도착하게 되면 속히 니고볼리(Nicopolis)에 머물고 있는 자기에게 오라는 당부를 했다. 바울은 그곳에서 겨울을 지내기로 작정하고 있었다.

그리고 율법교사 세나(Zenas)와 아볼로(Apollos)를 먼저 보내 그들에게 부족한 것이 있지 않도록 하라는 당부의 말을 남겼다. 율법교사 세나는 유대교에서 구약성경을 연구하는 율법사로 있다가 복음을 깨달은 사람으로 보인다. 아마도 그들이 가서 교회를 위해 감당해야 할 중요한 사역이 있었을 것이다.

그리고 바울은 자기와 교제하는 모든 형제들이 열매를 맺지 못하는 자가 되지 않도록 좋은 일에 힘쓰는 방법을 배우라는 말을 했다. 이는 디도에게 저들이 열매 맺는 삶을 사는 자가 될 수 있도록 필요한 것을 준비하는 자들로 가르쳐 교육시키라는 의미를 지니고 있다.

사도 바울은 마지막으로 자기와 함께 있는 성도들이 디도에게 문안을 전한다는 사실을 말했다. 또한 믿음 안에서 자기와 함께 사역하는 자들로부터 전하는 문안을 그곳에 있는 사랑하는 성도들에게 전해달라는 당부를 했다. 그리고 바울은 디도가 사역하는 교회의 성도들에게 하나님의 은혜가 임하도록 기원했다.

바울과 함께 생활하던 성도들과 디도와 함께 하나님을 섬기던 성도들이 개인적으로 서로간 잘 알고 있었으리라 생각되지는 않는다. 교회의 지도자들은 서로간의 이름을 어느 정도 기억하고 있었을지 모르지만 극소수를 제외하고는 직접 얼굴을 맞대고 만난 적이 없었을 것이다. 그럼에도 불구하고 그들은 예수 그리스도 안에서 사랑의 문안을 전하고 있다. 직접적인 대면과 교제가 없었을지라도 저들 가운데는 하나님으로 말미암아 생성된 사랑과 신뢰가 엿보인다.

우리는 여기서 보편 교회의 원리를 떠올리게 된다. 비록 지역적으로 멀리 떨어져 살고 있으므로 인해 한 번도 본적이 없다고 할지라도 서로간 예수 그리스도의 이름으로 문안하는 관계에 놓여 있다는 사실을 기억하지 않으면 안 된다. 이것이 보편교회의 원리 가운데서 실제적으로 적용되는 것은 매우 중요한 일이다.

부록

Ⅰ. '노아언약'에 대한 교회론적 고찰 – 창세기 9:25-27을 중심으로
Ⅱ. 에베소서에 나타난 교회론 고찰 – 4장 1절에서 16절을 중심으로
Ⅲ. 직분에 관한 개혁주의적 이해 – 한국교회 직분의 정체성과 관련하여

〈부록 I〉

'노아 언약'에 대한 교회론적 고찰
- 창세기 9:25-27을 중심으로 -

1. 서론

성경의 역사는 구속사이며 교회는 구속사의 줄기 가운데 존재한다. 그 구속사의 핵심에는 하나님의 언약이 있으며 그 언약은 인간에 대한 하나님의 모든 계획을 총괄하고 있다. 우리는 하나님의 언약을 시대로 나누어 생각하게 되며 그 언약은 발전적 성격을 띠게 된다. 하나님의 언약은 [아담시대의 언약] – [노아 언약] – [아브라함 언약] – [모세 언약] – [다윗의 언약] – [새 언약]으로 이어지며 [예수 그리스도]가 오심으로 그 언약의 성취가 이루어진다. 오순절 성령 이후 확증된 우리시대의 교회는 언약의 결정체라 할 수 있으며 주님께서 재림하실 때 그리스도의 신부로서 언약의 실체로서 기능을 하게 된다.

필자는 이 글에서 창세기 9:25-27을 중심으로 한 노아 언약에 대한 신학적 이해를 추구하고자 한다.[1] 노아 언약은 앞의 아담시대 언약과

---

1) '노아 언약'은 일반적으로 창세기 9:8-17(또는 9:1-17)을 두고 말한다. 그렇지만 이 글에서는 부제로 단 창세기 9:25-27의 예언을 노아 언약의 중심적 위치에 두고 있다. 필자는 여기에서 창세기 9:25-27에 나타난 노아의 예언을 기초로 하여 언약적 관점에서 전체적 의미를 다루고자 한다.

연결되며 그 이후 시대의 언약들과 직접 연결된다. 나아가 그 언약은 예수 그리스도와 그의 몸된 교회에 연결되는 언약이다.

그럼에도 불구하고 오랫동안 이 본문은 근대 서구 제국주의 사상을 뒷받침하는 데 잘못 이해되어 왔다. 다수의 학자들은 우리시대의 백인들이 야벳족 계열, 황색인들이 셈족 계열, 흑인들이 함족 계열이라고 단정지어 생각하고 있다.[2] 그들은 역사상 흑인들이 백인을 지배한 적이 없었다고 하며 현재 아프리카 흑인들이 서구인들보다 가난하며 백인의 지배를 받는 것은 하나님의 언약에 의한 당연한 귀결이라고 생각하고 있는 것이다.[3] 거기에서 발전된 사상이 서구의 인종적 우월주의이며 함의 후손인 흑인들은 야벳의 후손인 백인의 종이 될 수밖에 없다는 어처구니없는 생각을 하고 있는 것이다. 오늘날 이러한 영향은 우리에게도 그대로 미치고 있다. 창세기의 본문 말씀이 과연 그러한 제국주의적 사고를 뒷받침하는 근거가 될 수 있는지에 대해 명확한 이해를 요구한다.

한편 근래에 들어와서는 노아홍수와 그로 인한 언약을 환경신학과 연관지으려는 경향[4]이 있는데 그것은 신중한 주의를 요한다. 우리는 노

---

2) 노아시대는 물론 바벨탑 사건까지만 해도 모든 인간들은 동일언어, 동일문화를 가진 동일외형을 가지고 있었다. 야벳, 셈, 함 자손의 구분이 후시대에 이르러 피부색깔이나 두개골 모형을 결정짓는 기준이 된 것은 아니다. 한 예로 일반적으로 (특히 기독교인들은) 우리 한민족이 셈족 계열이라고 생각하는 경향이 있다. 그러나 학자들 중에는 한국인이 함족 계열이라고 생각하는 이들도 있다. 그렇게 생각하는 이유는 투르크족이 함족이라고 보는 견해가 많은데 한민족이 투르크족과 인종적으로 형제계열이라면 한민족은 함족 계열이라는 것이다. (물론 투르크족의 인종학적 견해가 매우 다양하기 때문에 우리는 어느 것도 단정적으로 말할 수는 없다.)

3) Thomas H. Leale, 「The Preacher's Complete Homiletic Commentary」(Grand Rapids: Baker Book House, 1978), Genesis 9:25-27; J.P.Lange, 「The Book Of Genesis 1」, Genesis 9:24-29; Erich Sauer, 「The Dawn of World Redemption」(세계 구속의 여명, 권혁봉 역, 서울: 생명의 말씀사, 1982), 141-152.

4) 유정칠, 「창조세계의 보전과 회복을 위한 기독교 세계관」(월간고신, 2000.8, 서울: 월간고신사),44-49.

아 언약에서 메시아 약속을 배경[5]으로 하는 교회론적 접근을 할 필요가 있다. 교회는 하나님께서 거하시는 집으로서 셈의 장막에 대한 예언성취의 본질적인 한 부분이기 때문이다.

2. 노아 언약의 신학적 위치

(1) '언약'의 의미

성경의 역사는 언약의 역사라 해도 과언이 아니다. 특히 성경에 기록된 노아에서 그리스도까지의 구속역사가 하나님의 언약관계의 영역 밖에 있었던 기간은 없었다.[6] 결국 그리스도를 증거하고 있는 구약의 역사는 하나님의 언약의 예언과 성취를 보여주고 있다. 노아 언약(창 9:27), 아브라함 언약(창 15:18), 시내산 언약(출 24:8), 다윗 언약(시 89:3), 새 언약(렘 31:31) 등에서 언약을 언급할 때 '카라트 베리트'(כרת ברית)가 사용되고 있다. 여기서 '베리트'는 '언약'이라는 말로 번역이 가능하며 '카라트'는 우리말에서 '자르다'는 의미를 가지고 있다. 그러므로 학자들 가운데는 언약이 구약시대 예배와 관련하여 동물을 자르는 것과 연관이 있는 것이라고 주장하는 학자들이 있다.[7] 그러나 그러한 주장에는 무리가 있다. '베리트'라는 명사에 따라붙는 '카라트'에 대해서는 특별히 해석할 필요가 있지 않은 것이다. 이는 언어에서 일반적으로 일어나는 양상이다.[8]

---

5) G.Ch.Aalders, 「Genesis, Volume1」(Translated by William Heynen, Grand Rapids: Zondervan Publishing House, 1981, Genesis 9:26), 209.

6) Palmer Robertson, 「The Christ of the Covenants」(Phillisburg: Presbyterian and Reformed Publishing Co., 1980), 16-24. 참조.

7) Ibid. 16-24.

8) 예를들어, 우리말에서는 명사 '언약'에 동사가 붙을 때 '언약을 맺는다' 혹은 '언약을 지킨다' 등으로 쓰인다. 위 문장에서 붙어 쓰이는 '맺는다'는 열매를 맺을 때 사용되는 의미이며, '지킨다'는 외부로부터 방어할 때 주로 쓰이는 용어이다. 그러나 '언약을

언약이 우리에게 주는 의미는 하나님의 자기 영광 회복을 위한 거대한 섭리적 계획이다. 그러므로 인간역사의 중심에는 하나님의 언약이 자리잡고 있으며 그 언약사상으로써 세상의 모든 일반 역사들을 해석해야만 한다.

그러나 죄인인 인간들이 추구하며 이끌어 가는 역사는 본성적으로 그 언약 사상을 일탈하고 있다. 더 정확하게는 하나님을 떠난 인간들은 역사 가운데서 하나님의 구속사적 경륜으로부터 끊임없는 탈출을 시도하고 있는 것이다. 그렇게 함으로써 인간들은 하나님의 뜻과 관계없이 자신의 죄악의 역사를 전개해 가게 된다. 노아시대의 홍수심판도 결국 하나님과 그의 언약의 말씀을 떠난 인간들에 대한 심판이었다.[9] 하나님께서 베푸신 언약이 인간의 생명을 위한 것이라면 죄인인 인간의 역사는 영원한 죽음을 향해 나아갈 따름인 것이다.

(2) '의인 노아'

성경은 노아가 의인이요 당대에 완전한 사람이었다고 증언한다. 그러면 그가 의인이었던 것은 그의 윤리적 삶 때문인가? 윤리적 삶을 비교한다는 것은 여간 쉽지 않은 문제이다. 적극적 윤리를 말하는 것인지 아니면 소극적 윤리를 말하는 것인지 분명한 답변을 제시하기 어렵기 때문이다. 소극적 윤리란 비윤리적인 악행을 저지르지 않았을 다수의 사람들에 대한 해석 때문이다. 이를테면 나이가 한두 살 되는 어린아이들이나 악행을 행할 처지에 있지 않은 사람들에 대해 비윤리성을 말하기란 그리 간단하지 않다. 한편 적극적 윤리성이란 선행의 정도나 악행의

맺는다' 언약을 지킨다' 고 했을 때 그 말에는 '열매를 맺는다' 든지 '외부로부터 방어한다' 는 등의 의미가 전혀 없다. 이처럼 '카라트 베리트' 에서 '베리트' 의 의미를 지나치게 해석할 필요는 없을 것이다. 모든 단어의 어원에 지나치게 집착하게 되면 도리어 원의를 오해하게 될지도 모른다. 중요한 것은 언어를 분리하여 새로운 의미를 부여하는 것이 아니라 그 의미 자체의 쓰임새이다.

9) 이광호, 「기독교 신앙과 윤리」(대구: 조에성경신학연구원, 2002), 22-26. 참조.

정도를 말할 수 있는데 과연 그 적극성이 소극적 윤리를 능가할 수 있는 가 하는 문제가 남는다.

우리가 성경을 통해 명확히 알고 있는 바는 하나님께서 노아를 당대 의 의인으로 인정하셨다는 점이다. 노아의 의인됨은 우리가 일반적으로 생각하는 바 그의 사람 됨됨이나 윤리적 행위에 기초하지 않는다. 윤리 적 측면에서 본다면 오히려 노아보다 더 윤리적인 사람들이 많이 있었 을지도 모른다. 노아는 홍수 이후 과음을 함으로써 상당한 실수를 한 것 으로 볼 수 있다. 그러나 우리는 노아의 음주행위와 그로 인한 사건을 일반적 윤리 개념에서의 실수와 동일한 범주에서 해석하지 않는다. 그 렇다 하더라도 그는 자신의 행동으로 인해 발생한 문제에 대해 스스로 반성하기는커녕 그것을 빌미로 자녀들을 차등 대우하여 축복과 저주의 예언을 발설하게 된다. 그것은 화목한 가정을 깨트리는 행위일 수 있다. 그 사건을 통해 하나님의 경륜이 더욱 구체적으로 드러나기는 하지만 노아의 행위 자체를 선한 윤리적 행위라고 말할 수는 없을 것이다. 노아 의 의인됨이 자신의 윤리성에 기초하지 않았음은 노아 자신이 가장 잘 알고 있었다.

창세기 6:8에는, '노아가 여호와께 은혜를 입었더라' 고 기록되어 있 다. 이 구절은 '노아가 의인이었다' 는 사실과 대비되는 구절이다. 결국 노아에 대한 하나님의 은혜는 그의 의로움 때문이 아니라 구원에 대한 하나님의 계획적 섭리에 기초하고 있는 것이다. 그러므로 하나님께서 노아와 그 가족을 구원하신 것은 노아의 의로움 때문에 은혜를 받았다 는 결론을 내리지 못하게 한다.[10] 즉 하나님께서 은혜를 베푸심으로 노 아가 의로운 자로 인정받았던 것이다.

전통적인 기독교에서 칭의 교리를 중요하게 생각하는 것은 비단 우리 시대에만 해당되는 말이 아니다. 구약시대에도 하나님의 인정으로 성도 가 의롭게 되는 교리는 우리시대와 전혀 다르지 않다. 노아가 의인으로

---

10) Palmer Robertson, 「The Christ of the Covenants」, 119.

인정받았던 것은 메시아에 대한 그의 믿음과 연관된다. 아담 이후 하나님께서 언약하신 '그 여자의 후손'(창 3:15)을 통해서만 인간의 삶의 의미가 있음을 그가 '믿음'으로 알고 있었으며 하나님께서는 그것을 노아의 의(히 11:7)로 인정하셨던 것이다.

(3) 소수의 몇 사람만을 위한 거대한 방주

노아의 방주는 그 크기가 현대인들이 생각할 때도 엄청난 규모였다. 그 방주의 규모는 노아의 계획이 아니라 하나님의 요구에 의한 것이었다. 즉 노아가 그 방주에 타거나 싣게 될 사람의 수나 동물들의 수 그리고 물건들을 결정하여 그에 맞는 크기의 방주를 건조한 것이 아니었다. 그 방주에 들어가게 될 사람이나 동물의 수는 하나님께서 홀로 결정하셨다. 그 방주의 절대적으로 많은 공간은 다양한 동물들이 차지했다. 방주에는 많은 사람들이 탈 수 없었다. 방주의 공간은 넓었지만 그것은 인간들을 위한 공간이 아니었고 도리어 여러 동물들을 위한 공간이었던 것이다. 우리가 알고 있는 바 방주의 규모에 비해 극히 소수의 사람들만 그 홍수로부터 구출받을 수 있었다는 점은 시사하는 바가 크다. 거대한 방주에 그 많은 동물들이 탔던 것에 비해 더 많은 인간들이 구출되지 못한 것은 하나님께서 그것을 허용치 않으셨기 때문이다.

일반 윤리적 종교개념에서 본다면 되도록 많은 사람들을 그 구원의 방주에 태우도록 노력했어야 했다. 만일 일반 종교에서 말하는 자비로운 신이라면 한 사람이라도 더 구할 자세를 가졌어야 했으며, 구원의 방주에 타도록 미리 작정된 사람들은 다른 사람들도 그 방주에 탈수 있게끔 적극적으로 기도했어야 했다. 그러나 하나님께서는 그렇게 하시지 않았으며 노아와 그의 가족도 그런식으로 기도하지 않았다.

당시의 수많은 사람들 중 불과 여덟 명의 생명만 홍수에서 구원하신 하나님의 뜻은 무엇일까? 학자들은 대개 노아와 그 아들들로 말미암아 무너진 창조질서를 회복하여 새로운 세계에 살도록 하기 위해 홍수가 있었다는 일반 은총론을 이야기한다.[11] 그러나 단순히 그렇게 말할 수만은 없다. 하나님의 관심은 얼마나 많은 사람들을 구원하여 다시금 세상을 번창하게 하실까 하는 것이라기보다는 유지되는 창조질서 가운데 보존되어야 할 하나님의 언약과 하나님께서 거하실 장막의 형성에 있었다.

하나님께서 많은 사람들에게 은혜를 베풀지 않으시고 단지 8명만 그 방주에 타도록 허용하신 그 의미에 대해 충분히 생각해 보아야 할 것이다.

(4) 홍수를 통한 앞뒤 시대의 단절[12]과 새로운 세계

노아시대의 대홍수는 당시의 모든 인간들과 앞선 시대에 이룩된 인간들의 모든 문명에 대한 엄중한 심판이었다. 단순히 사람들과 생명 있는 것들만 멸망시켰던 것이 아니라 죄의 뿌리가 되고 인간의 유혹이 되었던 모든 문명들을 파멸시켰다. 인간들이 스스로의 삶을 위해 세운 모든 문명은 도리어 하나님을 버리고 자신의 삶을 누리게 하는 현세지향적 '땅의 신학' 으로 변화되어 갔다. 이렇게 하여 하나님의 언약 가운데 있어야 할 셋의 계보에 속한 인간들마저 그들을 닮아 세속화 되어갔던 것이다.

홍수 이후의 인간들은 철저하게 비문명화 된 새로운 시대를 경험하며 소위 '원시시대' 에 돌입하게 된다.[13] 그들의 새로운 삶은 기대에 부푼 일반적 관점에서의 희망적인 삶이 아니라 도리어 고통과 심한 노동을 요구하는 시대가 된다.

노아홍수 이후에 출생한 인간들은 그 이전 시대의 문명에 대해 아는 바가 없었다. 초기 몇 대 동안에는 그 이전 시대를 경험한 여덟 명의 조상들을 통해 그 시대의 문명에 대한 이야기를 들음으로써 간접 경험을 했을 것이지만 후대의 인간들에게는 그것이 신화와 같은 이야기였을 따

---

11) Herman Bavinck, 하나님의 큰일(김영규 역, 서울: CLC, 1992), 32-37; 한정건, 『성경신학적 관점에서 본 노아의 언약』 개혁신학과 교회, 제9호(고려신학대학원, 1999), 29,30.

12) 이광호, 「기독교적 관점에서 본 세계문화사」 (서울: 예영 커뮤니케이션, 1998), 25-28.

13) Ibid., 27,28.

름이었다.[14)]

홍수 이전 시대를 경험하지 못한 세대들에게 있어서 '문명'이란 단어는 살아있는 용어가 아니었다. 더구나 노아로부터 몇 세대가 지나 먼 지역으로 흩어져 살아가고 있던 사람들에게는 그 정도가 더욱 심했을 것이다.

노아홍수 이후 시대의 사람들은 아담 시대에 허락되었던 하나님의 선물인 문명의 상당한 부분마저 상실한 인간들이었다. 하나님께서는 아담 시대의 타락한 인간들에게 보편은총에 속하는 문명의 선물을 허용하셨다. 불의 사용, 철기의 사용, 악기를 다루는 방법 등이 곧 그것들이다. 홍수 이후 시대의 사람들은 그에 대한 사용 방법들을 지극히 제한적으로 전수 받았을 따름이었을 것이다. 그러나 그들의 삶이 미개한 상태로 돌입했다 해서 그들이 지능적으로 원시인이 된 것이 아니었음은 물론이다.

3. 대홍수 이전 시대의 '땅의 신학'과 하나님의 심판

(1) "먹고 마시고 시집가고 장가가고" 하던 시대(마태복음 24:37-39; 누가복음 17:26,27)

신약성경은 노아홍수 이전의 시대를, '먹고 마시고 시집가고 장가가고' 하는 시대로 일컫고 있다. 이는 죄의 목록을 말하는 것이 아니라 일상생활을 말하고 있는 것이다.[15)] 타락한 당시의 인간들의 관심은 하나

---

14) 이런 신화들은 인간 역사 가운데 계속해서 이어지고 있으며 특히 온 세상을 뒤덮은 홍수사실은 신화의 옷을 입고 전 세계적으로 퍼져 있다. 고대 길가메쉬 서사시, 중국의 홍수설화, 아메리카 대륙의 홍수설화 등이 곧 그것이다. 우리 한반도에도 홍수설화가 남아있는데 필자가 알기로는 경남 창녕군 지역의 홍수 설화가 기억할 만하다. 창녕 화왕산 정상에는 '배바위'라 이름 붙여진 커다란 바위가 있다. 그 바위의 한쪽 끝에 마치 갈고리와 같은 모양이 튀어나와 있는데, 아주 먼 옛날 큰 홍수가 났을 때 배의 끈을 그 바위에 묶어두어 그 배에 타고 있던 사람들이 생존하여 오늘날처럼 인류가 번성하게 되었다고 한다.

15) Leon Morris, 「The Gospel According to St. Luke」(누가복음 주석, 이정석 역, 서울:CLC, 1980), 17:26,27.

님의 영광이 아니라 땅에서 만족스럽게 먹고 마시고 시집가고 장가가는 일이었다. 그러나 일부 학자들이나 설교자들은 이 구절을 해석하면서 윤리적으로 타락한 시대로 이해하고 있다.[16]

그러나 이것은 윤리적 타락을 의미하는 것이 아니다. 이를 일반 윤리적 타락과 결부시키는 것은 창세기 6:2('하나님의 아들들이 사람의 딸들의 아름다움을 보고 자기들의 좋아하는 모든 자로 아내를 삼는지라')과 6:5('여호와께서 사람의 죄악이 세상에 관영함과 그 마음의 생각으로 모든 계획이 항상 악할 뿐임을 보시고')의 기록이 윤리적 타락과 연관된 것으로 생각하기 때문이겠지만, 도리어 그 기록의 내용은 하나님의 언약을 잊고 자기 나름대로 살아가는 일상적인 생활을 일컫고 있다. 우리는 '먹고 마시고 시집가고 장가가고'하는 말의 표현을 자칫 방탕이나 성적문란을 연상하게 되지만 그렇게 생각할 수 없다. 만일 그렇다면 비윤리성에 빠져있는 그런 사람들에게만 응징이 내려졌을 것이며 당시 노아 가족을 제외한 모든 사람들의 삶이 비윤리적으로 방탕했다는 논리에 접해야 하기 때문이다.

노아홍수 이전의 시대는 무정부 상태의 사회시대는 아니었다. 오히려 우리시대의 용어를 빈다면 산업이 발달하고 경제가 부흥하여 풍요를 누리던 안정된 시대였다. 그에 대한 증거로는, ① 당시에 있었던 강력한 네피림들이 세상을 통치했으며 ② 노아방주를 건조[17]하는데 불신자들

---

16) 이상근은 이 본문에 대한 주석을 하면서 '음식의 향락과 성적 향락을 가리킨다'고 한다(이상근, 마태복음 주석, 대한예수교 장로회 총회교육부, 1966). 칼빈 역시 이 본분 주석에서 '방탕함'을 이야기하고 있다(칼빈, 마태복음 24:37).

17) 노아 방주는 노아와 그의 가족들의 손으로 건조한 것이 아니라 당시 불신자들의 기술력이 동원되었을 것이 틀림없다. 그런 관점에서 생각한다면 노아는 상당한 재력가였을 것이다. 그래야만 다른 기술력이나 노동력을 동원할 수 있었을 것이기 때문이다. 이에 대해서는 예루살렘 성전을 지을 때 이방인들의 기술력과 도움이 대거 동원되었던 것과 동일한 맥락에서 이해할 수 있다. 솔로몬의 성전 건립에서 그러했으며, 바벨론 포로에서 귀환한 이스라엘 백성들이 무너진 예루살렘 성전을 건축할 때, 그리고 헤롯대왕이 건축한 예루살렘 성전도 역시 그러했다.

의 난행으로 인한 불상사가 일어난 흔적이 보이지 않는다는 점 ③ 사람
들이 먹고 마시고 시집가고 장가가고 하면서 안정적인 지상의 삶을 구
가하고 있었던 점 등을 들 수 있다.

(2) 노아홍수와 세례 (벧전 3:19)

베드로는 노아홍수의 의미를 교회론과 결부시키고 있다. 그는 '홍수'
의 의미를 '세례'와 연결하여 설명하고 있는 것이다. 세례는 경계境界를
의미한다. 노아홍수의 물은 삶과 죽음의 경계를 명확히 보여주며, 하나
님의 편과 세상의 편을 분리하는 기능을 한다.

예수님께서는 양과 염소 비유, 그물에 잡힌 물고기를 분리하는 비유,
알곡과 가라지 비유 등을 통해 분리를 선언하고 계신다. 사도 바울은 세
례가 세상에 대한 죽음으로 인해 새로운 생명을 공급받게 됨을 설명하
고 있다. 즉 참 생명이란 세상에 대한 죽음을 통과한 생명인 것이다.

노아시대의 모든 사람들은 물로 인해 죽었다. 그러나 노아와 그 가족
은 많은 사람들을 심판했던 그 동일한 물로 인해 새로운 삶을 소유하게
된 것이다. 그러므로 더 이상 그 이전 시대의 삶의 방식으로 살지 못하
게 된 것이다.

이러한 교훈은 사도 바울에 의해, 이스라엘 백성들이 출애굽하면서
홍해바다를 건넌 사실과 동일하게 설명된다. 바울은 고린도 교회에 편
지하면서, 모세를 비롯한 이스라엘 백성들이 홍해를 건널 때 세례를 받
은 것이라 설명하고 있다(고전 10:1,2). 홍해바다의 물은 애굽 백성과 이스
라엘 백성을 분리하는 역할을 했다. 홍해바다의 물로 인해 이스라엘 백
성들은 생명을 얻게 되었지만 애굽의 군인들은 그 동일한 물로 인해 사
망에 이르렀던 것이다.

노아홍수의 물과 이스라엘 백성들이 출애굽할 때의 물, 그리고 우리
시대의 주님의 몸된 교회에서 세례를 통한 물은 동일한 의미를 가지는
것이다. 이는 곧 하나님께서 택하신 백성들에게 세상으로부터의 분리와

참 생명의 공급이 이루어짐을 직접 계시를 통해 보여주고 있는 것이며 이는 곧 교회론적인 것이다.

그러므로 노아 언약은, 앞으로 셈의 장막을 통해 하나님의 거처가 형성되며 그것은 곧 세상으로부터 분리될 교회의 설립을 계시적으로 예표하고 있는 것이다.

(3) '하나님의 아들들'과 '사람의 딸들' 간의 통혼 (창 6:1-7)

창세기 6장에서는, 하나님께서 대홍수를 통해 당시의 인간들을 심판하신 직접적인 원인이 무엇이었는가를 보여주고 있다. 진리와 비진리의 벽이 허물어지고 언약의 담이 무너져 버린 것이다. 당시 하나님의 아들들과 사람의 딸들 간의 통혼은 하나님을 버린 간음행위였다. 이러한 간음이 세속과의 화해의 모습으로 그 형태를 드러냈다. 하나님의 아들들이 하나님과의 화해를 포기하고 세상과의 화해를 시도했던 것이다.

그렇지만 하나님의 아들들과 사람의 딸들 간의 간음행위가 일반적인 의미에서 말하는 바 간음이나 성적 문란 행위와는 차이가 있다. 소돔과 고모라에서 성적 문란 행위가 있던 시대와 동일하게 해석할 일은 아닌 것이다.

하나님의 언약 가운데 사는 사람들은 그 언약을 소유하지 않은 사람들과 동일한 가치 가운데 살고 있지 않다. 그러나 노아홍수 이전 시대 언약 가운데 살아야 할 다수의 사람들은 언약 바깥의 사람들의 가치를 받아들이게 된다. 창세기 6장 2의 '하나님의 아들'이란 언약 가운데 있는 사람들이며, '사람의 딸들'이란 언약 바깥의 사람들을 일컫는다. 그들이 통혼했다는 것은 가치기준을 허물고 모든 것을 뒤섞었다는 말이다.

그들이 그렇게 했을 때, 저들의 눈에 보기에 대단한 인물들이 태어나서 그들이 세상을 좌지우지하게 된 것이다. 성경은 그들을 '네피림'(נְפִלִים)이라고 기록하고 있는데 그 의미는 '타락한 자들'이라는 의미이다.[18] 세상과의 화해가 곧 타락이며 그로 말미암아 세상에서 유능하고 위대한 자들이 생겨나게 되는 것이다.

4. 노아방주와 여덟 명의 생존자

(1) 하나님의 심판

하나님께서 모든 인간들을 멸망시킬 때 그 심판의 기준은 윤리적 기준이 아니었다. 당시에도 순진한 어린아이들이 있었으며 연세 많거나 질병에 걸려 범죄능력이 소멸된 사람들도 많이 있었다. 임신중인 부녀자들이 있어서 태중에 있는 순진한 생명들도 많이 있었을 것이 틀림없다. 하나님께서는 범죄능력이 상실된 그런 사람들조차도 예외 없이 모든 인간들을 홍수로 심판하셨다.

하나님의 심판의 기준은 당신 스스로 정하신 '의' 였다. 그 '의' 에서 벗어난 모든 인간들은 심판의 대상이었던 것이다. 개별 인간들의 윤리적 정서나 실제적 범죄 여부와는 아무런 상관이 없었다. 하나님께서는 인간을 멸망시키는 존재임과 동시에 그중에서 구원할 자를 구원하시는 존재임을 홍수사건을 통해 명백히 보여주고 계신다. 그것은 곧 심판주요 구원주이신 하나님임을 스스로 드러내고 있는 것이다.

(2) 노아가족의 생존 의미

우리는 노아 가족의 생존에 대한 의미를 생각해 보아야 한다. 하나님께서 노아의 가족 8명을 홍수심판을 피하게 하신 목적은 과연 무엇인가? 하나님께서 엄청난 수의 사람들을 홍수를 통해 무자비하게 죽임으

---

18) 네피림을 타락한 천사나 인간과는 다른 어떤 존재로 해석하려는 경향이 있는 것을 보는데 그것은 잘못이다. 네피림은 타락한 보통 인간일 따름이지만 우리시대의 사고를 빌어 설명한다면 기독교적 색깔을 띤 사실상의 불신자들을 일컫는다고 할 수 있다. (박윤선은 네피림을 Keil, Delitzsch의 견해를 따라 '폭군들' 로 해석한다: 창세기 주석, 6장4절. 참조.)

로써 심판하신 것은 인간에게 긍휼을 베푸시고자 하는 것이 일차적인 목적이 아님을 보여주고 있다.

하나님께서는 소수의 인간들을 홍수에서 구출하신 데 반해 수많은 동물들을 구출하셨다. 그것은 하나님의 관심이 인간과 더불어 전체적인 우주적 회복에 연관되어 있음을 보여주고 있는 것이라 할 수 있을 것이다. 즉 노아 식구들의 생존은 하나님의 구속에 연관되는 구출이었던 것이다.

하나님께서 노아와 그 가족을 홍수심판을 면하게 하여 살리신 것은 노아를 위해서라거나 그 가족을 위해서가 아니라 하나님 자신을 위해서였다. 하나님께서는 창세기 3:15에서 '그 여자의 후손' 을 통해 회복하게 될 영광을 언약하셨는데, 이제 노아와 그 택하신 자손을 통해 자신의 뜻을 이룩하실 계획을 하고 계신 것이다. 그러므로 홍수심판에도 불구하고 생존하게 된 인간들의 삶의 의미는 하나님의 영광에 귀착되는 것이다.

(3) 홍수에서 살아남은 자들은 과연 복을 받았는가?

다수의 사람들이 노아와 그의 가족이 남들과 같이 죽지 않고 살아남은 것 자체가 큰 은혜이며 복이라 생각한다. 그러나 일반적인 의미에서 본다면 단순히 그렇게 말할 수 없다. 생명이 연장된 사실, 즉 남들보다 좀 더 오래 살았다는 것 자체가 정말 복이라면 그렇게 말할 수 있을지도 모른다. 그러나 홍수 이후 그들의 삶은 즐겁고 행복한 삶이 아니라 고독하고 힘든 삶이었다. 모든 문명의 이기들이 상실된 형편에서 세상적 즐거움이란 남아 있지 않았을 것이기 때문이다. 물론 하나님 한 분 만을 삶의 의미로 생각하며 사는 것을 복으로 이해한다면 그들은 복을 누렸다.

그렇지만 노아의 음주사건으로 인해 세 아들 중 어떤 아들에게는 복을 약속하고 다른 어떤 아들에게는 저주를 약속했을 때 그들에게는 우리가 생각하는 바 일반적인 복의 개념은 남아있지 않게 된다. 자녀들에 대한 각기 다른 노아의 축복과 저주 예언은 가정을 더욱 어려운 지경에 빠뜨렸을 것이 틀림없다. 홍수 이전 시대의 모든 사람들과 편리한 문명의 이기들이 파괴되고 이제 단 한 가정이 외롭게 남아있는 판국에 가장이 자녀들에게 축복과 저주를 기원하게 되었을 때 그들의 형편과 심정을 우리는 분명히 깨달아 알아야 할 것이다.

(4) 하나님의 진정한 관심은 어디에 있는가

하나님의 주된 관심은 언약된 인간('그 여자의 후손')을 통한 자신의 영광의 회복에 있다. 그것은 창조와 타락에 따른 하나님의 영광의 회복과 직접 연관되는 의미이다.

일부 학자들은 노아 언약이 아브라함의 후손 혹은 이스라엘에게만 속한 것이 아니라 세상의 보존과 창조질서 회복의 계시는 이방인까지 포함하는 모든 인류에게 주어진 것이라 한다.[19] 그러나 하나님의 진정한 관심은 '여자의 후손'과 '인자', '메시야'로 묘사되는 구속자를 통한 하나님의 영광의 회복에 있다. 그러므로 노아 언약과 그의 가족 속에 나타난 중심 인물은 보이는 노아가 아니라 보이지 않는 메시아이다.[20]

하나님께서는 후에 셈의 장막을 통해 '임마누엘'로 보내시게 될 메시아와 그로 말미암아 설립될 하나님의 몸된 교회에 관심을 두고 계셨던 것이다. 그 교회가 세상을 심판할 때 그리스도의 신부로서 하나님의 영광의 대상이 되는 것이다.

5. 홍수 이후 시대와 노아의 음주사건

(1) 고독한 삶의 전개

노아홍수 이후 생존한 인간들에게는 힘들고 고독한 삶들이 전개된다.

---

19) 한정건, 『성경신학적인 관점에서 본 노아의 언약』, 개혁신학과 교회, 제9호(고려신학대학원, 1999, 36,37).

20) S.G.De Graaf, *Promise & Deliverance* (약속 그리고 구원, 박권섭 역, 서울: 크리스챤 서적, 1985), 65.

그들을 통해 이전과는 다른 새로운 후기인류문명이 시작되는 것이다.

노아홍수 이후에 태어난 인간들은 그 전 시대에 비해 훨씬 힘든 삶을 살았을 것이 틀림없다. 홍수 이전의 발전된 문명들은 모두 파괴되었으며 그동안 인간들이 쌓아올린 모든 과학적 시설물들은 완전히 파괴되어 자리를 감추었다.

그들은 더 이상 인간의 노력에 의해 세워진 문명을 통한 삶의 의미나 즐거움을 누릴 수 없었다. 이에 대해서는 오늘 우리시대와 견주어 생각해 본다면 쉽게 이해할 수 있다. 현대과학 시대에 살고 있는 우리는 교통, 통신, 전자, 컴퓨터. 의술 등 거의 모든 영역에서 인간들이 이룩한 과학문명으로부터 편리한 삶을 제공받고 있다. 노아홍수 이전 시대의 사람들은 오늘날 우리와 동일한 문명적 방향은 아니었겠지만 나름대로의 과학문명이 존재했었다. 그 모든 문명의 산물들이 한순간에 완전히 파괴되어 자취를 감추어버린 것이다.

홍수 후 노아의 가족들은 이른바 1차 산업에 의존할 수밖에 없었다. 곡물을 심고 포도를 재배하며 목축을 함으로써 삶을 살았던 것이다. 그들에게는 2차, 3차 산업에 대한 개념은 있을 수 없었다.

(2) 노아의 음주사건

원인을 알 수 없는 이유로 인해 노아가 포도주를 과음하는 사건이 발생한다. 아마도 노아는 자연스럽게 포도주를 마셨는데 그것이 지나쳤을 것이다. 하여튼 노아의 음주사건은 우리가 잘 따져 생각해 보아야 할 사건이다. 과연 우리는 그 노아의 음주사건을 어떻게 이해해야 할 것인가?

다수의 학자들은 노아의 음주를 그의 실수로 해석한다.[21] 만일 그가 음주를 하지 않았더라면 함의 가계를 저주하는 일 따위는 발생하지 않았을 것이라는 이유 때문이다. 그러나 우리는 단순히 그렇게 이해할 수

---

21) Thomas H. Leale, *Genesis 9:21*; 박윤선, 「창세기 주석」(서울: 영음사, 1980), 9:20-23.

는 없다. 노아의 음주 사건을 통해 하나님의 언약이 발설되기는 하지만, 음주로 인한 자녀들의 태도를 보고 그것 때문에 노아가 자의적으로 축복과 저주를 한 것으로 볼 수는 없다. 즉 노아의 예언은 외형적인 음주 사건과 직접 연관시킬 문제가 아니라 본질상 노아 자신과 연결지어져야 한다. 하나님께서는 노아의 음주로 말미암아 발생된 그의 자녀들의 행동을 통해 자신의 언약을 계시하셨을 것이다. 이는 음주사건을 이용해 이미 예비된 하나님의 뜻을 보여주신 것이다.

결과적으로는 음주사건을 기화로 노아는 하나님의 언약을 발설하게 된다. 노아의 발설이 완벽한 효력을 갖추게 되는 것은 그가 여전히 하나님의 특별한 선택을 받은 의인이었기 때문이다. 만일 일반 윤리적인 관점에서 본다면 노아가 과음을 하지 않은 평상 상태에서 언약적 저주와 축복을 했다면 도리어 호소력이 있지 않았을까 하는 생각을 해볼 수도 있다. 그러나 우리는 하나님의 놀라운 경륜과 섭리의 뜻을 단순히 그 외형에 의존하여 가늠하기란 쉽지 않다.

(3) 노아의 저주와 축복
① 언약적 행위

노아의 저주와 축복은 오늘날 우리의 시대까지 효력있게 연결된다. 물론 그것은 인종적 개념으로 인한 효력이 아니라 교회론적 의미에서의 효력이다. 노아는 술이 깬 후 언약적 예언을 하게 되는데 셈의 가계를 축복하고 함의 가계를 저주한다. 그리고 야벳의 가계에 대해서는 다른 언약의 내용을 주게 된다.

노아가 셈의 가계를 축복하는 것은 세상에서의 복락과 연관되는 것이 아니다. 그것은 하나님께서 이룩하시고자 하는 뜻이 그의 가계를 통해 이루어지는 것을 의미한다. 노아를 통해 야벳 족속이 받는 언약의 내용은 이 세상에서의 세상적인 창대함이 셈의 자손이 아닌 다른 족속 즉 야벳 족속에 의해 이룩될 것임을 보여주고 있는 것이다.

노아는 함의 가계를 저주하는데 그가 함의 가계를 저주한 것이 함의 행위 자체 때문이었을까? 만일 그렇다면 그 저주는 함이 받아야 마땅하다. 그런데 성경에는 함이 아니라 함의 아들 가나안의 저주를 말하고 있다. 함이 아버지의 하체를 본 잘못을 범했다면 그것은 함이 책임져야 할 내용이다. 현장에 있지도 않았으며 직접 잘못을 범하지도 않은 가나안에게 저주의 언약을 발설한다면 그것은 합리적이지 않을 뿐더러 오히려 노아에게 문제가 있다고 볼 수도 있는 일이다.

한편 생각해보면 노아가 실수한 자기 아들을 용서했으면 어떠했을까 생각해본다. 하나님의 심판으로 인해 모진 고통을 함께 한 사랑하는 아들이 아니던가? 그 정도의 실수를 탓하기 위해서라면 호되게 꾸중을 하고 다시는 그런 일이 없도록 하는 것이 아버지의 사랑이 아니었을까? 그러나 노아는 아들에 대해 엄청난 저주를 쏟아낸다. 우리는 노아의 한 아들의 가계에 대한 저주가 자의적 생각 때문이라고 보지 않는다. 노아의 언약은 하나님으로 말미암는 것이었다.

노아가 야벳과 셈을 축복한 것도 동일한 맥락에서 설명되어져야 한다. 야벳과 셈이 아버지의 하체를 보는 잘못을 범치 않았던 것은 동일하지만 그 축복의 내용에는 엄청난 차등이 생긴다. 야벳이 번창하리라는 축복은 언약적 축복이 아니라 일반은총이며 하나님께서 셈의 장막에 거하리라는 축복은 구속사 속의 언약적 축복이다.

② 윤리적 해석에 대한 문제점

우리는 노아 언약에 대해 윤리적인 해석을 해서는 안 된다. 학자들은 노아가 저주와 축복을 한 것을 윤리적 이유로 돌리는 것이 일반적이다.[22] 그러므로 노아의 음주사건 자체를 실수로 이해함으로써 윤리적 문제로 결부시킨다. 그리고 노아가 과음 후 벌거벗은 채 취해 누워있을

---

22) 박윤선, 「창세기 주석」 9:20-23.

때 그의 세 아들들이 취한 행동들을 윤리적 잣대로 해석하고자 하는 것이다. 함이 아버지의 하체를 보고 형들에게 고한 것은 자녀로서 행할 수 없는 저주를 받을 만큼 비윤리적인 행위이며, 셈과 야벳이 그 아버지의 하체를 보지 않고 덮어준 것은 자녀의 도리를 다한 매우 윤리적인 행위라는 것이다. 즉 함의 부끄럼 없는 관능성은 야벳과 셈의 겸양과 함께 도덕성의 차이를 나타내고 있다는 것이다.[23] 어떤 이들은 함의 비윤리성을 강조하기 위해, 함은 벌거벗은 아버지 노아의 몸을 보고 음란한 재미를 보았다는 억지 주장을 하기도 한다.[24]

결국 노아가 세 아들들에게 각기 다른 저주와 축복을 한 것은 바로 그들의 행동 때문이라는 것이다. 물론 그들의 윤리적인 면이 전혀 문제시되지 않는다는 것이 아니다. 그것이 문제가 있으되 그들에 대한 하나님의 축복과 저주는 이미 그 이전에 결정된 하나님의 뜻이었다.[25]

특히 실제로 잘못을 저지른 함이 아니라 노아의 음주사건과 아무런 상관도 없고 잘못이 있지도 않은 함의 아들 가나안이 저주를 받았음을 기억할 때 우리는 노아 언약을 윤리적 이유를 바탕으로 해석할 수 없음이 명백해진다.

6. 자연언약과 그에 대한 이해

(1) 땅에 대한 보존언약

하나님께서는 땅에 대한 보존언약을 하고 계신다. "내가 다시는 사람으로 인하여 땅을 저주하지 않으리니"(창 8:21). 이 말씀은, 인간의 부패로 인해 땅이 저주 받았음을 말해주고 있다. 이는 그 이전에도 이미 있

---

23) Geerhardus Vos, 「Biblical Theology」(성경신학, 이승구 역, 서울: CLC, 1985), 73.

24) S.G.De Graaf, 「Promise and Deliverance」(약속 그리고 구원, 박권섭 역, 서울: 크리스챤 서적, 1985), 72.

25) 이러한 생각은 하나님께서 창세전에 자기 백성을 선택하신 하나님의 예정교리와 그 맥을 같이 한다.

었던 일이다. 창세기 3장에는 처음 인간 아담과 하와가 범죄했을 때 하나님께서는 땅을 저주하셨다. 그래서 땅이 엉겅퀴를 내고 가시를 내게 되었던 것이다. 세상의 모든 저주가 인간을 통해 들어오게 되는 것을 보여주고 있는 것이다.

그러나 인간을 다시는 사람들의 범죄 때문에 물로써 땅을 멸망시키지 않으시겠다는 약속을 하고 계신다. 이것은 두 가지 의미를 가진다. 하나는 앞으로 다시는 홍수심판을 않겠다는 의미이고 다른 하나는 보존하게 될 그 땅이 하나님이 예비하시게 될 그 땅을 보유하게 될 것이라는 것이다. 하나님께서는 후에 아브라함을 선택하시고 그에게 주시고자 약속하실 특별한 땅이 보존되는 그 땅에 포함되어 있음을 예시하고 계신 것이다.

하나님께서 세상 마지막 날까지 땅을 보존하시겠다고 약속하신 것은 창조회복을 위해 피조세계를 보존해 두시려는 의도에서였다. 하나님의 관심은 지구의 모든 땅 자체가 아니라 선택한 이스라엘 백성들이 기거하게 되고 그들 가운데 보내시게 될 메시아를 잉태하는 땅에 관심을 가지고 계셨던 것이다.

(2) 자연에 대한 보존언약

또한 하나님께서는 자연에 대한 보존언약을 하신다. "땅이 있을 동안에는 심음과 거둠과 추위와 더위와 여름과 겨울과 낮과 밤이 쉬지 아니하리라"(창 8:22). 이 말은 물론 앞의 내용과 직접 연결된다. 이 본문이 우리에게 가르치고 있는 의미는 자연에 대한 보존언약과 더불어 최종심판을 예고하고 있는 것이다.

현대의 학자들 가운데는 노아 언약을 환경보존과 관계있는 것으로 이해하려는 이들이 많이 있는 것이 사실이다. 그들은 인간이 자연을 이용하는 자로서의 권리가 아니라 자연을 보존 및 보호해야 할 의무자로 이해하려고 하는 특색이 있다.[26]

---

26) 유정칠,『창조세계의 보전과 회복을 위한 기독교 세계관』, 44-49.

그러므로 그들은 근대 이후 인간들이 자연을 지나치게 훼손하여 산업 발전을 추구하고자 한 것은 성경의 가르침에 위배되며 그에 대한 교훈은 이미 노아 언약에서 찾아볼 수 있다는 것이다. 그러나 우리는 그렇게 이해할 수 없다. 원래 지구의 모든 것은 인간을 위해 주어졌다. 하나님께서는, "인간들에게 복을 주시며 이르시되 생육하고 번성하여 땅에 충만하라, 땅을 정복하라, 바다의 고기와 공중의 새와 땅에 움직이는 모든 생물을 다스리라"(창 1:28)고 하셨다. 그렇지만 그것은 어디까지나 인간이 범죄하기 이전에 주신 복이다. 범죄하기 이전의 인간들은 하나님의 뜻에 맞게 모든 피조세계를 지배했겠지만 타락한 인간들이 가시와 엉겅퀴가 난 세상을 다스릴 때는 이미 원래 하나님의 취지를 떠나 있었던 것이다.

노아홍수 이후의 그에 대한 개념도 이와 다르지 않다. 하나님께서 자연을 보존하시려 하는 뜻은 하나님의 고유한 뜻에 의한 것이며 죄 가운데 살고 있는 인간들은 하나님의 거룩한 뜻 가운데 땅을 정복하거나 지배할 수 있는 능력을 상실한 상태였다. 그러므로 우리는 하나님의 자연보존의 원래적 의미가 하나님의 영광의 회복과 관련됨을 알아야만 하는 것이다.

7. 하나님께서 거하실 장막으로서의 셈의 혈통

(1) '셈의 하나님 여호와' – '여호와 셈의 하나님' (창 24:27)

'셈의 하나님 여호와'라는 언약적 표현을 우리가 눈여겨보아야 한다. 여기서 하나님께서는 모든 인간들의 하나님이 아니라 스스로 택하신 백성의 하나님이 되심을 보여주고 있다. 하나님께서는 죄로 말미암아 타락한 전체인간의 하나님이 되시기를 거부하신다. 그는 타락한 인간들 가운데서 자신의 영광을 회복하기 위해 특별히 지목하신 백성이 있음을 노아의 자손들 가운데서 다시금 확증하고 계신다. 이는 창세기 3:15의

'그 여자의 후손'이 셈을 통해 오시게 될 것을 보여주고 있는 것이다.[27] 이 언약은 아브라함에게서 나타나며 모세시대에 그대로 계승된다.

> "내가 이스라엘 자손 중에 거하여 그들의 하나님이 되리니 그들은 내가 그들의 하나님 여호와로서 그들 중에 거하려고 그들을 애굽 땅에서 인도하여 낸 줄을 알리라 나는 그들의 하나님 여호와니라"(출 29:45,46).

하나님은 이 세상 모든 인간들의 하나님이 아니다. 아담이 범죄함으로써 그 하나님의 백성 되기를 거부했으며, 모든 인간들은 그 첫번째 아담에 예속되어 있는 것이다. 그런 형편 가운데 있는 인간들에게 하나님께서는 다시금 자기 백성을 형성하여 가심으로써 은혜를 베푸셨다.

(2) 하나님의 언약의 복 – '셈의 장막에 거하실 하나님'/ '태의 형성'
하나님께서 셈의 하나님이 되시고 그의 장막에 거하시겠다고 언약하신 것은 자기 백성에게 베푸신 하나님의 언약의 복이다. 셈의 장막들 가운데 거하실 하나님을 미리 드러낸 노아의 언약적 교훈은 미래에 오시게 될 그리스도를 위한 태胎의 형성을 의미한다.

(25) ויאמר ארור כנען עבד עבדים יהיה לאחיו:
(26) ויאמר ברוך יהוה אלהי שם ויהי כנען עבד למו:
(27) יפת אלהים ליפת וישכן באהלי־ שם ויהי כנען עבד למו:

(25) 이에 가로되 가나안은 저주를 받아 그 형제의 종들의 종이 되기를 원하노라
(26) 또 가로되 셈의 하나님 여호와를 찬송하리로다 가나안은 셈의 종이 되고
(27) 하나님이 야벳을 창대케 하사 셈의 장막에 거하게 하시고 가나안은 그의 종이 되게 하시기를 원하노라

---

27) G.Ch.Aalders, 「Genesis, Volume1」, (Genesis 9:26), 209.

여기 나타난 노아의 전체 논술은 26절의 'ויאמר ברוך יהוה אלהי שם'(그리고 셈의 하나님 여호와를 찬송하리로다)와 27절의 'וישכן באהלי־ שם'(그리고 그가 셈의 장막에 거하리로다)는 말씀에 집약된다. 즉 노아의 이 언약적 논술 가운데 가장 중요한 부분은 26절의 '셈의 하나님 여호와를 찬송하리로다' 와 27절의 '하나님은 셈의 장막에 거하리라' 는 말씀인 것이다.

'셈의 하나님 여호와' 라는 문구는 셈의 장막에 거하게 되는 하나님에 직접 연결되는 의미이다. 그러므로 여기서는 27절 중 '하나님은 셈의 장막에 거하시리라' 는 문구를 살펴보고자 한다.

① 27절 שם יפת אלהים ליפת וישכן באהלי־ 의 대한 번역과 해석

"하나님이 야벳을 창대케 하시고, 그리고 하나님은 셈의 장막들에 거하게 될 것이다"〈私譯〉
"하나님이 야벳을 창대케 하시기를 원하며, 그리고 하나님은 셈의 장막들 에 거하소서"〈私譯〉

번역: "하나님이 야벳을 창대케 하사 셈의 장막에 거하게 하시고"(한글개역성경) "하나님이 야벳을 크게 일으키셔서, 셈의 장막에서 살게 하시고"(표준새번역)
"May God enlarge Japheth, And let him dwell in the tents of Shem"(NASB) "God shall enlarge Japheth, and he shall dwell in the tents of him"(KJV) "May God extend the territory of Japhet; may Japheth live in the tents of Shem"(NIV)

② 문장(He shall dwell)의 '주어' 가 무엇인가?

우리는 위 구절에서 문장의 주어가 무엇인가를 분명히 살펴야 한다. 야벳이 주어인가, 아니면 하나님이 주어인가? 다수의 학자들은 셈의 장막에 거할 자가 야벳이라고 생각한다.[28] 칼빈의 주석에는 원본이 정말

---

28) C.F.Keil and F.Delitzsch, 「Commentary on the Old Testament, vol.1, Genesis 9:27」(Grand Rapids: William B. Eerdmans Publishing Company, 1976); G.Ch.Aalders, 「Genesis, Volume1」, (Genesis 9:26), 210.

'야벳'을 주어로 말하고 있는지 아니면 '하나님'이 주어가 되어 '하나
님께서 셈의 장막에 거하시리라'고 되어 있는지는 분명치 않다고 말하
고 있다.[29] 그것은 히브리어의 특색이라고 볼 수도 있다. 그러나 문맥의
의미상 '하나님'이 주어가 되어야 한다.[30] 이렇게 해석될 경우 하나님
의 언약의 축복 대상에 대해 명확한 정리가 필요하다. 그렇게 된다면 이
구절에서 보여주는 것은 야벳의 축복과는 아무런 관계가 없다.

Walter Kaiser는 '셈의 장막에 거하게 될' 주어가 하나님이어야 하
는 이유를, ① 앞 절의 주어가 표현되지 않은 다음 절에 계속되리라는
가정 ② 앞 행의 간접 목적격을 주어(야벳)로 사용하는 것은 문맥상 확실
한 근거를 요구한다는 점 ③ 다음 몇 장의 문맥은 셈의 축복을 기념하는
처음 인물로 묘사하고 있음 ④ '셈의 장막에 거하게 하시고'(He shall
dwell in the tents of him) 라는 의미의 히브리어 절 שׁם באהלי וישׁכן'이 야
벳을 지칭하는 것은 불가능한 것인데 그 이유는 야벳은 이미 창대하게
축복을 받았기 때문이라고 한다.[31]

③ 야벳과 셈의 관계

이제 우리는 야벳과 셈의 관계를 관계적 측면에서 생각해 보아야 한
다. 야벳이 셈의 장막에 거한 적이 있는가? 또한 그럴 가능성은 있는가?
그것이 과연 지배와 통치, 그리고 그 가운데서 얻어지는 정치, 경제, 문
화적인 영향을 말하는가?

학자들 가운데는 '하나님이 야벳을 창대케 하사 셈의 장막에 거하게
하시고'에 대한 해석을 하면서, 그들(야벳의 후손)이 셈족의 영향을 받을

---

29) John Calvin, 「구약성경주석, 창세기」, '창세기9:27, 각주19', 서울: 성서교재간행사,
1986, 참조.

30) 이러한 주장에 동의하는 학자들로는 Philo, Onkel, Dache, Baumgarten, Maimonides,
Rashi, Aben Ezra, Theodoret 등이 있다(J.P.Lange, 「The Book Of Genesis 1」, Genesis 9:24-29;
Walter Kaiser, Jr, 「Toward an Old Testament Theology」(Grand Rapids: Zondervan Corporation,. 구
약성경신학, 최종진 역, 서울: 생명의 말씀사, 1982), 110-114.

31) Walter Kaiser, 「Toward an Old Testament Theology」, 113, 114.

것에 대한 예언이라고 하는 이들이 있다.[32] 초대교회 교부들은 거의 일 치하게 이 말을 영적인 의미에서 셈의 구원적인 축복에 야벳 족속들이 참여하게 되는 것을 나타내는 것으로 이해하고 있다.[33] 그리고 또 어떤 학자들은 야벳이 셈의 장막에 거한다는 것은 야벳의 자손들이 언젠가 셈 족속의 땅을 차지할 것이며 그 주민을 정복할 것이라는 사실을 언급 하는 것이라고 한다.[34] 그렇다면 우리는 지금도 셈의 자손이 땅과 관련 된 그런 류의 축복을 받고 있는가에 대해 생각해 보아야 한다. 어떤 이 들은 그렇다고 답변하려 할지도 모른다. 그러나 우리는 현재 셈의 후손 들이 그런 축복을 받으며 산다고 해도 과거 역사시대 가운데서는 어떠 했는가에 대한 면밀한 살핌이 있어야 한다. 성경은 각 시대에 따라 달리 해석되어서는 안 되기 때문이다.

도리어 학자들 가운데는 '야벳을 창대케 하사' 에 있어서 히브리어 יפת 와 어원적으로 관련된 פתה는 '부드러운 말로 꼬이다', '이런 저런 말로 구슬리다' 는 의미가 담겨있다고 한다. Calvin은 יפת의 의미를 '확대하 다' 라는 뜻으로 보고 이 번역을 지지한다. 그래서 '하나님이 야벳을 평 탄하게 다시 데려 오시리라' 또는 '그에게 관심을 기울이시리라' 는 말 이라고 해석한다.[35]

Geerhardus Vos는, 야벳의 후손이 셈의 후손의 영토를 실제로 정치 적인 정복을 하게 되고 그 물리적 정복이 야벳에게 종교적 축복의 결과 를 가져다 줄 것으로 해석한다. 그에 대한 일차적인 정치적 정복이 영적 의미와 함께 그리스와 로마인들이 셈의 영토를 정복함으로써 이루어졌 다고 주장한다.[36] Matthew Henry도 이와 유사한 설명을 하고 있다.

---

32) 강병도, 「성경연구시리즈, 창세기-출애굽기」, 서울: 기독지혜사, 1986.p.97)

33) C.F.Keil and F.Delitzsch, 「Commentary on the Old Testament, vol.1」, Genesis 9:27, 참조.

34) Ibid.

35) John Calvin, 「창세기」 9:27 주석, 참조.

36) Geerhardus Vos, 「Biblical Theology」, 75.

그는 이 구절을 설명하면서 "하나님은 야벳을 권고하사 그 같이 타이름을 받아 그가 셈의 장막에 거하게 되리라"고 해석하며, 복음상으로는 유대인과 이방인들이 서로 하나가 된다는 뜻이라는 것이다. 대다수 학자들은 ﬡﬠﬠ를 '확대하다'라는 의미로 해석하여 정치적 경제적 지배관계로 설명하고 있다. 그러나 문장 속에서 그런 해석이 가능하다 할지라도 문맥과 전체적 의미를 고려할 때 그런 해석은 옳지 않다.

④ '장막들'과 '거하심'의 의미

그렇다면 하나님께서 셈의 장막에 거하신다고 할 때 '거하심'의 의미는 무엇인가? 그 직접적인 의미는 '하나님이 우리 가운데 거하심'에서 찾아야 한다. 이는 구속사적 측면에서 우리와 함께 거하시게 될 '임마누엘'과 연결되는 개념이다.

하나님께서 셈의 장막들에 거하신다고 했을 때 장막들의 의미는 무엇인가? 우리말 성경에는 '장막'이 단수로 되어 있으나 원문에는 '장막들'이라는 복수로 되어 있다. 앞에서 이미 언급한 것처럼 대다수 성경의 번역과 학자들의 견해는 야벳이 여러 셈의 장막들에 살게 되리라는 말로 해석한다. 과연 그런 해석에 만족해야 하는가? 그렇지 않다.

본문이 말하는 바는 야벳의 자손들이 셈의 자손들의 평면적인 여러 장막들 안에 살게 되리라는 것을 의미하는 것이 아니라 하나님께서 역사 가운데 존재할 셈의 자손들의 여러 장막들에 거하시겠다는 의미이다. 그것은 구속사 가운데 존재하는 언약적 장막들이다. 하나님께서는 그후 아브라함의 장막에 거하셨으며 약속의 땅에 들어가는 이스라엘 민족과 그들 가운데 있는 성막(tabernacle)에 거하셨다. 그리고 다윗 왕국과 예루살렘 성전에서 거하셨으며 궁극적으로 사람의 몸을 입고 임마누엘 하나님으로 자기 백성 가운데 거하시게 된 것이다. 이는 곧 예수 그리스도의 사역과 오순절 성령의 오심으로 인해 세워진 교회가 하나님께서 거하시는 집으로의 기능을 감당하게 되는 것을 의미한다.

8. '셈의 장막' 과 '아브라함의 집' 그리고 '교회' 의 연관성

(1) [여자의 후손 - 셈의 장막 - 아브라함의 집 - 다윗 왕국 - 임마누엘 - 교회]

Matthew Henry는 그의 창세기 주석에서 비단 부분적이기는 하나 그에 대한 적절한 언급을 하고 있다. 창세기 9:24-27 주석에서 그는 "이것이 암시하고 있는 바는 셈의 후손을 통해서 교회가 세워지고 계속되리라는 것이었다. 그로부터 유대인들이 유래되었으며 이들은 대단히 오랫동안 이 세상에서 하나님께 신앙고백을 한 유일한 백성이었기 때문이다."[37)]

'셈의 장막' 은 여자의 후손에 대한 하나님의 언약과 새언약에 대한 언약으로 인한 예수 그리스도의 몸된 교회 사이에 존재하는 하나님의 거처로서의 개념이다. 이를 세분하자면, 여자의 후손이 오게 될 공간적 개념으로 셈의 장막이 언약으로 주어진 것이며 이 언약이 선택된 약속의 땅과 백성으로 집약되는 아브라함의 언약으로 더욱 구체화 된다.

모세 언약에서 하나님께서는 '모세 율법' 과 그 율법 안에 거하는 백성들 가운데 존재하는 장막을 거처로 삼으셨다. 다윗왕국 시대에는 아브라함 언약의 성취를 통해 세워진 예루살렘 성전을 그 거처로 삼으셨으나 이스라엘 백성들은 끊임없이 그 의미를 훼손하게 된다. 따라서 하나님께서는 그 성전을 이방인의 손에 넘기셨다가 다시 회복하시기를 되풀이하게 된다. 결국 약속된 메시아가 오셔서 성전과의 일체성을 선언하심으로써 하나님의 거처의 의미가 확증된 것이다.

아브라함의 언약은 다윗 언약에서 성전을 통해 완성되어 그 실체로서 그리스도께서 자기 백성을 구원함으로써 하나님께서는 자기 영광을 회복하신다. 그가 자신의 언약을 실현하시고자 친히 이 세상에 오시게 된

---

37) Matthew Henry, 「Genesis vol.1」, 9:26-27.

것이다. 그가 친히 모퉁이돌이 된 것은 하나님의 자녀들을 엮음으로써 하나님께서 거하시는 집을 형성하기 위한 것이다.

(2) 하나님의 집으로서의 교회

하나님께서 거하시는 집으로서의 교회는 노아 언약에서 이미 보여지고 있는 개념이다. 죄악된 세상 가운데 그의 거처가 형성될 것이 약속으로 보여지고 그것이 그리스도와 성령의 사역을 통해 구체화 되는 것이다.

복음서에 보면, 바리새인들이 예수께 나아와 하나님의 나라가 어디에 있느냐고 시험한다.[38] 그때 예수님께서는 하나님의 나라는 너희 가운데 있다고 답하신다. 이는 심령 천국을 말하는 것이 아니라 인자가 이미 너희 민족 가운데 사람의 몸을 입고 임마누엘로 와 있다고 답하시며 자신을 가리키신 것이다. 셈의 장막에서 언약으로 제시된 이스라엘 민족이 하나님의 거처가 되어 있음을 우리에게 보여주고 있는 것이다.

셈의 장막과 이스라엘 민족을 통해 세워지는 그리스도의 교회 사이에는 재창조적 개념의 통일성이 있다. 셈의 장막 가운데 거하신 하나님께서 예수 그리스도의 사역을 통해 세우신 교회는 오늘날 이방인들 가운데 택함을 입은 우리를 포함한다.[39] 이는 하나님의 관심이 택하신 백성들로 구성된 보편교회에 있음을 보여주고 있다. 물론 셈의 장막과 교회의 양자 사이의 통일성은 하나님의 거처로서의 공간적 개념이다. 하나님께서는 셈의 장막에 거하실 것을 스스로 언약하셨고 인간의 역사 가운데서 그렇게 하심으로 자신의 뜻을 이루어 가셨다. 하나님이 거하실

---

38) "바리새인들이 하나님의 나라가 어느 때에 임하나이까 묻거늘 예수께서 대답하여 가라사대 하나님의 나라는 볼 수 있게 임하는 것이 아니요 또 여기 있다 저기 있다고도 못하리니 하나님의 나라는 너희 안에 있느니라"(누가복음17:20, 21). 이 구절에서 '하나님의 나라는 볼 수 있게 임하는 것이 아니라'는 말씀은 '너희의 경험에 의해 확인할 수 있도록 오는 나라가 아니라'는 뜻이며, '너희 안에'라는 말씀은 '너희 가운데'(within: KJV, NIV; midst:NASB) 라는 뜻이다.

39) G.Ch.Aalders, 「Genesis, Volume1」,(Genesis9:27), 211.

거처로서의 셈의 장막은 아브라함의 시대에 와서 구체화 되었으며, 하나님께서는 자신이 거하실 언약의 땅과 그 땅에 살게 될 백성을 약속하심으로 노아의 언약을 구체화 하셨던 것이다.

교회는 하나님께서 자기 피로 값주고 사신 주님의 소유이다. 그리고 그 교회는 하나님께서 거하시는 처소이다. 우리가 하나님을 경배하는 기초는 그의 말씀과 그의 몸된 교회에 있다. 즉 교회는 예배할 때 하나님을 교회로 불러오는 것이 아니라 이미 교회 가운데 거하시는 하나님을 찬양하는 것이다.

9. 결론

노아 언약의 중심은 '셈의 장막' 과 '그 장막에 거하시게 될 하나님' 이다. 하나님께서 인간들을 물로 심판하신 후에 가장 관심을 기울였던 것은 스스로 거하시게 될 셈의 장막들이었다. 그 장막을 통해 창세기 3:15절에서 말하는 바 '그 여자의 후손' 이 와서 하나님의 영광을 훼손하여 모든 인간을 자기 휘하에 두고 있는 사탄을 심판하게 될 것이기 때문이다.

노아홍수와 그것을 통한 인간의 심판에 주어진 언약 가운데 이점을 조금이라도 간과하게 되면 주변의 작은 약속들이 더 크게 부각되게 된다. 그것은 하나님의 언약을 올바르게 이해하는 데 방해가 될 따름이다. 노아시대 타락한 인간들이 하나님을 떠났던 것은 하나님의 거처를 제거하는 것과 동일하다. 하나님의 아들들이 사람의 딸들과 통혼한 것은 하나님의 거처로서의 기능을 확립해 가야 할 언약의 백성들이 도리어 사람의 딸들의 세상을 자기 거처로 삼음으로써 하나님을 떠나 자기만족을 구가했던 것이다.

하나님께서는 노아와 그의 택하신 자녀 가운데 형성될 장막에 대해 미리 말씀을 통해 계시하셨다. 노아 언약을 홍수 이후의 인간의 번영을 약속한 것이라 이해하는 것은 잘못이다. 또한 노아 언약을 단순히 자연보존이나 환경보존 논리로 이해하는 것도 잘못이다. 그런 의미가 전혀 없는 것은 아니지만 어디까지나 종속적 개념임을 이해해야 한다. 그리고 백인과 흑인 등 제국주의적 개념으로 지배통치 논리를 주장하는 것도 잘못이다. 노아홍수를 통해 주어진 하나님의 언약은 하나님이 거하실 셈의 장막들과 그것을 통한 하나님의 영광의 회복에 초점이 맞추어져야 한다.

노아홍수로 인한 하나님의 언약에서 분명히 이해해야 할 점은 [그 여자의 후손 – 인자 – 임마누엘 – 교회의 주인]이 [아담시대의 언약 – 노아 언약 – 아브라함 언약 – 모세 언약 – 다윗 언약 – 새 언약]과 중첩되어 연결되고 있다는 것이다.

하나님께서 셈의 장막에 거하실 것을 언약으로 선포하신 것은 그리스도로 인해 설립될 교회와 연결된다. 우리시대에 하나님께서는 교회, 즉 택하신 자기 백성 가운데 거하신다. 하나님께서는 노아의 언약을 통해 교회의 설립을 미리 그림자로 예표하여 보여주신 것이다. 오늘날 우리가 이에 대해서 올바른 이해를 함으로써 교회는 하나님께서 완성하실 그 나라를 진실로 소망해야 할 것이다.

〈부록Ⅱ〉

에베소서에 나타난 교회론 고찰
- 4장 1절에서 16절을 중심으로 -

1. 서론

현대교회의 가장 심각한 문제는 교회론이 허물어지고 있다는 사실이다. 좀 더 심하게 말하면 교회가 무엇인지 모르고 살아가는 교인들이 태반이다. 주님께서는 마태복음 16:18에서 이 세상 가운데 자신에게 속한 '하나' 의 교회를 세우겠다고 말씀하셨다.[1] 이는 하나님께서 창세 전에 택하신 무리를 그리스도를 통해 불러 모으시겠다는 의미이다. 거기에는 하나님의 놀라운 계획이 들어있다.

그러나 우리시대 죄악에 익숙한 교인들은 종교적 욕망에 얽매여 주님의 교회를 자기 뜻대로 경영하려 하고 있다. 주님으로부터 구속받은 성

---

1) "And I say also unto thee, That thou art Peter, and upon this rock I will build my church; and the gates of hell shall not prevail against it"(Matt.16:18, KJV). 여기서 언급된 주님의 말씀에서 우리는 주님께 속한 '하나' 의 교회(my church)를 볼 수 있다. 즉 주님께서는 지상에 시대와 지역에 따라 여러 교회들을 세우겠다고 말씀하신 것이 아니라 단일한 하나의 교회를 세우겠다고 말씀하고 계신 것이다.

도들이라 할지라도 제각기 자기의 취향에 맞는 교회를 만들어 가고자 하는 유혹에 빠져 있는 것이다. 그것이 비단 제한된 속성을 가진 인간이기 때문에 불가피한 일이라 할지라도 그것이 합리화 될 수는 없다.

시대와 지역에 따라, 혹은 인간의 이성과 경험에 따라 분리되어 경영되는 각각의 형편을 옳다고 할 수는 없는 것이다. 그렇다면 우리는 어떻게 할 것인가? 다양한 형태로 존재하는 지상 교회들에 속해 있으면서 자신의 경험적 사고에 천착하는 것은 온당한 자세가 아니다. 도리어 성령의 조명에 의해 끊임없이 문제점을 확인하고 성경의 가르침에 충실하여 잘못을 교정하려는 자세가 있을 때 그나마 참된 교회에 접근하려는 본질을 회복하게 될 것이다.

우리시대의 교회를 과연 참된 교회라 할 수 있는가? 개혁주의, 보수주의를 자주 이야기하는 것으로 참된 교회가 될 수 있는 것이 아니다. 알맹이 없는 그러한 주장은 도리어 거짓을 조장할 따름이다. 우리의 고백은 참 교회와 거짓 교회를 구분하고 있다. 교회라는 형식적 이름을 가지는 것 자체로서 참된 교회가 되는 것은 아니다.

우리는 교회의 표지가 외형적인 것이 아니라 내면적이며 본질적인 것임을 안다. 겉으로 보아 평온하고 세상적 축복을 많이 받은 것처럼 보이며 큰소리로 찬송가를 부르면 참 교회이고 그렇지 않으면 거짓 교회인 것이 아니다. 교회의 표지는 기본적으로 그런 것과는 관계없이 '하나님의 말씀'이 참되게 선포되고 '올바른 성례'가 집행되며 신실한 '권징사역'이 이루어지는가 하는 점이 참 교회의 표지이다.[2)]

우리는 참 교회를 규정짓는 이 세 가지 조건이 서로 분리된 것이 아니라 하나로 연결되어 있음을 잘 이해해야 한다. 즉 셋 중 하나는 제대로 잘 이행하는데 나머지 둘은 잘못하고 있다는 말은 성립되지 않는다. 우리는 오늘날의 교회가 이에 얼마나 충실한가 주의 깊게 살펴보아야 한

---

2) The Belgic Confession, 29.

다. 만일 교회가 이에 온전히 부합한다면 참된 교회이지만 그렇지 않다면 교회라는 이름은 가졌으나 거짓 교회일 따름이다.

에베소서에는 교회에 대한 많은 교훈들이 담겨 있다. 필자는 본 논문에서 에베소서에 나타나는 교회의 원상과 이 세상에 존재하는 단일한 하나의 교회의 실체적 의미를 확인함으로써 우리시대의 형편과 참 교회에 대한 성경적 가르침을 살펴보고자 한다. 이에 대한 구체적인 접근을 위해 에베소서의 전체적인 내용을 염두에 두면서, 특히 4:1-16을 중심으로 연구에 임하고자 한다.

2. 에베소서에서 발견되는 교회의 원상

교회란 무엇인가? 그리고 교회의 원상은 어디에 기준을 두고 있는가? 우리는 에베소서에서 교회의 원상에 대한 개념을 크게 두 가지 관점에서 찾아 볼 수 있다. 그것은 교회가 '하나님의 선택'(엡 1:4)과 '하나님의 형상'(엡 4:24)에 기초하고 있다는 사실이다.

사도 바울은 에베소 교회에 보내는 편지의 서두에서 교회의 원상에 대해 분명히 밝히고 있다. 그것은 하나님께서 친히 세우신 교회는 창세 전의 선택과 예정에 근거(엡 1:4,5)한다는 사실이다. 교회는 인간들의 신앙심을 통해 세워나가는 종교단체가 아니다. 즉 인간들의 신앙작용이나 종교적 행동에 근거하여 교회가 세어지는 것이 아님을 말하고 있는 것이다.

"(3)찬송하리로다 하나님 곧 우리 주 예수 그리스도의 아버지께서 그리스도 안에서 하늘에 속한 모든 신령한 복으로 우리에게 복 주시되 (4)곧 창세 전에 그리스도 안에서 우리를 택하사 우리로 사랑 안에서 그 앞에 거룩하고 흠이 없게 하시려고 (5)그 기쁘신 뜻대로 우리를 예정하사 예수 그리스도로 말미암아 자기의 아들들이 되게 하셨으니 (6)이는 그의 사랑하시는 자 안에서 우리에게 거저 주시는 바 그의 은혜의 영광을

찬미하게 하려는 것이라(6)"(엡1:3-6)

에베소서 1장 3절에 기록된 '우리' 란 바울과 에베소 교회를 포함한 그와 연관된 지상의 모든 교회를 지칭한다. '우리' 즉 '교회'는 하나님 곧 예수 그리스도로 말미암는 하늘의 복을 소유한 자들이다. 그 복은 인 간들이 땅 위에서 창출해내는 것이 아니라 하나님께서 예비하신 하늘에 속한 신령한 복이다.

하나님께서는 아직 처음 사람 아담이 지어지기도 전인 창세 전에 자 기 백성을 그리스도 안에서 택하시고 자기 자녀들로 예정하셨는데 그것 이 성도들에게 주어진 복이라는 것이다. 그것은 창세 전에 이미 주님의 교회가 결정되어 인간 역사 가운데 내재적으로 존재하고 있었다는 의미 이다. 즉 지구상의 참된 교회의 원상은 창세 전에 이루어진 하나님의 선 택과 예정 안에 선재先在한 것으로 이해해야 한다.

에베소서 1장 6절은 하나님께서 자기 백성을 선택하신 것이 하나님의 영광 때문임을 밝히고 있다. 이는 하나님께서 창세 전에 택하신 하나님 의 백성의 무리 즉 교회가 하나님의 영광의 대상이 됨을 의미한다.[3] 그 것은 하나님과 자기 백성 사이의 신령한 관계를 의미하며, 인간들의 종 교적 노력이 아니라 하나님께서 그리스도 안에서 이루어 가신 경륜의 결과임을 말하고 있다.

그러므로 교회의 존재 의의는 원상의 의미와 함께 하나님의 영광(엡 1:6)과 본질적으로 연관된다. 하나님의 자녀가 하나님의 영광을 찬미하 는 것은 창조시 하나님께서 의도하신 그의 뜻에 온전히 순종함을 의미 하며 그것은 전적으로 주님으로 말미암는 것이다. 이에 대해서는 에베 소서 3장 마지막 부분에서 명확하게 설명되어 있다:

---

3) 대요리문답과 소요리문답 제1문에서는, "사람의 첫째 되는 목적은 하나님을 영화롭 게 함과 영원토록 하나님을 온전히 즐거워함이라"(롬11:36, 고전10:31, 시편73:24-28, 요 17:21-23)고 답하고 있다. 여기서 말하는 사람이란 하나님의 택한 백성을 의미한다고 보 아야 할 것이다.

"(20)우리 가운데서 역사하시는 능력대로 우리의 온갖 구하는 것이
나 생각하는 것에 더 넘치도록 능히 하실 이에게 (21) '교회 안에서' 와
'그리스도 예수 안에서' 영광이 대대로 영원 무궁하기를 원하노라 아
멘"(엡 3:20,21; Now unto him that is able to do exceeding
abundantly above all that we ask or think, according to the
power that worketh in us, Unto him be glory 'in the church'
'by Christ Jesus' throughout all ages, world without end.
Amen. Eph.3:20,21,KJV).

우리는 하나님의 영광을 찬미하는 것은 '교회 안에서' 와 '그리스도
예수 안에서' 이루어지는 일이라는 사실에 주목해야 한다. 이 구절의 올
바른 의미는 '그리스도 예수로 말미암은 교회 안에' (in the church by
Christ Jesus) 하나님의 영광이 존재함을 말한다. 하나님의 영광은 창세
전에 택하신 자기 백성 가운데 존재하며 그들을 구속하신 그리스도에
의해 확증되는 것이다. 이는 창세 전에 선택받은 자기 백성의 전체 무리
곧 교회가 예수 그리스도로 말미암아 하나님의 영광을 드러냄으로써 그
의미를 발생하게 됨을 말하고 있다.

우리가 특별히 관심을 가져야 할 부분은 그리스도로 인해 세워진 교
회 안에서 이루어지는 하나님의 영광과 찬미가 이미 창세 전에 결정되
어 전 역사와 공간을 통해 하나로 연결되어 있다는 사실이다. 킹 제임스
역의 "Unto him be glory in the church by Christ Jesus
throughout all ages, world without end"를 눈여겨 이해해야 할 것이
다. 그리고 이와 함께 교회의 원상에 대하여 중요하게 살펴보아야 할 본
문은 에베소서 4장 24절이다.

"(21)진리가 예수 안에 있는 것 같이 너희가 과연 그에게서 듣고 또한
그 안에서 가르침을 받았을 찐대 (22)너희는 유혹의 욕심을 따라 썩어
져 가는 구습을 좇는 옛 사람을 벗어버리고 (23)오직 심령으로 새롭게
되어 (24)하나님(의 형상)을 따라 의와 진리의 거룩함으로 지으심을 받

은 새 사람을 입으라"(엡 4:21-24).

여기서 우리가 살펴보아야 할 부분은 22절의 "구습을 좇는 옛 사람"
과, 24절의 "하나님의 형상"[4]이다. 한글 개역성경의 '하나님을 따라'는
'하나님의 형상을 따라'로 번역되는 것이 옳다. 하나님의 자녀들은 하
나님의 형상을 닮게 지음을 받은 자들이다. 그러나 그들 역시 아담의 범
죄로 인해 하나님의 형상의 실제적 능력을 제어당한 채 타락한 아담의
형상을 덧입게 되었다.

즉 하나님의 택함을 받은 백성들은 하나님의 형상이 완전히 상실된
것이 아니라 기능이 마비된 채 내재하고 있는 것이다. 이와 달리 하나님
의 자녀가 아닌 자들에게는 원래부터 하나님의 형상이 존재하지 않는
다.[5] 이는 처음부터 그들은 '완벽한 하나님의 형상인 예수 그리스도'(고

---

4) 에베소서 4:24에 대한 한글 개역성경에는 '하나님의 형상'이라는 번역이 명확하지 않
다: "하나님을 따라 의와 진리의 거룩함으로 지으심을 받은 새 사람을 입으라". 그러나
한글 공동번역, 표준새번역, NASB등에서는 명확하게 번역되어 있다. "하나님의 형상대
로 창조된 새 사람으로 갈아 입어야 한다. 새 사람은 올바르고 거룩한 진리의 생활을 하
는 사람이다"(공동번역). "하나님의 형상을 따라 참 의로움과 참 거룩함으로 지으심을
받은 새 사람을 입으라"(표준새번역). "put on the new self, which in [the likeness of] God has
been created in righteousness and holiness of the truth"(NASB).

5) Klass Schilder는 Heidelberg Catechism 주석서(Heidelbergsche Cathechismus. vol. I, Goes:
Oosterbaan & Cointre, 1947, pp.296,297)에서, 하나님께서 Adam을 창조하실 때 자기 형상대
로 지었다고 하실 뿐 타락 후에도 하나님의 형상이 사람 안에 그대로 보존되도록 허락시
는 것으로 말씀하지 않는다고 한다. 그는 타락한 인류는 더 이상 하나님의 형상을 지니
고 있지 않는 것으로 주장하는 것이다. 그리고 벌카우어도 그 주장에 동조한다
(G.C.Berkouwer, Man: The Image of God, Trans. by Dirk W.Jelema, Grand Rapids: Eerdmans,
1962); Antony A.Hoekema, Created in God's Image, 개혁주의 인간론, 류호준 역, 서울: CLC,
1990, pp.33,34). 한편, 칼빈은 타락후의 인간이 하나님의 형상을 지녔느냐에 대해 일관성
있는 견해를 보이지 못하고 있다. 그는 경우에 따라 상이한 주장을 한다. 칼빈은, 몇 몇 성
경주석에서 아담이 범죄하므로 인해 하나님의 형상을 완전히 상실했다고 주장하며 예
수 그리스도로 말미암아 구속된 자만 하나님의 형상을 회복하게 됨을 명확히 말하고 있
다 (J.Calvin, Commentary, Eph.4:24; II Cor.3:18. 참조). 그러나 그는 다른 곳에서는 하나님의
형상이 많이 손상된 상태이기는 하지만 모든 인간들에게 남아 있는 것으로 설명한다
(J.Calvin, Institutes, I.15.4; II.2.17; II.2.12; III.7.6. 참조). 후크마 같은 학자는 타락한 인간도
여전히 하나님의 형상을 소유한 존재라고 생각한다(Antony A.Hoekema, Created in God's
Image, p.33).

후 4:4; 골 1:15; 히 1:3)와 무관하기 때문이다. 여기서 우리가 생각해야 할 점은 하나님의 택함을 받은 자녀들은 거룩한 하나님의 형상위에 타락한 아담의 형상을 덧입고 있는 자들이라는 사실이다.

그러므로 본문 가운데서 '옛 사람을 벗는다' 는 표현은 덧입고 있는 타락한 아담의 형상을 벗어버리는 것을 의미한다. 이는 '하나님의 형상대로 창조된 새 사람'(공동번역)을 회복하여 입어야 함을 말하고 있는 것이다. 즉 창세 전 하나님의 택함받은 백성들이 아담의 타락 이후에도 내재적으로 지니고 있던 하나님의 형상이, 완벽한 하나님의 형상이신 예수 그리스도로 인해 원래의 하나님의 형상을 회복함[6]을 말하고 있는 것이다.

여기서 '하나님의 형상대로 창조된' 이라는 문구에서 말하는 '창조된' 시기는 창세기와 더불어 이해해야 한다. 그리고 그 형상은 하나님께서 처음 자기 형상대로 지으신 타락하기 전 아담이 가졌던 형상을 의미한다. 그러나 아담이 범죄함으로써 하나님의 형상을 지닌 인간들이 타락한 아담의 형상을 덧입게 된 것이다.

사도 바울은 교회에 속한 성도들에게 그 옛 사람 곧 범죄한 아담의 형상을 벗어버리라고 요구하고 있다. 이는 하나님의 자녀들은 완벽한 하나님의 형상인 예수 그리스도 안에서 원래의 하나님 형상을 회복해야 함을 말한다. 그러므로 교회는 범죄한 옛 사람, 곧 아담의 형상을 벗어버리고 하나님의 형상을 회복하여 새 형상을 입은 성도들의 모임인 것이다.

사도 바울은 교회에 관한 교훈을 주면서 하나님의 형상인 예수 그리스도를 통한, 하나님과 교회의 관계를 설명하고 있다. 이는 하나님의 형상을 회복한 자들의 모임인 교회와 천상에 계시는 하나님 사이에 존재

---

6) 칼빈은 하나님의 형상과 중생을 결부시키고 있다. 즉 성도의 중생을 아담으로 인해 상실된 하나님의 형상이 회복된 것으로 이해하는 것이다; J. Calvin, Commentary, Eph.4:24; II Cor.3:18.

하는 실체적 관계를 의미한다. 그 교회가 그리스도 안에서 하나님의 영광을 보존하며 드러내고 있는 것이다.

모든 교회는 모든 시대를 통괄(throughout all ages)하는 하나의 우주적 교회(the Church)[7]로서 동일한 본질적 기능을 가진다. 그러므로 우주적 교회로부터 분리된 독립적인 개 교회는 인정되지 않는다. 우리시대 유행하는 개교회주의란 심각한 문제이며 엄밀한 의미에서 개교회주의적 교회란 이미 참된 교회에서 떨어진 교회로서 진정한 주님의 교회라 할 수 없다.

우리는 교회가 본질적으로 하나님의 영광이 드러나는 예배공동체라는 사실을 깨달아 이해해야 한다. 창세 전에 하나님의 택함을 받은 성도들의 무리가 예수 그리스도를 통해 구속받음으로써 그 가운데 하나님의 영광이 존재하게 되는 것이다. 즉 교회는 하나님의 영광이 담겨진 보배로운 그릇과도 같다. 그 영광은 인간들의 종교적 행위와 노력에 근거하는 것이 아니라 예수 그리스도의 중보와 하나님의 자녀들의 존재에 근거하는 것이다.

이는 단순한 상징적 의미가 아니다. 그것은 매 주일 교회 가운데서 선포되는 하나님의 말씀과 예수 그리스도의 피와 살과 연관된 매우 구체적인 면에서 이해되어야 할 문제이다. 즉 성경과 성례를 기초로 한 교회의 삶이 하나님께 영광의 존재로 의미를 발산하게 되는 것이다.

---

7) 전통적으로는 하나님의 구원받은 성도들의 총합을 가리키는 우주적(universal) 교회를 보편(catholic) 교회와 동일시하고 있다(The Belgic Confession27. 참조). 그러므로 대다수 학자들은 우주적 교회와 카톨릭 교회를 당연히 동일한 개념으로 본다(G.Van.Rongen, The Church-Its unity in Confession and History-, Neerlandia: Inheritance Publications, 1998, p.33); 그러나 필자는 우주적 교회(Universal Church)와 보편 교회(Catholic Church)를 편의상 구분한다. 우주적 교회란 구약시대와 신약시대의 모든 주의 백성들의 총합인 하나의 교회로 이해하며, 보편교회란 동일 시대 온 세계에 흩어져 있는 모든 지상교회의 참된 성도들의 전체를 의미하는 것으로 보는 것이다.

3. 하나님의 교회의 형식과 실체 (엡 4:1-6)

(1) "하나의 단일한 교회"

이 세상에는 원리적으로 하나의 교회만 존재한다. 신랑이신 예수 그리스도의 신부로서 하나의 교회만 존재하는 것이다. 교회는 인간들이 조직한 단순한 종교 집단이 아니다. 교회는 서로 마음이 통하는 사람들의 친목을 도모하는 회합이 아니며 공동의 종교의식과 동일한 인간적 목적을 가진 사람들의 모임도 아니다. 교회는 주님께서 창세 전에 예비하시고 경륜에 따라 친히 세우신 공동체로서 성령께서 불러 하나 되게 하신 주님의 몸이다.

세상의 모든 교회가 '하나' 라는 인식은 초대교회에서부터 있어온 중요한 개념이다. 초대교회의 익나티우스는 교회가 하나임을 매우 중요시했으며 그는 최초로 '가톨릭' (Catholic)이라는 용어를 사용했다.[8] 이러한 교회의 하나됨은 교인들 사이에 상호 긍정적인 감정을 갖거나 종교적 조화를 추구함으로써 이루어 가는 것이 아니라 예수 그리스도께서 자신을 교회 가운데 보여주실 때 그에 온전히 순종함으로써 가능한 것이다.[9]

우리가 주의해야 할 점은 성령께서 하나 되게 하신 것(엡 4:3)을 인간

---

8) 익나티우스는 '가톨릭' 이라는 용어를 전세계적이라는 의미로 사용하지 않았으며 분파들의 부분적 편파주의에 반대해서 전체적이라는 의미로 사용했다고 주장하는 이들이 있다(J.L.Gonzalez, A History of Christian Thought, vol. I , 기독교 사상사(I), 이형기. 차종순 역, 서울: 한국 장로교 출판사, 1994, p.99. 참조); 한편, Athanasian Creed라 불려지는 기독교 초기 문서의 제1항과 제3항에는, [Whosoever will be saved, before all things it is necessary that he hold the catholic faith; And the catholic faith is this: That we worship one God in Trinity, and Trinity in Unity] 라고 기록되어 있다. 그 문서에서는 카톨릭 신앙을 한 분이신 삼위일체 하나님을 경배하는 것을 의미하는 것으로 말하고 있는데 이는 단일한 교회가 가져야 할 동일한 신앙과 그 표현을 의미하고 있는 것으로 보인다.

9) Justo L.Gonzalez, A History of Christian Thought, vol. I , 기독교 사상사(I), 이형기. 차종순 역, 서울: 한국 장로교 출판사, 1994, p.99.

들이 마음대로 분할하거나 나눌 권리가 없다는 사실이다. 우리시대에 교회의 하나됨을 이야기할 때 지(支, 肢)교회를 염두에 두는 경향이 있지만 그것은 부분적으로 옳은 생각일 수 있으나 전체적으로는 올바른 견해가 아니다.

교회의 하나됨을 말하면서 지교회나 교단 내부 혹은 정치적인 입장에 국한시켜서는 안 된다. 우리가 이해해야 할 바는 진리와 고백을 근간으로 하는 우주적인 의미이다. 사도 바울은 전체 우주적 교회가 하나의 교회임을 강조하고 있다. 그러므로 바울은 이와 같이 말한다.

> "(4)몸이 하나이요 성령이 하나이니 이와 같이 너희가 부르심의 한 소망 안에서 부르심을 입었느니라 (5)주도 하나이요 믿음도 하나이요 세례도 하나이요 (6)하나님도 하나이시니 곧 만유의 아버지시라 만유 위에 계시고 만유를 통일하시고 만유 가운데 계시도다"(엡 4:4-6)

우리는 또한 이 가운데서 '세례'에 관련된 의미를 관심 있게 살펴볼 필요가 있다. 이는 세례는 교회가 고백적으로 받아들여야 할 실제적 삶의 의미와 연관되는 말이기 때문이다. 세례는 하나님의 부르심에 대한 성도의 고백적 반응과 연결되어 교회와 세상과의 경계 즉 담을 확인하는 것이다. 원리적 측면에서 보아 세례는 하나님의 선택과 연관이 되며 성령의 사역과 직결된다.

그러므로 세례를 받아 교회 안에 들어온 성도들은 세상에 전혀 있지 아니한 하나님의 말씀과 거룩한 성찬을 나누게 된다. 따라서 지교회에서 이루어지는 세례는 개교회의 영적 판단이기도 하거니와 전체 우주적 교회의 신령한 사역임을 염두에 두어야 한다. 즉 세례는 지교회의 소관인 동시에 우주적 교회의 영적 간섭 아래서 이루어져야 한다. 이에 대한 분명한 의미를 소홀히 하거나 무시한 채 자의적인 세례를 베풀게 된다면 그것은 인간의 종교적 욕망에 의존하여 그리스도를 떠난 배도 행위

일 수밖에 없다.[10]

(2) "부르심을 입은 자들의 모임"

교회는 인간들의 인위적 공동체가 아니라 하나님의 부르심에 의해(마 15:13, 참조) 하나로 모여진 경륜적 공동체이다. 창세 전에 택하신 자기 백성을 불러 모으시는 주체는 오직 하나님이시다. 종교적인 인간이나 종교조직이 부름의 주체가 되는 것은 매우 경계해야 할 일이다.

우리시대에 '전도'라는 명분으로 부름의 주체가 마치 인간들이나 기독교 조직이 되는 듯이 이해되고 있는 사실은 하나님의 선택(엡 1:4)을 가볍게 생각하는 종교적인 포교행위에 지나지 않는다. 한국 장로교회 특히 보수주의 교회들은 칼빈주의와 웨스트민스터 신앙고백서를 고백하고 있지만 실제적인 측면에서 본다면 그들의 고백은 사변적이며 거짓주장이라 할 수밖에 없다.[11] 그들은 말로는 칼빈주의를 주장하지만 사실상 그 고백을 받아들이지 않고 있다.

예를 들어, 웨스트민스터 신앙고백서는 어느 누구도 성도의 수를 늘이거나 줄이거나 할 수 없이 확정적임을 명확히 밝히고 있지만[12] 한국

---

10) 이광호, 교회를 위한 신학적 관심들, 대구: 조에성경신학연구원, 2002, pp.159-162. 참조; 한국교회가 군에서 베푸는 집단적 진중세례는 하나님의 뜻을 무시한 배도한 모습의 한 단면이라 할 수 있다. 필자는 고려신학대학원과 고신대학교 신학과 교수회에 수차례 이에 대한 공개질의와 함께 신학적 답변을 요구한 바 있다.

11) 칼빈주의와 알미니안 주의의 차이를 구분해 보자. 칼빈주의 5대 교리가 ① 인간의 전적 타락과 전적 무능 ② 하나님의 무조건적인 선택 ③ 제한 속죄, 곧 특정적 구속 ④ 불가항력적인 소명, 또는 은혜 ⑤ 성도의 견인을 말하고 있는데 반해, 알미니안주의에서는 ① 인간은 부분 타락과 자유의지를 통한 자율구원 ② 하나님의 조건적 선택 ③ 모든 인류를 위한 그리스도의 십자가 속죄사역 ④ 성령의 은혜를 저항할 수 있는 인간의 자유의지 ⑤ 구원을 받았던 자의 구원상실 가능성 등을 주장한다. 현대 한국교회는 전반적으로 알미니안주의에 편승해 있으며, 정통 칼빈주의에 의하면 다수의 한국 보수교회들은 거짓 고백을 하고 있는 이단교회일 수 밖에 없다.

12) 웨스트민스터 신앙고백서 제3장 4항에는 "이 천사들과 사람들은 이와같이 예정되어 있기 때문에 특별히 그리고 변치 않게 계획되어 있는 것이며, 그래서 그들의 수효는 확실하고 확정적이므로 그것은 더하거나 뺄 수가 없다"고 기록하고 있다.

의 대다수 교회들은 종교적이며 자의적인 열정을 통해 끊임없이 교인들의 수를 늘리려고 노력하고 있다. 그들은 이 세상 사람들 가운데 하나라도 더 구원받게 하는 것이 교회의 도리인 것처럼 생각하고 있다. 즉 교회의 노력 여하에 따라 성도들의 수를 늘게 할 수도 있고 줄게 할 수도 있는 것으로 믿는 것이다. 그러나 그것은 웨스트민스터 신앙고백을 받아들이는 교회에 속한 성도들의 신학적 자세가 아님이 분명하다.

사도 바울은 "너희가 부르심을 입은 부름에 합당하게 행하라"(엡 4:1)고 권면한다. 하나님의 자녀가 된 자들은 성령께서 부르신 소명의 의미 가운데 존재하는 자들이다. 하나님께서 자기 자녀를 부르신 데는 창세전 선택에 근거한 고유한 의도가 있다. 교회가 하나님의 부르심과 무관하게 자기 판단이나 경험에 따라 행동하는 것은 불법을 행하는 것이다. 이는 성도들에게 있어서는 부르심에 합당한 삶을 사는 것이 신앙의 도리이며 그렇지 못할 경우 권징사역을 통해 상호 권면해야 하는 의미까지 내포하고 있다.

그러므로 바울은 "주 안에서 갇힌 내가 너희를 권하노니 너희가 부르심을 입은 부름에 합당하게 행하여 모든 겸손과 온유로 하고 오래 참음으로 사랑 가운데서 서로 용납하고 평안의 매는 줄로 성령의 하나 되게 하신 것을 힘써 지키라"(엡 4:1-3)며 요구하고 있다. 이 구절에서 말씀하는 '모든 겸손과 온유로 하고 오래 참음으로 사랑 가운데서 서로 용납' 해야 하는 것은 단순한 인간관계에 관한 것이 아니라 교회의 교회됨을 위해 그렇게 하라는 의미이다. 그것을 바탕으로 하여 '평안의 매는 줄로 성령의 하나 되게 하신 것을 힘써 지키라' 고 요구하고 있는 것이다.

여기서 '권면' 과 '용납' '지킴' 에 관련된 요구는 권징사역으로서 교회가 주님 오실 때까지 지속적으로 지켜나가야 할 내용이다. 그것은 성도의 윤리적 삶에 대한 요구가 아니라 교회를 통한 하나님의 영광과 진리를 세움을 위한 것이다.

(3) 천상에 연결된 교회 (엡 4:7-10)

지상의 모든 참된 교회는 천상에 굳건히 연결된 교회들이다. 천상의 나라에 연결되지 않은 교회는 거짓 교회이다. 외견상 아무리 훌륭해 보이고 사랑이 많아 보이며 가난한 이웃을 돕는다 할지라도 거짓 교회이다. 나아가 아무리 열심히 기도하고 찬송할지라도 천상과 분리되거나 떨어져 있다면 참된 교회일 수 없다.

그렇지만 다소 부족해 보이고 변변치 못해 보일지라도 하늘나라에 온전히 연결되어 있다면 그 교회는 참된 교회이다. 아름다운 목청으로 찬송가를 부르지 못하고 가난하여 이웃을 돕지 못하며 때로 갈등이 존재하여 사랑이 다소 부족한 듯 보여도 천상에 연결되어 있다면 그 교회는 참된 교회이다.

사도 바울은 에베소서 4장 7절에서 "(하나님께서) 우리 각 사람에게 그리스도의 선물의 분량대로 은혜를 주셨나니"라고 말하고 있다. 이는 천상으로부터 허락된 은혜로서 은사 및 직분과 연관되는 말씀이다. 그러므로 교회는 개별 성도들과 연결되어 있지만 본질적으로는 하나님께서 허락하신 은사 곧 직분을 통해 천상에 연결되어 있어야 한다. 즉 교회를 연결하는 끈은 개인의 능력이나 역할이 아니라 하나님께서 교회를 통해 허락하신 다양한 직분인 것이다.

직분은 하나님께서 주님의 나라를 위해 허락하신 신령한 은사이다. 그러므로 주님의 교회 안에서는 어느 누구도 자기 취향에 따라 직분을 주고받거나 행사할 수 없다. 우리시대의 교회가 타락하게 된 원인 가운데 하나는, 하나님으로부터 허락된 은사와 직분을 통해 교회가 세워져 가고 있는 것이 아니라, 이성과 경험을 배경으로 한 개인의 역량과 성향이 직분을 도구로 사용하기 때문이다. 그것은 매우 사악한 일이다.

그렇지만 하나님의 교회에 속한 성도라 할지라도 아담의 속성을 버리지 못하고 있는 모든 교인들은 그럴 수 있는 소양을 가지고 있는 것이 사실이다. 그러므로 우리는 항상 자신을 살펴 그런 악한 자리에 오래 머물지 않도록 하나님을 경외하는 자세를 견지하며 참된 기도 가운데 존재해야 한다.

(4) 지상의 교회를 위한 직분적 질서 [13] (엡 4:11-12)

교회의 직분은 역사적 교회를 상속하기 위한 것이다. 그러므로 모든 참된 교회들은 앞선 시대의 참된 교회를 상속받아 미래의 성도들에게 상속해 가고 있는 과정에 놓여 있어야 한다. 하나님께서는 지상 교회가 세상을 이겨나가는 방편으로 신령한 직분을 허락하셨다. 그 직분은 인간들의 합의에 의해 만들어진 것이 아니라 하나님께서 교회적 은사로 허락하신 것이다.

교회는 개인에 의해 다스려지거나 경영되는 단체가 아니다. 나아가 특별히 유능한 몇몇 지도자들에게 의존하지도 않는다. 교회는 하나님의 말씀과 주의 백성들 가운데 세워진 직분을 통해 상속되며 세워져 간다. 참된 교회는 다양한 직분적 기능이 잘 이행될 수 있어야 한다. 그러므로 주님께서 허락하신 직분이 없이는 교회가 온전히 세워져갈 수가 없다.[14] 주님께서는 직분자들에게 종교적 통치권을 허락하신 것이 아니라 허락하신 봉사적 기능을 통해 이땅의 교회를 유지하며 세워가신다.

신약성경에 나타나는 사도교회 시대의 직분은 고유한 특성을 가진다. 에베소서 4:11("그가 혹은 사도로 혹은 선지자로 혹은 복음 전하는 자로 혹은 목사와 교사로 주셨으니")과 고린도전서 12,14장에 나타나는 직분은 일차적으로 사도시대 교회에 요구되는 것이다. 그 의미는 사도시대 직분들이 이후 교회시대의 직분의 밑바탕이 된다는 의미이다.

하지만 초대교회에 들어서는 일정기간 동안 직분들이 명확히 정착

---

13) 이광호, "교회 직분에 대한 바른 이해가 교회개혁의 필수조건", 뉴스앤조이(최재호 기자), 2004년 7월 13일자, 참조.

14) J. Van Bruggen, The Church Says Amen -An Exposition of the Belgic Confession-, Neerlandia: Inheritance Publications, 2003, p.173.

되지 못했다. 초기 기독교문서인 Didache에는 그와 관련된 기록들이 나타난다. 초대교회 초기, 즉 속사도시대에는 선지자 직분이 있었으나 서서히 없어졌다.[15] 이는 속사도시대와 사도적 교부들이 존재하던 시대의 특성이라 할 수 있을 것이다. 그러나 2세기 중엽을 넘어서면서부터 목사, 장로, 집사의 교회 세 가지 직분적 질서가 나타난다.[16] 이는 사도교회로부터 그리 멀지 않은 시대에 교회적 직분이 정착되어 가고 있었음을 말해주고 있다.

우리는 이러한 직분이 인간들의 종교적 합의에 의해 형성된 것이 아님을 명확히 알고 있다. 이 직분들은 전적으로 하나님으로부터 말미암은 것이다. 즉 그 직분의 정착은 단순한 역사적 산물이 아니라 구속사 가운데 존재하는 주님의 교회를 보호하시는 성령의 도우심에 의한 것으로 이해한다. 그러므로 하나님께서 허락하신 특별한 직분들은, 천상에 계신 그리스도께서 자신의 몸 즉 그의 몸된 교회를 인도하고 다스리기 위한 특별한 도구인 것이다.[17]

(5) 그리스도의 몸으로서 성장 (엡 4:13-16)

① "장성한 자의 모습"(13-14)

그리스도의 몸으로서 교회는 장성한 자의 모습으로 자라가야 한다. 이는 신학에서 말하는 역동성 있는 성화와 연관되는 개념이다. 그러나 여기서 말하는 성화란 신앙생활의 연륜에 따라 점점 역량을 갖춘 종교인의 모습으로 변모해 간다는 의미가 아니다. 그리고 점차적으로 더 열성적인 종교인이나 도덕적인 인물이 되어 간다는 말도 아니다. 또한 교

---

15) Justo L.Gonzalez, A History of Christian Thought, vol. I , 기독교 사상사(I), p.91.

16) F.F.Bruce, 초대교회역사, 서울:CLC, 1986, pp.256,257.

17) Clarence Bouwman, Spiritual Order for the Church-The Biblical Basis for Reformed Church Polity, Winnipeg: Premier Publishing, 2000, p.24.

회적으로 보아 교인들의 수가 늘어나거나 재정이 풍족해져 가는 것을 말하지도 않는다.

교회가 그리스도의 몸으로서 장성한 자로 성장해 간다는 의미는 죄악으로 가득찬 세속에 대응하는 성숙한 자로 자라가야 할 존재임을 말하고 있는 것이다. 이는 교회가 세속적 가치에 대한 판단능력과 방어능력을 가져야 하는 것을 의미한다. 세상은 본질적으로 악하다. 사탄의 유혹에 의해 하나님을 배신한 인간 세상은 그 자체로서 악한 존재이다.

그러나 어린 신앙인의 눈으로 보게 되면 세상에도 선한 것이 많이 있다. 하나님의 편에서 보는 것이 아니라 죄악 가운데 태어나 죄에 익숙한 인간의 이성과 경험의 눈으로 보기 때문이다. 그러므로 어린아이와 같이 객관성 없는 미숙한 신앙을 가진 사람들은 세상에도 선한 것이 많이 있다고 생각한다. 그러나 실상은 좋게 보이는 그러한 것들이 도리어 성도들을 미혹하는 위험한 요소가 될 수 있으므로 정신차려 견제해야 할 대상이다.

또한 예수 그리스도의 몸으로서 장성한 분량에 이르기까지 자라간다면 죄악 세상과 분리된 모습이 뚜렷하게 드러나게 된다. 장성한 교회는 세상과 분명히 구분되는 모습을 지닌 교회이다. 교회는 세례와 성찬을 통해 세상과 다른 몸을 가지고 있음을 끊임없이 고백하며 선포하고 있다. 또한 말씀을 통해 그 사실을 교회 가운데 지속적으로 선포하며 확증짓고 있는 것이다.

현대 한국교회들 가운데는 덩치만 큰 미숙아들이 많다. 물론 그 가운데는 단순히 미숙할 뿐 아니라 심각한 질병에 걸린 교회들도 많이 있다. 나아가 이름만 교회일 뿐 실상은 거짓 교회들도 많이 있다. 교회의 외형이 화려하고 세속적으로 성공한 교인들이 많이 있다고 해도 세상과의 분리에 대한 이해가 없다면 그런 교회는 미숙아에 지나지 않는다. 교회의 재정이 풍부해 그럴듯한 종교활동을 하고 소위 선교와 구제를 많이 한다고 할지라도 외관상 좋게 보일 따름이며 실상은 매우 위험한 종교

활동을 하고 있을 뿐이다.

　우리시대가 봉착하고 있는 문제는 그 미숙아들이 스스로 성장한 것으로 착각하고 있는 데 있다. 그들 중에는 미숙할 뿐 아니라 병들어 자기 몸도 제대로 추스르지 못하는 상태에서 선교와 구제에 힘을 쏟으며 종교적 행동을 하고 있는 경우들마저 많이 있다. 그들은, 그런 활동을 통해 종교적 만족과 즐거움을 누리는 동안 자신의 몸이 성장을 멈추어 점차 병들어 죽어가게 된다는 사실을 모르고 있는 것이다.

　② 머리인 그리스도와 몸인 교회 (15)
　교회의 머리는 그리스도이며 성도들은 그에 붙은 지체이다. 이는 교회가 천상에 연결되어 있음을 보여주는 의미이자 지상의 모든 교회들은 예외 없이 그 머리에 달려 있음을 말해 주고 있는 것이다. 머리에서 분리된 몸이나 지체란 있을 수 없다. 머리의 지시를 거부하는 몸과 지체란 존재할 수 없는 것이다. 만일 머리로부터 분리된 몸이라면 그것은 죽은 몸이며, 머리의 온전한 통치를 거부하는 몸이라면 그것은 정상적인 몸이 아니다.

　우리시대의 사악한 기독교 지도자들은 자신이 마치 교회의 머리인 양 행세하고 있다.[18] 교회의 머리이신 그리스도를 대신해 자신이 머리인 양 행세하는 지도자들이 참 머리이신 그리스도의 의사나 지시를 거부하게 되는 것은 필연적이다. 그들은 머리의 의사와 관계없는 자신의 판단을 내세워 마치 머리가 그렇게 지시한 것처럼 성도들을 기만하거나 호도하게 되는 것이다. 그것은 하나님의 뜻을 거스리는 명백한 불법이다. 예수께서는 이에 대해 명확하게 말씀하셨다:

　　"(21)나더러 주여 주여 하는 자마다 천국에 다 들어갈 것이 아니요 다만 하늘에 계신 내 아버지의 뜻대로 행하는 자라야 들어가리라. (22)그

---

18) 이는 칼빈이 말하는 타락한 교황주의와 같다; J. calvin, Commentary, Eph.4:15. 참조.

날에 많은 사람이 나더러 이르되 주여 주여 우리가 주의 이름으로 선지자 노릇하며 주의 이름으로 귀신을 쫓아 내며 주의 이름으로 많은 권능을 행치 아니하였나이까 하리니, (23)그때에 내가 저희에게 밝히 말하되 내가 너희를 도무지 알지 못하니 불법을 행하는 자들아 내게서 떠나가라 하리라"(마 7:21-23)

이 구절에서 말하는 선지자 노릇하고 귀신을 쫓아내며 많은 권능을 행한 자들은 불법을 행한 자들이다. 그들은 교회의 머리이신 그리스도의 이름으로 선지자 노릇하며 많은 종교적 활동을 했지만 그들은 머리의 의사와 지시에 아무런 관계없이 자기 판단대로 종교적 활동을 했던 자들이었던 것이다. 그들은 그리스도의 이름을 핑계대어 사탄의 능력을 행사하며 사람들을 미혹하기를 게을리하지 않던 자들이다.

문제는 참 머리이신 그리스도의 뜻을 잘 분별할 수 있는 능력을 갖추지 못한 어리고 순박한 교인들이 그 거짓 지도자들에게 속고 있다는 사실이다. 거짓 선지자들이 그리스도의 이름을 빗대어 자기 주장을 하는데도 어리석은 자들은 그들을 따라다니며 그것이 마치 주님을 위하는 것인 양 믿으며 미련하고 값없는 충성을 다하게 되는 것이다.

참된 교회는 그리스도의 이름을 팔아 자기를 살찌우는 거짓 지도자들을 끊임없이 그리스도와 그의 몸된 교회에 고발해야 할 의무가 있다. 우리는 하나님의 말씀을 팔아 자기를 살찌우는 자들을 경계함으로써 연약한 형제들을 도울 수 있어야 한다. 사도교회 시대부터 말씀을 팔아먹는 삯군들이 많이 있었음을 우리는 기억해야 한다.

"우리는, 저 많은 사람들처럼 하나님의 말씀을 팔아서 먹고 살아가는 장사꾼이 아닙니다. 우리는, 하나님께서 보내신 일꾼답게, 진실한 마음으로 일하는 사람들입니다. 우리는 하나님이 보시는 앞에서, 그리스도 안에서 말하는 것입니다"(고후 2:17, 표준새번역)

③ 지체로서 연결된 교회 (16)

주님께서 피로 값주고 사신 참된 교회라면, 지상의 모든 교회들은 하나로 연결되어 있다. 이는 지(支, 肢)교회 내부에서 뿐 아니라 전체 보편교회와 우주적인 교회에서도 공히 적용되는 의미이다. 그런 의미에서 본다면 모든 참된 교회들은 하나로 엮어져 있으며 어떤 경우에도 완전히 독립적이지 않다.

이는 조직적 연결을 의미하는 것이 아니라 머리에 의해 상호 교감되는 유기적 연결을 말한다. 사람의 몸의 한 부위가 병들거나 아프면 전체가 동시에 그 고통을 느끼는 것과 같다. 우리는 가정에서 그 원리를 어느 정도 선명하게 이해할 수 있다. 가족 중 한 사람이 고통에 빠지게 되면 나머지 가족 역시 그와 동일한 혹은 그보다 더한 고통을 겪게 되는 것이 일반적이다.

그리스도를 머리로 하는 유기적 공동체인 교회에는 그 의미가 본질상 더 민감하게 나타난다. 교회에 속한 한 성도가 문제를 당하게 되면 온 교회가 그와 동일한 반응을 하는 것이 마땅하다. 만일 현실교회에서 그런 반응이 일어나지 않으면 지체로서 연결된 유기적 교회 공동체라 할 수 없으며 이는 죽은 교회나 다름이 없다.

교회는 원칙적으로 개교회적일 수 없다. 그러므로 어느 교회는 더 많은 복을 받고 또 다른 어느 교회는 복을 덜 받은 교회일 수 없는 것이다. 만일 우리시대 어떤 교회가 그런 식의 주장을 한다면 주님의 몸에서 떨어져 분리된 거짓 교회임을 스스로 밝히는 것 이상 아니다. 물론 아직 어린 자태를 벗지 못한 경우를 생각할 여지가 없는 것은 아니지만 그것은 원리상 분명하다.

그러므로 교회와 그에 속한 성도들 간에는 누가 잘나고 못났다고 하는 세상적 차별 개념이 없다. 오로지 주님의 백성으로서 그의 말씀과 은혜에 온전히 참여하며 이 세상을 살아갈 따름이다. 모든 지교회들이 머리인 그리스도께 온전히 붙어 있는 지체들이라면, 어떤 교회도 다른 참된 교회들과 차별화를 시도해서는 안 된다. 이는 특히 목회자들을 비롯한 교회의 지도자들이 염두에 새겨두어야 할 내용이다.

이미 그리스도의 몸에 붙어 있는 교회라면 어지러운 세파 가운데서 그 몸에 온전히 붙어 있는 삶을 유지하기 위해 몸부림치며 애쓰는 성도들이 되어야 한다. 그러나 다른 교회들과 차별화를 시도함으로써 특별한 모습을 보이려 한다면 그것은 머리이신 그리스도의 몸에서 떨어져 나가려는 위험한 시도와 다르지 않다는 점을 깊이 새겨야 할 것이다.

4. 결론

우리가 에베소서를 통해서 볼 수 있는 것은 교회의 실체가 창세 전에 이미 결정되었다는 사실이다. 하나님께서는 창세 전에 이미 자기형상에 따라 짓기로 작정하신 택한 자기 백성을 예정하고 계셨다. 아담의 범죄로 인해 죄에 빠진 자녀들을 경륜 가운데서 주님의 교회로 모으시는 것은 하나님의 사랑과 은혜에 기초한다.

아담이 범죄하여 멸망에 빠졌을 때 하나님께서는 완벽한 자기 형상인 예수 그리스도를 통해 자기 형상을 지닌 '자기 백성'(마 1:21)을 불러 교회로 삼으신 것이다. 그러므로 교회는 처음부터 인위적 종교단체가 아니다. 따라서 누구든지 교회 가운데서 인본주의적 종교활동을 장려하는 것은 하나님을 욕되게 하는 행위일 따름이다.

교회는 그리스도의 신부로서, 창세 전부터 작정된 하나님의 영광을 회복하는 기쁨의 대상이다. 사탄이 아담을 통해 파괴한 하나님의 영광을 이제 예수 그리스도께서 그의 몸된 교회를 통해 그 영광을 회복하신 것이다. 참된 교회는 인간들의 종교적 목적을 위해 존재하는 회합체가 아니라 하나님의 영광을 위해 존재하는 예수 그리스도께 속한 공동체이다. 그러므로 교회에 속한 성도들은 지상의 자기 욕망을 위해서가 아니라 하나님의 말씀에 온전히 순종함으로써 창조와 구속의 의미를 확인해

가야 한다.

지상의 모든 교회는 주님께서 직접 창설하신 단일한 하나의 우주적 교회에 속해 있다. 그것은 시대와 역사를 초월하는 주님의 교회에 적용 되는 말이다. 그러므로 우주적 교회는 천상에 계시는 예수 그리스도의 신부로서 전적으로 주님의 몸을 이루고 있다. 모든 지교회는 보편교회 와 우주적 교회에 속해 있어야 하며 천상의 보좌와 직접 연결되어 있어 야 한다. 그렇지 않은 교회는 세상의 긍정적인 평가와 칭찬에 관계없이 참된 교회라 할 수 없다.

시대를 초월하여 천상에 연결된 주님의 몸된 교회 가운데서 특별한 권리를 가질 수 있는 사람은 아무도 없다. 목사든 장로든 혹 전체 교회 회원들의 집합이든 마찬가지다. 모든 성도는 하나님께서 허락하신 은사 와 직분에 따라 주님의 몸된 교회를 그의 뜻에 따라 온전히 세워가는 일 에 겸손한 마음으로 참여할 수 있을 따름이다. 그러므로 참된 교회에서 는 오로지 예수 그리스도만 흥하여야 하고 다른 모든 이들은 쇠하여야 하는 것이다.[19]

우리시대의 가장 심각한 문제는 성경이 가르치는 교회에 대한 이해가 절대로 부족하다는 점이다. 그런 자들은 자기의 경험에 의해 종교적 회 합을 만들어 가기 위해 모든 종교적 열정을 쏟는다. 교회는 인간의 경험 이나 열정에 의존하지 않는다. 모든 성도들은 머리이신 예수 그리스도 께 온전히 붙어 있어 그의 뜻에 따라 하나님께 영원한 영광을 돌리며 순 종해야 한다. 그렇지 않으면 주님의 몸된 교회를 자기의 종교적 욕망을 위한 도구로 만드는 오만한 자리에 빠지게 된다.

교회는 시대와 장소를 초월하여 그리스도의 머리에 붙은 지체이므로 성숙한 성도들은 하나님께서 허락하신 직분의 소중함을 깨닫는 가운데 지상의 교회들에 대한 성경적 상호 비판(criticism)을 할 수 있어야 한다.

---

19) J. Calvin, Commentary, Eph.4:15; "그는 흥하여야 하겠고 나는 쇠하여야 하리라"(요3:30) 고 한 세례요한의 그리스도에 대한 고백이 그 기초가 된다.

그것은 단순한 비난이 아니라 교회를 온전히 세워 나가기 위한 은혜의 방편이 되기 때문이다. 그러므로 우리는 과거 역사 가운데 존재했던 지나간 교회들을 거울삼아 성경말씀에 기초한 건전한 비판을 함으로써 우리시대의 교회를 건강하게 지켜나가야 한다. 배도한 시대에, 하나님의 뜻을 깨달아 주님께 순종하는 성도들이 우리 가운데 많아지기를 바란다.

〈부록 Ⅲ〉

직분에 관한 개혁주의적 이해
- 한국교회 직분의 정체성과 관련하여 -

Ⅰ. 서론

직분은 교회를 지탱하는 뼈대와 같다. 직분이 없으면 아무리 순수한 성도들이라 할지라도 제각기 자기 마음에 따라 행하려고 하는 인간의 본성으로 인해 온전히 교회를 세워나갈 수 없게 된다. 그래서 주님께서는 교회를 온전히 세우기 위한 방편으로 직분을 은사로 허락하셨다. 우리시대 교회가 세속화 되고 허물어져 가는 저변에는 직분에 대한 올바른 이해와 적용이 없기 때문이다. 즉 직분이 허물어지고 직분자들이 교회로부터 부여받은 직분을 잘못 수행하고 있는 것이다.

작금에 이르러 제기되고 있는 불건전한 평신도운동은 자칫 직분제도 자체를 인정하지 않거나 무시하는 경향으로 나아가기 쉽다. 칼빈은 교회의 직분제도와 교회정치를 폐지시키려 하거나 불필요한 것이라 무시하는 사람이 있다면 교회를 파멸시키고 파괴하려는 위험한 자라고 말한다.[1] 그러므로 우리는 참된 교회의 회복을 위해 직분에 대한 올바른 이해를 함으로써 직분을 기초한 온전한 교회를 세워나가야 한다.

---

1) J. Calvin, Inst. Ⅳ.3.2.

현대 한국교회가 성경이 언급하는 직분 이외에 다양한 부수적 직분개념, 직책, 직임 등을 도입[2]하고 있는 것은 교회가 목적지향적 단체[3]로 나아가고 있음을 보여주는 것이다. 물론 그런 다양한 직제들을 둠으로써 외형상 활발한 교회가 되기를 바라겠지만 역설적으로 말하면 직분만으로는 무언가 부족하다는 잘못된 인식이 그 배경에 깔려있는 것이다. 그것은 매우 위험한 인본주의적 발상일 수 있음을 기억해야 할 필요가 있다.

필자는 이 글을 통해 교회의 교회됨을 위해 직분에 관한 개혁주의적 견해를 살펴보고자 한다. 그것을 위해 현대교회가 직분에 대해 잘못 알고 그릇 적용하고 있는 부분들을 반성적으로 되새기면서 직분에 관한 구체적인 내용들을 살펴보고자 한다. 그 내용들을 기초로 하여 직분이 어떻게 이해되고 적용되어야 하는지 검증해 보기를 바란다. 이러한 연구를 통해 어지러운 세태 가운데 존재하는 한국교회가 주님의 뜻에 합당하게 세워져 가는 데 우리 모두가 힘을 모으기를 바라는 마음 간절하다.

II. 교회와 직분

1. 직분의 의의

교회의 직분제도는 역사 가운데 존재하는 주님의 몸된 교회를 상속하

---

2) 직분, 부수적 직분, 직책, 직임 등의 사전적 용어를 구분하는 것은 쉽지 않다. 그러나 필자는 이 글의 목적을 위해 임의적으로 구분해 본다. 여기서 말하는 '직분'이란 성경이 명시하고 있는 목사, 교사, 장로, 집사를 의미하며 '부수적 직분'이란 성경이 언급하고 있지 않은 편의적 직분인 임시직분 즉, 강도사, 전도사, 권사, 서리집사 등을 의미한다. '직책'이란 직분 이외에 다수의 의사에 의해 선출된 직책인 남녀 전도회장, 청년회 총무, 학생회 서기 등을 말한다. 그리고 '직임'이란 교회의 특정기관에서 임명하는 직임으로서 주일학교 교사, 찬양대 지휘자 등을 의미한다.

3) 이광호, "교회와 목적지향주의", 조에성경신학연구원, 2002, 교회를 위한 신학적 관심들, 229-231. 참조.

여 유지보존하기 위해 허락하신 주님의 은사이다. 주님의 은사라 함은 그것이 인간들의 지략에 의한 것이 아님을 말한다. 즉 직분은 교회를 잘 지탱하기 위한 수단으로서 인간들의 합의에 의해 제정된 제도가 아니라 지상교회에 주신 하나님의 특별한 선물인 것이다.

그러므로 교회의 직분은 교회역사 가운데 발전한 것이 아니라 사도교회 시대부터 요구되고 상속되어 온 교회의 제도임을 잘 이해해야 할 필요가 있다. 모든 직분은 교회 역사상 앞 시대와 무관하거나 단절되어 독립적이지 않다. 그리고 세계에 흩어져 있는 건전한 여러 교회들의 직분으로부터 완전히 분리되거나 독립된 상태가 아니다. 직분과 직분자는 우주적 교회와 보편교회, 나아가 공교회와 유기적으로 연결된 존재인 것이다.

교회에 허락된 다양한 직분들은 내적소명과 외적소명을 요구한다. 내적소명이란 개인 성도가 특정 직분을 감당할 수 있는 하나님의 내적인 부르심이 있느냐 하는 문제이며, 외적 소명이란 교회의 회중이 그를 직분자로 부르고 있는가 하는 문제이다. 전통적으로는, 하나님께서 어떤 이들을 세워 교회의 직분자가 되게 하실 때, 그 자신이 느끼는 바 내적인 소명을 교회 회중이 선출하는 방법의 외적인 소명을 통해 인쳐주는 식으로 하나님께서 사람들을 직분으로 부르신다는 점을 강조해 왔다.[4]

여기서 우리가 주의 깊게 생각해 보아야 할 점은 내적 소명이란 과연 무엇인가 하는 점이다. 즉 어떤 사람이 자신은 하나님으로부터 직분적 부름을 받았다고 스스로 생각하면 그것을 곧 내적 소명이라 확증할 수 있느냐 하는 것이다. 그러나 개인이 가지는 그런 감정을 내적 소명이라 단정할 수 없다. 그것은 내적 소명이 아니라 개인이 가지는 종교적 욕망일 가능성이 더 많다.

그러므로 어떤 사람이 직분을 가지고 싶다고 열망하는 것 자체를 두

---

4) 이승구, "개혁신학과 개혁파 목사", 한국개혁신학, 한국개혁신학회 논문집, 제14권, 2003, p193.

고 성급하게 내적 소명과 연관지어서는 안 된다. 물론 직분을 위해서는 내적 소명이 절대적으로 필요하지만 그것은 개인의 마음속에 생성되는 자기 감정이 아니라 하나님께서 선물로 허락하시는 것이어야 한다.

진정한 내적 소명은 주님의 몸된 교회를 세워가는 일을 위해 진정한 관심을 가지고 봉사하고자 하는 선한 마음이다. 그 마음은 하나님께서 선물로 허락하시는 것이다. 우리가 여기서 중요하게 생각해야 하는 것은 그런 내적 소명을 확인하는 작업이 개별 성도들에게 맡겨진 것이 아니라 교회 회중에 맡겨져 있다는 사실이다. 각 성도들의 내적 소명을 확인하는 일이 교회에 맡겨져 있다는 사실을 이해하는 것은 교회의 직분자 선출을 실행함에 있어서 매우 중요하다.

교회는 직분 이외의 어떤 유형의 직책이나 직임도 직분 이상으로 의미화 하지 말아야 한다. 편의상 일시적인 필요에 따라 어떤 직책이나 직임이 필요하다면 정한 목적을 이루기 위한 편의적 의미가 있을 뿐 그 이상은 아니라는 것이다. 교회에 직분 이상으로 의미화가 시도되는 직책이나 직임이 있어서 영구적 성격으로 존재하게 되면 그런 교회는 급속히 세속화 될 것이 확실하기 때문이다. 그럼에도 불구하고 우리시대 한국교회에는 새로운 자격을 만들어내는 그런 현상들이 교회의 지도자들 가운데 점차적으로 보편화되어 가고 있음은 안타까운 일이다.[5]

2. 직분은 주님 이외에 달리 교회의 주인이 없음을 선포

우리가 고백하는 것처럼 교회의 주인은 오직 하나님 한 분이시다. 교회는 주님께서 친히 피로 값주고 사신 거룩한 공동체이기 때문이다. 그

---

[5] 현대 한국교회에는 '목회학 박사' 제도를 일반화하려는 분위기가 조성되고 있다. 몇몇 신학대학원들에서는 학술연구와 무관한 목회학 박사 학위제도를 도입하고 있지만 그것은 목회자를 양성하는 신학교에 주어진 임무가 아니다. 그런 제도가 교회를 위해 어떤 유익을 가져오는지 별다른 확인절차없이 신학교가 세속적 영향으로 인한 제도를 도입하는 것은 교회의 세속화를 가져올 따름이다. 목사들에게 지속적인 교육이 필요하다면 그런 제도가 없이도 얼마든지 말씀을 통한 은혜의 교육이 가능해야 한다; "가짜박사, 더욱 경계해야할 감투박사", 뉴스앤조이(2004년 2월 7일). 참조.

러므로 주인이신 하나님 이외에 어느 누구도 주인 행세를 하거나 주인을 대리하려 해서는 안 된다. 모든 직분자들은 말씀을 통해 주님의 뜻을 알아가며 그의 직분적 요구에 순종해야만 하는 것이다.

교회에 직분제도가 있는 것은, 개인이 자기 취향이나 판단에 따라 교회를 움직이지 못하도록 하는 장치역할을 동반한다. 그러므로 교회 내에는 어느 누구도 절대적인 위치를 차지하는 자가 있어서는 안 되며 허락된 직분들을 통해 공동으로 주님의 뜻을 이루어 가는 것이다. 직분은 개인의 능력을 나타내기 위한 수단으로서 의미가 있는 것이 아니라 주님의 몸된 교회를 세우기 위한 방편으로서 의미가 있는 것이다. 따라서 우리가 잘 이해해야 하는 것은 직분자의 개별적 판단이나 행동 자체가 주님의 뜻을 주도적으로 이루어가는 것이 아니라는 점이다.

모든 직분자들은 누군가에 의해 임명받는 것이 아니라 교회 회중에 의해 선출된다.[6] 그것은 단순히 민주적 절차에 의한 선출이 아니라 교회 공동체를 통한 하나님의 뜻을 받아들이는 것이며, 그 직분은 직분자 자신을 위한 것이 아니라 전체 교회 공동체를 위한 것이다. 그러므로 교회는 특정인의 능력이나 리더십에 의존하지 않는다.

직분에 관한 모든 권위는 오직 하나님의 말씀에 의해서 행사되어야만 한다.[7] 특정한 목적을 지닌 선교단체와 구별되는 주님의 몸된 교회의 고유한 성격 중 하나는 개별 직분자의 리더십이 특별한 권한을 가질 수 없다는 점이다. 물론 교회에는 다양한 능력들이 필요하지만 교회가 필요로 하는 능력은 개인의 특별한 재능이 아니라 주님으로부터 제시된 공적 직분 즉 은사인 것이다.

---

6) 목사의 경우 일반선출이 아닌 신학교육과정을 요구하는 특별한 선출과정을 거친다. 즉 목사후보생은 일반적으로 교회(당회)의 추천과 더불어 노회의 심사를 거쳐 신학교에서 목회자 수업을 받게 된다. 이러한 교회의 추천은 투표를 하지 않지만 회중의 의사가 충분히 반영되어야 한다. 목사후보생이 신학교육의 과정을 마치게 되면 교회 회중의 투표를 통한 청빙을 거쳐 노회에서 목사로 장립하게 된다. 목사를 세우는 이러한 전 과정과 방식은 교회 회중의 의사가 반영되는 투표를 통한 선출로 이해할 수 있는 것이다.

7) J.Calvin, Inst. Ⅳ.3.1.

직분으로 드러나는 그런 집합적 은사들이 교회를 온전히 세워나가게 된다. 개혁교회에서 다양한 직분들이 필수적인 것은 교회의 주인이신 하나님의 뜻에 따라 그의 뜻을 이루기 위한 것이며, 그것은 교회의 주인이신 주님께서 친히 일하고 계심에 대해 고백적으로 반응하는 의미가 담겨있는 것이다.

3. 직분에 대한 오해

(1) 직분, 부수적 직분, 직책, 직임

직분은 교회의 필수요건이다. 즉 정상적인 교회에 직분이 없으면 안된다. 이에 반해 부수적 직분은 없어도 되며, 성장한 교회에서는 도리어 불필요한 것들이다. 한국교회에는 목사, 교사, 장로, 집사 이외에 부수적인 임시직분들이 많이 있다. 강도사, 전도사, 권사, 서리집사 등이 대표적이다.[8] 그러나 엄밀한 의미에서는 강도사, 전도사를 직분으로 볼 수 있느냐는 생각을 해 볼 때 그에 대한 답변을 하기 쉽지 않다. 즉 교회가 직분자로서 선출하지 않은 직분이 있을 수 있느냐 하는 문제에 직면하기 때문이다.

한국교회의 특이한 직분인 권사라는 명칭 자체는 성경에 전혀 언급이 없다. 그렇지만 또 다른 각도에서 보면 교회의 투표에 의해 선출된 직분자로서 권사라면 여자 장립집사로 볼 수 있지 않을까 하는 문제가 대두된다. 이는 디모데전서 3:10,11에 대한 해석에서 문제를 풀어갈 수 있을 것이다.

사도 바울은 위 본문 구절에서 "이에 이 사람들을 먼저 시험하여 보고 그 후에 책망할 것이 없으면 집사의 직분을 하게 할 것이요, 여자들도 이와 같이 단정하고 참소하지 말며 절제하며 모든 일에 충성된 자라야 할찌니라"(한글개역)고 기록하고 있다. 이는 분명히 집사직분과 관련되는

---

8) 이 중 권사제도에 대해서는 이 논문의 뒷 부분에서 좀 더 논의하려 한다.

구절이다. 우리가 여기서 관심을 기울이는 내용은 '여자들도 특정한 조건을 갖추면 집사가 될 수 있다'고 이해될 수 있는 11절의 기록이다.

그렇다면 과연 이 본문에서 말하는 '여자들'이란 독립적으로 쓰여진 단어인가 하는 문제에 직면하게 되며, 그것은 곧 성경이 여자집사를 인정하느냐 하는 문제와 연결된다. 만일 여기의 '여자들'이 독립적으로 쓰이고 있다면 여자 장립집사도 가능하며 직분에서 여자의 위치가 상당한 영향을 끼치게 된다. 특히 한국교회에서는 그렇다. 왜냐하면 전통적인 한국장로교에서는 여자 장립집사를 허용하지 않고 있기 때문이다. 그러나 여기서 말하는 '여자들'이 집사인 남편에게 종속된 의미로 쓰여지고 있다면 문제가 달라진다.

이제 성경 본문에 대한 직접적인 몇몇 번역들을 우선 살펴보고자 한다. '여자들'을 독립적으로 사용함으로써 여자 집사를 인정하는 듯한 인상을 주는 성경번역들은 대표적으로, 한글개역성경(여자들), 표준새번역(여자들), 새번역(여집사들), Jerusalem Bible(the women), NASB(Women), 新改譯(일본어성경: 婦人執事) 등이다. 그리고, '여자들'을 남자 집사의 부인으로 번역하고 있는 성경은 현대인의 성경(그들의 아내들), 공동번역(보조자의 아내들), KJV(their wives), NIV(their wives) 등이다.

이와 같이 상이한 번역이 나오게 된 것은 11절과 12절의 연관성 문제 때문이다. 즉 12절에서 다시 '집사'가 '한 아내의 남편'이어야 함을 언급한 것은 앞의 내용과 별개로 볼 것인가 아니면 직접 연관된 내용으로 볼 것인가 하는 문제이다. 그렇지만, 11절의 '여자들'에 대한 헬라 원문을 살펴보면 그 단어가 종속적이 아니라 독립적으로 사용되고 있음을 알 수 있다.[9]

---

9) 헬라어 성경 각 사본들은 일치하여 지적할 만한 상이독본이 없다. 11절의 '여자들을'이 여성, 복수, 대격이 되는 것은 8절의 '집사들을'과 댓구가 되며, 8절의 '집사들을'은 2절의 '감독을'(남성, 단수, 대격)과 댓구가 된다. 이렇게 되면 주동사가 없는 8절과 11절의 주동사는 2절의 δεῖ(반드시 ~해야 한다, 필요로 한다, it is necessary)가 된다.

헬라어 성경원문에 비평의 여지가 없다면 우리는 여성의 집사안수 문제를 달리 생각해 보아야 한다.[10) 뿐만 아니라 로마서 16:1에 언급된 '우리자매 뵈뵈'에서 '집사'를 일컫는 단어 διακονον이 쓰이고 있음은 눈여겨 볼만하다. 그렇다면 한국의 권사제도는 특이한 직분처럼 둘 것이 아니라 그 명칭을 바꾸어 여자 집사로 직분명을 바꾸어야 할 것이며,[11) 그것은 남자 집사와 다른 요건인 별도의 제한[12) 등은 바꾸어져야 할 것이다.[13)

그와는 별도로 한국교회에 있는 서리집사 제도는 매우 특이하다. 엄밀한 의미에서는 그것을 과연 직분이라 해야 할지 판단하기가 쉽지 않다. 현재 한국교회의 서리집사는 회중의 투표를 통해 선출된 직분이 아니기 때문이다. 그럼에도 불구하고 한국교회의 서리집사는 헌법상 교회에서 직분자로 인정받고 있다. 서리집사는 제직회에 참석하여 교회의 중요한 의결과정에 참여하고 있는 것이다. 그러나 그것은 원리적으로 보아 잘못된 것이다. 즉 교회 회중이 투표를 통해 그 일을 맡기지 않았

---

10) J. Calvin은 이 본문을 '집사들의 아내'로 이해함으로써(J.Calvin, Commentary, 1Tim.3:11) 이 본문 자체가 여성집사를 인정하는 근거가 될 수 있는 것은 아니라는 입장을 보이며, D.Guthrie(The Pastoral Epistles 1Tim.3:11)도 동일한 견해를 가진다. 그러나 A.T.Robertson 같은 학자는 이 본문을 통해 여성집사를 인정하며(Word Pictures in the New Testament, 1Tim.3:11), 박윤선 박사도 여성집사를 인정하는 견해를 취하고 있다(디모데전서3:11).

11) 현재 한국교회에서 권사의 직무는 집사직과 전혀 다른 직무로 규정하고 있다; 헌법, 교회정치, 제9장 임시직원, 제69조 권사의 직무. 대한예수교 장로회(고신). 참조.

12) 헌법, 교회정치, <제7장 집사, 제55조 집사의 자격, 1항>과 <제9장 임시직원, 제69조 권사의 자격, 1항> 비교참조.

13) 필자는 개인적으로 여자 장립집사 제도를 두는 것은 성경적이라 이해하고 싶다. 필자는 여자 목사나 여자 장로제도는 성경적이지 않은 것으로 반대하는 입장이지만, 여자 집사제도는 초대교회에서부터 있어온 제도로 이해하고 싶은 것이다. 특히 구제와 관련된 부분에서 가난한 여성들을 구제하기 위해서는 여자 집사제도가 허락되었을 것이라 짐작하는데 별 어려움이 없기도 하다. 한국 장로교회들이, 성경적 근거를 찾을 수 있는 여자 장립집사제도에 대해서는 침묵하면서 그렇지 않은 여자 목사, 여자 장로제도를 도입하려는 움직임을 보이는 점은 쉽게 이해하기 힘든다.

음에도 불구하고 그들이 직분자회인 제직회에 참석해 직분수행에 참여하고 있기 때문이다.

한편 한국교회에는, 부수적 직분과는 또 다른 직책들이 많이 있다. 그 것은 교회 가운데 특별한 일을 감당하기 위해 구성된 임시적 기관에서 일의 목적을 수행하기 위해 두는 일종의 직능이다. 교회 내 다양한 기관들은 전도 사업이나 구제사업 혹은 교육, 친목 등 특정한 목적을 이루기 위해 설립된 교회내의 기구들이다.

각 기관들에는 회장과 총무, 서기 등 임원들이 있는데 그 임원들이 곧 여기에 속하며 그들은 각 기관에서 투표를 통해 선출된다. 여기서 우리가 주의해서 생각해 보아야 할 바는, 투표라는 과정은 동일하지만 직분자 선출을 위한 투표와 다른 임시적 기관에서의 시행되는 투표는 본질상 전혀 다른 성격을 지닌다는 점이다. 즉 직분자 선출을 위한 교회 회중의 투표에서는 사전 선거운동을 할 수 없다.[14] 직분은 어떤 사람이 자기가 그 직분을 맡고 싶다고 해서 맡게되는 것이 결코 아니다.

직분자는 올바른 내적 소명과 외적 소명을 통해 하나님의 음성을 듣는 가운데 교회로부터 세움을 받는 것이다. 그러나 다른 여러 기관들에서 회장이나 총무 등 임원을 선출할 때는 교회의 덕을 해치지 않는 범위 내에서 선거운동을 할 수도 있고 투표 전 소견 발표를 할 수도 있다. 그 것은 다수결의 원칙에 따라, 기관에서 목적하는 바 일을 수행하기 위해 특정한 직책을 맡기는 것이다.

한편 주일학교 교사, 성가대 대장, 지휘자 등은 교회에서 말하는 직분자가 아니며, 다른 직책들처럼 투표에 의해 선출되는 것도 아니다. 그들은 교회의 특정 기관에서 임명을 받아 직임을 행하게 된다. 우리가 여기

---

14) 헌법, 대한예수교장로회(고신), 1992, 헌법적 규칙, 제3장 교회직원, 제42조 교회직원의 선거와 투표, "교회의 직원 선거와 투표는 다음과 같이 한다. 1. 선거 투표는 무흠 입교인이 기도하는 마음으로 비밀히 할 것이다. 교회에서나 어떤 회에서든지 특정한 사람의 성명을 기록하여 돌리거나 방문하여 권유하거나 문서로나 집회를 이용하여 선거 운동하는 일은 일체 금한다. 이를 어겼을 경우, 그 치리회는 적절히 시벌한다"

서 잘 기억해야 할 바는 어떤 경우에도 직분보다 직책이나 직임이 더 중요시되어서는 안 된다는 사실이다. 각 부서의 회장이나 성가대 지휘자와 같은 직책 및 직임보다는, 외적으로 그런 식으로 드러나지 않지만 교회의 회중에 의해 세움을 받은 집사직분이 본질적으로 훨씬 중요한 것이다.

그렇지만 한국교회에서는 직책이나 직임이 직분 보다 오히려 더 중요한 것으로 인식되는 경향이 있다. 즉 집사의 직분은 대중적인 것으로 생각하여 맡겨진 직분을 소홀히 하는 경향이 있으나 직분이 아닌 다른 직책들에 대해서는 최선을 다해 봉사하고 일하는 모습을 쉽게 볼 수 있는 것이다. 그러나 그것은 매우 잘못된 것이다. 나아가 부수적 직분자나 일부 직임자들 가운데는 유급직원으로 일하고 있기 때문에 그것이 마치 더 중요한 일인 것처럼 오해되고 있기도 하다.

교회에서 목사나 교사(신학교수)의 생활비를 부담하는 것은 자연스럽다. 교회가 선출을 통해 그들에게 직분을 맡기면서 그 일을 전담하도록 요구했기 때문이다. 그리고 목사나 교사로 세우기 위해 교회가 특별히 요구한 목사 후보생에게 생활비를 지급하는 것도 자연스럽다. 그렇지만 그 이외에 성가대 지휘자나 반주자 등 특정 직임자들에게 '사례비' 명목의 일정액의 급여를 상시적으로 지급하는 것은 올바르지 않다.[15]

(2) 직분은 개인에게 주어진 교회 내 계급인가?

교회의 직분은 어떤 경우에도 계급으로 인식되어서는 안 된다. 직분은 세상에서 보여주는 어떠한 명예를 제공하지 않으며 여하한 개인적인 권력을 부여하지도 않는다. 모든 직분은 상호 관계 속에 놓여 있으며, 모든 직분자들은 성도들간에 존재하는 유기적 관계 가운데서 기능해야 한다.

---

15) 한국교회에서는 성가대 지휘자나 반주자에게 급여를 지급하는 것을 보통으로 생각하고 있다. 특별한 능력을 가졌기 때문에 급여를 지급한다는 말은 아무런 호소력이 없는 말이다. 그 일을 위해 연구와 노력이 필요하기 때문이라는 주장은 더욱 호소력이 없다. 그런 논리라면 주일학교 반사들이 책을 사고 연구할 더 많을 것이며 수고는 장로와 집사들이 더 많이 하게 된다. 조심해야 할 일이다.

262 · 목회서신 _ 〈부록 Ⅲ〉

교회의 각 직분들은 개별적이지 않고 집합적이자 상호연관성을 지니고 있는 것이다. 즉 직분을 맡은 개개인의 능력이 교회 가운데 중요한 것이 아니라 각 직분들의 집단적 의미가 중요하다. 직분은 개인의 능력을 발휘할 수 있는 어떤 매체가 아니라 주님의 몸된 교회를 위한 신령한 은사이므로 개인이 중시되는 것이 아니라 교회를 위해 봉사하는 집합적 의미와 전체 교회가 중시되어야 하는 것이다.

그러므로 직분에는 어떤 경우에도 진급개념이 없다. 진급에 대한 개념이 있다는 것은 직분을 계급으로 생각하기 때문에 발생하는 문제이다. 그러므로 계급적 개념에서 목사가 가장 우위에 있고 그 다음에 장로 그리고 그 다음에는 집사라는 생각은 결코 있을 수 없는 잘못된 것이다.

그렇지만 한국교회에서는 직분이 마치 계급제도처럼 인식되어 있다. 그러므로 교회에 입교하면 일정기간이 지나 집사직분을 맡게 되고, 그후 일정기간이 지나면 다시 장로가 될 수 있다고 생각하는 것이다. 장로는 소위 평신도가 오를 수 있는 최고의 자리인 양 오해되고 있는 것이다. 그래서 어떤 성도가 한평생 신앙생활을 했는데도 장로가 되지 못하면 신앙이 별로 좋지 않은 사람으로 생각하기도 한다.

그것은 한국 교회의 직분관에 문제가 있다는 증거이며 매우 잘못된 생각임이 분명하다. 건강상의 여건이나 특수한 형편으로 인해 직분을 감당하기 어려운 성도들이라면 비단 신앙이 훌륭하다 할지라도 직분자가 되지 않을 수 있는 것이다. 사실상 온전하고 성숙한 교회라면 모든 성도들이 직분과 관계 없이 동일하게 올바르며 성숙한 신앙을 가져야 하는 것이다.[16]

---

16) 교회내에서 목사가 가장 신앙이 훌륭하고 그 다음은 장로, 집사 순일 것이란 환상은 버려야 한다. 직분을 맡지 않은 일반 성도들 가운데 목사보다 훨씬 올바르고 성숙한 신앙인이 있을 수 있음을 기억해야 한다. 그렇다고 목사의 신앙이 미숙한 것이 자연스럽다거나 그래도 된다는 말을 하는 것은 아니다. 필자는, 모든 성도들이 성숙한 가운데 하나님의 뜻 가운데 직분자 선출이 이루어져야 함을 말하고 있는 것이다. 즉 지식이나 은사의 정도가 신앙의 순결이나 성숙도와 반드시 정비례하는 것은 아니라는 뜻이다.

　그러나 한국교화에 고착된 직분의 계급화는 부인할 수 없는 엄연한 사실이다. 그래서 다수의 성도들은 장로가 되기 전에 집사 직분을 맡고 그 다음에 장로가 되어야 한다고 생각하는 것이다. 그리고 집사직분을 가지거나 장로 직분을 가진 자들 중에 목사가 되는 사람들도 많이 있다. 그것은 마치 직분에 상승작용 개념이 있는 듯이 비쳐지게 한다. 우리는 한국교회의 그런 현상을 자신도 모르는 사이 자연스럽게 생각할지 모르지만 이는 잘 생각해 보아야 할 문제이다.

　입장을 바꾸어서, 장로 직분을 가지고 봉사하던 성도가 다시 집사 직분을 가지게 되면 이상한 것인가? 그리고 특별한 경우 목사직분을 감당하던 성도가 장로 직분을 가지거나 집사 직분을 가지게 되면 강등 당하는 것인가? 교회가 회중의 요청에 따라 직분자를 그렇게 세운다 할지라도 전혀 이상할 것이 없지만, 그것이 우리 정서에는 전혀 맞지 않다고 여기는 사실은 이미 직분을 계급의 한 형태 내지는 명예적 성격을 지니고 있는 것으로 오해하고 있음을 반증하고 있는 것이다.

　장로와 집사 직분을 맡고 있던 성도가 목사 직분을 감당할 수 있다면, 목사 직분을 감당하던 성도가 장로나 집사직분을 행하게 된다고 해도 그것을 자연스러운 것으로 이해할 수 있어야 한다. 물론 한 개별 성도가 목사, 장로, 집사 직분을 두루 수행할 만한 은사적인 능력을 소유할 수 있는가 하는 점과 교회가 실제로 그렇게 세우느냐 하는 사실은 별개의 문제로 이해해야 한다.

　흔히 목사, 장로, 집사를 항존직으로 말하는데, 사실은 이 모든 직분들이 항존직이다. 항존직에 대해서 잘못 이해하고 있는 자들은 종신직과 항존직 사이를 오해하고 있다. 항존직이란 역사 가운데 상속되는 교회 가운데 항시적으로 존재해야 하는 직분이라는 뜻이며, 한번 직분을 받은 자가 평생 가지게 되는 종신직이라는 의미와는 다른 것이다.

　우리는 이 대목에서 항존직인 집사로 장립을 받은 성도가, 그 직분을 중단하고 장로로 장립되기도 하며 집사나 장로로 장립받은 성도가 그 직분을 중단하고 목사로 장립받기도 하는 것을 기억할 필요가 있다. 직분이 개인을 위한 직책이 아니라 교회를 위한 직분이라면 교회의 의사에 따라 새로운 직분을 부여할 수 있는 것이다. 물론 그것은 단순히 교회의 민주적 절차에 의해서가 아니라 성령의 인도하심에 따른 교회의 의사를 통한 직분자 선임에 의해서 이루어져야 한다.

직분은 교회내에서 특정인이 가지는 권력이나 통치수단이 될 수 없으며 결코 그렇게 되어서는 안된다. 교회의 직분은 도리어 섬기며 봉사하는 방편이다. 직분을 감당하면서 마땅한 은혜의 권위를 가지게 되지만 그것은 개인에게 주어진 권력형 권위는 아니다. 직분은 어떤 경우에도 성도들을 다스리기 위한 통치수단이 될 수 없는 것이다.

그럼에도 불구하고 현대 한국교회의 폐단 가운데 하나는 직분자체를 권위나 권력으로 생각하거나 명예로 인식하고 있다는 점이다. 교회에서 예수 그리스도 이외에 감히 누가 개인적 권위를 가지며 권력을 가질 수 있는가? 누가 감히 주님의 몸된 교회에서 개인이 누릴 수 있는 명예를 가질 수 있다는 말인가?

다양한 지역 및 각 시대에 처한 교회의 상이한 분위기가 그런 식으로 변질되면, 잘못된 자들은 직분을 성도들을 다스리는 통치수단으로 오해하게 되며 결국 직분을 개인을 위해 도구화하기 쉽게 된다. 설령 그런 악한 의도를 가지고 직분을 이행하지 않는다 할지라도 항상 깨어있지 않으면 부패한 인간은 자기 지향적 존재일 수밖에 없다는 사실을 우리는 항상 염두에 두어야 한다.

Ⅲ. 직분의 종류와 각 직분회

1. 직분의 종류

직분에는 계층적 높낮이가 있는 것이 아니며 그것이 개인의 명예와 관련된 것은 더더욱 아니다. 그렇지만 직분과 직분 사이에는 매우 분명한 경계를 가지면서 동시에 깊은 연관성을 가지게 된다. 어느 직분이 더 권위있는 핵심적인 위치에 있느냐 하는 것은 잘 이해해야 할 문제이다. 즉 어느 직분이 상하거나 변질하게 되면 가장 치명적이 되느냐 하는 점을 우리는 매우 신중하게 생각해 보아야 한다.

보편적인 인간들은 핵심적인 일을 함으로써 그것을 통해 인정을 받고 싶어하지만 그것은 자기 삶을 의미화하려는 욕망이자 욕심에 지나지 않는다. 그런 생각이 교회 가운데 침투해 들어오게 되면 마치 특정 직분을 가지게 되면 그것이 곧 하나님으로부터 더 크게 쓰이는 듯한 미숙한 생각을 하게 된다. 그것은 결국 입으로는 하나님을 이야기하지만 실상은 자기 인생을 살찌우기 위한 종교적 자기 욕망을 추구하는 것 이상 아니다. 직분은 온전히 교회에 속하는 것이며 개인의 의사에 속하는 것이 아니기 때문이다.

앞에서도 언급했듯이 직분의 종류를 이야기하면서 항존직과 임시직을 잘 구분할 수 있어야 한다. 항존직이란 교회에 필수적으로 있어야만 하는 직분을 말하며, 임시직이란 지교회가 특별한 형편상 항존직 직분자를 두기 어려울 때 필요에 따라 임시적으로 두는 직분을 말한다. 많은 사람들이 오해하고 있듯이 항존직이란 말은 개인이 특정한 직분을 받게 되면 종신토록 그 직분을 가질 수 있다는 의미가 아니다.

항존직은 초대교회로부터 줄곧 있어 왔으며 현재까지 지상 교회 가운데 존재하고 있으며 주님께서 재림하실 때까지 당연히 있어야 할 직분이다. 그것을 항존직이라 부른다. 개혁교회(Reformed Church)들에서는 일반적으로 목사, 교사, 장로, 집사 등 네 직분을 두고 있으나[17] 장로교에서는 목사, 장로, 집사 등 세 직분을 두고 있다. 장로교에서 세 직분을 두고 있는 것은 교사직분을 목사직분에 포함시키고 있기 때문이다. 이 글에서는 편의상 네 직분을 나누어 고찰하고자 한다.

---

17) 에베소서4:11. 참조; J. Calvin, Inst. Ⅳ.3.4.

(1) 목사와 교사

개혁교회와 장로교회 사이에는 미세하기는 하나 직분론에서 약간의 차이가 난다. 개혁교회에서는 직분을 목사, 교사, 장로, 집사 네 직분으로 구분하는데 반해 장로교회에서는 목사, 장로, 집사 세 직분으로 나눈다.

칼빈은 에베소서 4장 11절에 기록된 "사도들(Apostles), 선지자들(Prophets), 전도자들(Evangelists)[18], 목사들(Pastors), 교사들(Teachers)"을 근거로 하여, 교회에 있어야 할 기초적인 직분을 이해했다. 그는 앞의 세 직분들은 사도교회에 있었던 특별한 직분들로서 그 이후 교회에서는 '필요에 따른 특별한 경우'에만 있을 수 있으며 교회에 상존하는 직분은 아니라고 보았다.[19] 이에 반해 나중의 두 직분인 목사와 교사는 교회 시대에 있는 항존적 직분으로 이해했다.

칼빈의 견해에서 우리가 관심을 가질 수 있는 부분은 목사와 교사의 직분을 따로 구분하고 있다는 점이다. 그는 교사 직분자는 말씀선포나 성례집행, 권징사역을 담당하는 임무를 가진 것이 아니라 공교회 가운데 온전하고 순수한 교리를 보존하기 위한 교회의 박사들(doctors)로서 성경을 해석하는 일을 맡은 직분자로 이해한다. 이는 우리시대의 신학 교수들을 일컫는 것으로 볼 수 있으며, 개혁교회의 직분론과 밀접한 관계가 있는 것으로 이해할 수 있다.

한편 에베소서 4장 11절에 기록된 교사와 목사를 동일한 하나의 직분으로 보기도 하는데 이는 장로 교회의 직분론과 밀접한 관계를 가진다.

---

18) 칼빈은, 사도들 보다 권위가 덜하지만 직분으로 그들 다음에 있으면서 그들을 대신해서 활동한 사람들을 전도자들이라 이해한다. 누가 디모데, 디도 등과 그리스도께서 사도들 이후에 두 번째로 임명하신 70인의 제자들도 전도자들일 것이라 생각한다; John Calvin, Inst. Ⅳ.3.4.

19) 여기서 칼빈이 말하는 '필요에 따른 특별한 경우'가 어떤 경우인지 분명하게 알수 없다. 아마 하나님의 사역을 제한하지 않으려는 그의 의도가 아닌가 생각해 본다; J.Calvin, Inst. Ⅳ.3.4. 참조.

그렇게 이해하는 이들은 본문의 〈τοὶς ποιμένες καὶ διδάσκαλοι〉를 '목사들 즉 교사들'로 번역하여 연결된 하나의 직분으로 보는 것이다.

이 때 '목사들'이라는 단어 앞에는 정관사 〈τοὶς〉가 있고, 교사들 앞에는 그 정관사가 없으므로 '목사와 교사'를 하나로 보고 있다는 인상이 강조되며, 따라서 이 둘을 연결시키고 있는 접속사 〈καὶ〉는 중언법重言法으로 이해해야 한다는 것이다.[20] 대표적으로 루이스 벌코프 같은 학자가 에베소서 4장 11절의 '목사와 교사'라는 말을 두 종류의 다른 직분이 아니라 두 가지 연관된 기능을 가진 한 종류의 직분임이 분명하다고 주장하고 있다.[21]

① 목사

이런 가운데서 보면 목사는 공예배에서의 말씀선포와 성례집행, 권징사역, 축도를 감당하는 직분이다. 거기에는 예배를 인도하는 것이 목사의 가장 중요한 직무임이 선명하게 드러나고 있다. 그 직분을 온전히 감당하기 위해서는 말씀에 익숙하여 교회의 인정을 받는 자로서 회중의 선임을 받아야 한다. 그러므로 그는 교회로부터 세움을 받아, 항상 성도들로부터 '배나 존경받는 자'(딤전 5:17)로 남아 있어야 한다.

그렇다면 목사에게 어떤 특별한 권한이나 권력이 주어진 것으로 생각할 수 있을까? 목사는 결코 단체의 최고 책임자나 회사의 최고 경영자가 아니다. 어떤 의미에서는 교회의 직분자들 가운데 가장 자의적으로 직분 이행을 할 수 없는 자가 목사이다. 목사는 자기 의중에 따라 설교할 수 없으며 하나님의 말씀을 온전히 드러내야 하는 직분자이다.

만일 어떤 사람이 목사가 설교할 수 있는 권리를 가졌다고 생각한다면 그 권리를 자기 마음대로 이용하다가 쉽게 주님의 뜻을 벗어나게 될 것이다. 성례집행, 권징사역, 축도 등에 대해서도 이와 동일한 맥락에서

20) 이승구, "개혁신학과 개혁파 목사", pp187,188.
21) L. Berkhof, Systematic Theology, Grand Rapids: Eerdmans, 1942, 586.

이해되어야 한다. 우리는 목사가 결코 자의적으로 설교하거나 성례집행 및 축도를 할 수 있는 권리를 가졌다고 생각해서는 안된다. 도리어 목사 직분을 받은 성도는 교회가 부여한 대로 하나님의 뜻에 따라 말씀을 드러내며 예배에 수종들 수 있는 직무를 부여받은 자로 이해해야 할 것이다.

요즘 들어, 목사가 특권을 가진 자인 것으로 직분을 오해하는 자들은 여자목사제도 도입을 시도하고 있다. 이미 한국교회는 여자목사제도를 도입하는 분위기이지만 성경적인 명확한 검증이 필요하다.[22] 목사는 결코 설교를 통해 자기 역량을 펼치는 통치자나 권력자가 아니다. 하나님께서 허락하시는 교회의 직분을 인간의 시대적 조류에 따라 결정한다는 생각을 가져서는 안된다.

그리고 목사가 해야할 일 중 하나는 교사 즉 신학교수들을 독려해야 한다는 점이다. 이는 교권적 감독이 아니라 신령한 독려여야 한다. 세상의 변화와 더불어 끊임없이 교회내부로 침투해 들어오는 비 신앙적 요소들에 대한 해답을 공교회적 입장에서 확인하기 위해 신학교수들에게 지속적인 답변을 요구함으로써, 목사와 교수들은 상호연관성 가운데 있어야 하는 것이다. 장로교에서 개혁교회와 달리 교사 즉 교수의 직분을 따로 두지 않는 것은 목사직분과 신학교수직분의 공교회 가운데서의 동등성과 밀접성을 보여주고 있는 것이라 볼 수 있을 것이다.

교회 내에서 목사에게 맡겨진 다양한 임무들 중 가장 중요한 사명은

---

22) 이광호, "여성안수 해답 하나님의 경륜과 뜻에서 찾아야", 뉴스앤조이 2004.3.9; "여자 목사제도, 성경적인가, 뉴스앤조이, 2004.7.24. 참조; 미국 풀러신학교 김세윤 교수는 2004년7월5일 총신대학 신학대학원 여동문회가 주최한 '성경에 나타난 여성의 역할' 이라는 주제의 세미나에서 여성목사제도가 성경적인 것처럼 주장했다. 그는 고린도전서 14장의 편집설을 언급하면서 여자 목사제도의 타당성을 내세웠다. 고린도전서14:34,35의 기록이 '사본학적으로 불안하며', 두 구절이 고린도전서 14장의 전체적인 '문맥을 끊고 있다' 는 것이었다. 그러나 그것은 성경에 대한 위험한 불신이며 아무런 근거가 될 수 없는 상상적 논리에 불과하다.(" '여자여 잠잠하라' 는 후대에 편집된 것 - 김세윤 교수, 사본학적, 전체문맥상 삽입 확실", 뉴스앤조이. 2004.7.5. 참조).

역시 말씀선포이다.[23] 이는 매주 회집되는 공예배 중에 이루어지는 목사의 직분적 사역이다.[24] 말씀선포는 하나님의 뜻에 의해 이루어지는 예언[25]적 성격을 지닌다. 이는 말씀선포가 개인적 성향에 따라 이루어지지 말아야 하는 이유를 극명하게 보여주고 있는 대목이다.

또한 그와 더불어서 주어진 책무가 성례의 집행과 권징사역, 그리고 축도[26]이다. 성례와 권징사역 및 축도는 말씀선포와 직접 연관되어 있다. 이는 그리스도께 속함에 대한 고백과 교회의 순결유지 및 교회의 상속을 선포하며 그 은혜에 참여하는 것이다.

목사는 다른 직분과는 달리 소속이 노회이며 원리적으로 목사는 노회의 파송을 받아 지 교회에서 직분을 감당하는 자이다. 거기에는 지교회의 정치적 예속을 받지 않는 가운데 소신 있게 직분을 감당하도록 하는 의미가 담겨있다. 그러나 노회가 임의로 특정 목사를 지교회에 파송하지 못하며 지교회의 청빙과 투표절차를 거쳐 2/3의 동의에 따라 노회가 파송하게 된다. 이는 노회와 지교회의 상호 독립적이면서도 의존적인 관계를 잘 표현하고 있는 것이다.

② 교사(신학교수)

성경에서 말하는 교사직분자란 오늘날 신학교수들을 일컫는다. 장로

---

23) 한 교회에 여러 명의 목사가 동역할 경우, 주일 공예배의 설교를 번갈아 가며 해야 한다. 우리 시대에 당회장인 목사가 주일설교를 혼자서 독점하는 것은 매우 잘못된 권위주의적 관행에 의한 것이다.

24) 요즘 '평신도 설교권'에 대한 논의를 많이 하지만 주의깊게 접근해야 한다. 교회는 단순히 시대적 사조를 반영하는 기관이 아니며 성경의 교훈에 충실하게 따라야 하기 때문이다. 칼빈은 기독교 강요에서 목사의 직분을 맡은 성도가 말씀선포를 해야함을 강조하고 있고 웨스트민스터 신앙고백서 대교리문답 제158문에서도 목사만 설교하도록 말하고 있다. 공예배 이외의 예배의 형식을 띠는 각종 모임에서 하는 목사이외의 일반 성도들이 하는 설교는 공예배에서의 말씀선포와 구분되는 개념이다.

25) 이광호, "예언의 은사에 관하여", 교회를 위한 신학적 관심들, 조에성경신학연구원, 2002, pp.58-61).

26) 이광호, "축도에 관하여", 진리를 향한 갈망, 조에성경신학연구원, 2004, pp.61-64. 참조.

교회에서는 교사직분을 독립된 직분으로 구분하지 않음으로써 목사직에 포함시키고 있다. 그러나 개혁교회에서는 교사를 일반목회자와 구분된 특별한 직분으로 이해하고 있다. 여기서 특별한 직분이란 직분자체의 의미에서도 그렇거니와 선임과정에서도 그렇다. 목사, 장로, 집사 등 다른 직분들이 노회와 지교회에 속한 직분인 데 반해 교사는 노회 뿐 아니라 공교회 즉 교단에 속한 직분이다.

그러므로 지교회의 청빙과 투표에 의한 선임이 아니라 전체 공교회에서 살펴 선임함으로써 말씀 해석자와 교육자로서 교사직분을 맡기는 것이다. 그러므로 교수직은 공교회적 직분이며, 교수는 공교회의 신학적 일치와 유지를 위해 말씀을 끊임없이 해석해야 하는 직분자이다. 그들은 교회의 치리나 교회정치에서 중립적이어야 하는데,[27] 이는 정치적 영향에 관계없이 순수하게 말씀을 잘 해석해야 할 의무가 있기 때문이다.

그러므로 교사 직분자의 직무를 요약하면 교회 상속을 위한 목회자 양성과 말씀에 대한 공교회적 해석자로서의 직무이다. 목회자를 양육한다는 것은 말씀을 통한 교회의 상속이 그 중심적 의미를 가진다. 그리고 말씀해석에 대한 직무란 역사적 시대 속에 존재하는 교회를 위해 끊임없는 해석 작업을 진행해 가는 것이다. 역사의 흐름 가운데 끊임없이 양산되는 세속적 사조를 신학적으로 해석하고 비판해야 하는 것은 교수(교사)의 중요한 책무이다. 그것을 통한 변증적 논설들이 목사들에게 제공되어, 교회 가운데 말씀이 올바르게 선포되도록 하는 봉사의 의무를 감당하게 된다.

여기서 우리가 잘 생각해 보아야 하는 것은 신학자들은 목사에 대한

---

27) 한국교회에서는 이에 대한 이해가 부족했기 때문에 신학자들이 교단정치에 깊숙이 개입했던 경험들이 많이 있다. 그것에 대한 문제의식이 아니라 도리어 명예로운 것이라 오해하는 경향이 짙었다. 특히 필자가 속해 있었던 대한 예수교 장로회 고신교단의 경우 과거 그런 경우들이 많이 있었다.

봉사자라는 사실이다. 즉 주님의 몸된 교회 가운데 직접 말씀을 선포하며 가르치는 목사 직분이 매우 중요하며, 목사의 그 일을 위해 신학자들이 중요한 조력자 역할을 하는 것이다. 그러므로 신학자 즉 교수들은 공교회가 맡긴 직무를 충실히 감당해야 하며, 목사는 공교회가 인정한 신학자들의 해석과 그 권위를 인정하고 교회 가운데 그것들을 잘 적용해야 한다.

우리시대에 신학교의 교수가 마치 목사보다 더 명예롭거나 중요한 것처럼 생각되고 있는 것은 교회의 직분을 명예처럼 인식하고 있는 시대적 결과이자 세속적인 잘못된 경향성 때문이다. 이는 과거 교회들에서는 일반적이지 않은 현상이며, 우리시대에 들어와 생성된 특이한 풍조이다.[28]

신학자들은 목사들에게 신학적 해석을 제공하는 자로서, 어떤 의미에서는 목사들의 공적 사역을 위해서 존재하는 직분이며, 그런 봉사들을 통해 주님의 몸된 교회가 든든히 서 가게 되는 것이다. 굳이 주종主從관계를 들어 이야기하자면 목사가 주主이며 교수가 종從이 되는 것이다. 그러므로 신학교수인 교사는 목사들의 올바른 설교를 위해 해석을 담당하는 이론적 직분자이며 목사는 교회의 사역에 직접 참여하는 실천적 직분자라 할 수 있는 것이다.

(2) 장로

장로는 목사와 함께 교회의 감독을 맡은 직분자이다. 이는 단순한 감시자라는 말이 아니라 선한 치리자라는 말을 포함한다. 장로가 감당해야 할 두 가지 중요한 감독 직무는 공예배시 이루어지는 목사의 설교에 책임감 있게 참여함으로써 관찰하는 일과 그 말씀에 따라 살아가는 성도들의 신앙생활을 사랑으로 감독하는 일이다.

---

28) 손성은, "설교-평신도도 할 수 있는가?", 양무리, Yangmoory Church Londin(런던 양무리 교회: C/O Holy Trinity Church, Finchley Road, London NW3 5HT), 2004.6.27.

이를 달리 표현하자면 장로가 감당해야 할 가장 중요한 직무는 목사의 설교에 대한 공적인 참여와 나눔인 것이다.[29] 목사와 장로로 구성되어 정기적인 모임을 갖는 당회에서 지속적으로 행해져야 할 가장 소중한 직무는 목사가 선포한 말씀에 대한 당회원들 사이에서의 나눔이다. 이는 목사의 설교가 좋았는가 아닌가에 대한 비판이나 평가를 의미하는 것이 아니다. 그것은 결코 목사의 설교를 비판하기 위한 목적이 아니며 말꼬리를 흠잡는 그런 목적도 아니다.

당회에서는 목사가 설교한 성경본문을 펼쳐두고 함께 말씀을 다시 읽으면서 본문의 의미를 새기는 가운데 자연스럽게 목사의 설교가 올바르게 잘 선포되었는가 하는 점검을 하게 되는 것이다. 그런 장로의 직무를 통해 목사는 자의적으로 설교하지 않는 은혜를 누리게 된다. 장로가 그 직무를 온전히 감당하기 위해서는 말씀에 대해 목사와 버금가는 이해가 있어야만 한다.

거기에 부수적으로 따라오는 중요한 일은 장로들이 목사와 함께 공예배 시간에 선포되는 설교 본문을 정하는 것이다. 설교본문을 정하는 것은 당회가 공적으로 감당해야 할 매우 중요한 일이다. 이는 당회가 목사에게 특정 본문을 설교하도록 요구하거나 강요하는 것을 말하는 것이 아님은 물론이다.

당회가 모여 교회를 위해 기도하는 가운데 선포될 말씀의 본문을 함께 논의하는 일은 얼마나 아름다운 일인가! 우리시대에 설교본문을 목사가 혼자 자의적으로 정하는 것은 매우 안타까운 일이며 위험한 일이다. 아무런 비판 없이 오랫동안 지속되어 온 그런 관행이, 한국교회의 강단이 허물어지게 한 중요한 요인이 되고 있는 것이다.

장로의 직무 가운데 또 다른 중요한 일은 성도들을 일일이 심방하는 일이다. 그 심방의 기초는 역시 목사를 통해 선포되는 하나님의 말씀이다. 그러므로 심방의 목적은 결코 교인들을 단순히 관리하거나 격려하

---

29) 허순길, "목사의 설교와 토론", 개혁교회의 목회와 생활, pp.62-65. 참조.

기 위한 방편이 아니다. 한국교회에서 일반적으로 심방을 부목사나 여전도사, 권찰 등에게 맡기는 것은 올바른 직분적 사역이라 하기 어렵다. 장로가 직접 심방을 하지 않고 다른 직분자나 교인들에게 그 중요한 일을 맡기는 것은 잘못된 관행이다.

자칫 잘못하면 그런 류의 심방은 교인관리 수준에 머무를 수 있으며 장로들이 해야할 참된 직무에 대한 방해기능을 할 우려마저 있는 것이다. 앞에서 언급한 것처럼 장로들의 심방은 주일 공예배에서 선포되는 설교와 직접 연관이 된다. 장로는 교인을 심방하며 그들이 목사의 입을 통해 선포되는 설교에 온전히 잘 참여하는 지 확인해야 하며, 세상에 살아가면서 그 선포된 말씀대로 살아가려고 애쓰는지 그리고 가정생활과 자녀양육에서도 그 말씀에 따라 행하는지 확인하며 독려해야 하는 것이다.

그런 가운데 장로는 목사와 함께 성례에 대한 논의를 하게 된다.[30] 당회의 모임에서 각 성도들의 신앙상태에 대해 보고하며 그들을 기억하는 가운데 공적으로나 사적으로 기도해야 하는 것이다. 장로들은 또한 목사와 함께 성례를 준비하며 복음에서 떨어진 자들을 위해 어떤 권징을 시행해야 할지 논의하게 된다. 여기서 권징은 단순히 징계를 의미하는 것은 아니다. 일반적으로 권징이라 하면 곧 징계로 생각하는 자들이 있지만 그것은 그렇지 않다. 권징은 권면과 징계이며 말씀을 통한 교육(discipline)이다.

---

30) 개혁교회와 장로교회에서 성례의 의미는 매우 중요하다. 그것은 참된교회와 거짓교회를 구분짓는 한 시금석이 된다. 그러나 지난 수십년간 반성없이 형성된 한국교회의 대형화는 성례의 기능을 완전히 마비시켰다. 수천명이 넘는 성도들이 모이는 대형교회에서 올바른 세례와 성찬을 기대할 수 없는 것이다. 그것은 결국 교회성장주의로 인한 결과이며, 군에서의 불건전한 집단세례와도 연결된다. 장로회의 엄격한 문답과 교육절차가 생략된 세례와, 지속적인 성찬의 나눔에 대한 언약이 없이 무분별하게 세례가 베풀어지고 있는 것이다. 이러한 문제에 대해서는 지금껏 아무런 반성이 없이 지속되고 있는 형편이다.

그러나 안타깝게도 한국교회의 장로들은 일반적으로 원래의 직무를 거의 아무것도 행하지 않는다고 해도 과언이 아니다. 대다수 교회들에 서는 장로들이 자기들에게 맡겨진 직분이 아니라 집사들에게 맡겨진 재 정에 관한 것에 모든 신경을 집중하고 있는 것이 우리의 현실이다. 그리 고 당회가 마치 교회의 일반 의사결정을 위한 최고 의결기관인 것처럼 인식되어 있는 실정이다. 그러나 그것은 매우 잘못된 관행이며 불행한 일이다.

(3) 집사

집사직분은 다른 직분들 보다 덜 중요한 직분이라는 생각은 결코 옳 지 않다. 다른 직분들과 마찬가지로 이 땅에 존재하는 주님의 몸된 교 회를 세우고 유지하기 위해 주님께서 허락하신 귀중한 직분이다. 그렇 지만 한국교회에는 집사직분이 제 기능을 거의 감당하지 못하고 있다 해도 과언이 아니다. 이는 마치 중세 로마교회에서 장로가 교권적 사제 에게 시중을 드는 보조자격자로 격하되었던 형편[31]과 같은 비슷한 형 국이다.

집사 직분은 가시적인 봉사영역과 더불어 교인들의 생존과 관련된 일 상적 삶과 연관이 된다. 즉 먹고 살아가는 문제와 직접 연관이 있는 것 이다. 성도들은 일상 생활 가운데서 정당한 노동을 하고 그로 말미암아 얻게 되는 수입 가운데 일부를 교회에 은혜의 연보를 하게 된다. 그 연 보는 단순히 기부금처럼 돈을 내는 행위가 아니라 하나님께서 허락하신 삶에 대한 고백적 표현이다.[32] 그렇게 해서 모여진 돈을 집사직분을 맡 은 성도들이 교회의 여러 일들을 위해 사용하게 된다.

집사직분은 교회의 재정적인 논의와 함께 교회적 구제사역에 관한 문 제 등을 담당한다. 집사는 역시 목사, 장로와 연관되는 직분으로써 장로

---

31) 허순길, 개혁해 가는 교회, 서울: 총회출판국(고신), 1996, p.49. 참조.

32) 이광호, "공예배의 회복", 국제신학 제4권, 국제신학대학원대학교, 2002. 12, pp.76-99.

들의 심방을 통해 구제의 필요성이 있는 성도들에 관해 이야기를 들을
수 있어야 한다. 이는 교회의 공적인 재정문제뿐 아니라 성도들의 기본
적인 생활형편에 대해 관심을 가지고 살펴보아야 함을 의미한다. 그렇
게 함으로써 성도들간의 생존에 관한 공평한 삶을 주 안에서 이루어 가
도록 직분을 감당하게 되는 것이다.

앞에서 언급한 것처럼 이러한 사역을 감당하는 집사 직분을 남성에게
만 주어져야 하는가 하는 문제는 잘 검토되어야만 한다. 전통적인 개혁
주의의 입장에 서 있는 교회들은 여성 집사제도를 인정하지 않는다.[33]
그러나 지난 세기에 들어와 여성 목사제도와 여성 장로 제도를 수용하
는 시대적 분위기 속에서 여성 집사제도를 점차적으로 수용하는 추세를
보이고 있다.[34]

(4) 그 외 한국교회의 특이한 부수적 직분들

한국교회에는 특이한 직분과 임시직분이 있다. 특이한 직분이란 사족
과 같은 불필요한 직분이며, 임시직분이란 교회가 아직 어려 정상적인
직분을 둘 수 없을 경우에 일시적으로 두게 되지만 교회가 성장하여 항
존적 직분자들을 세우게 되면 더 이상 있을 필요가 없는 직분들이다.

특이한 직분들 중 대표적인 것은 권사, 강도사, 전도사 등이며, 임시
직분으로는 서리집사이다. 권사는 한국교회에만 있는 특이한 임시직
분[35]으로 이해하고 있는 것이 일반적이다. 직분에 대한 성경적 근거가
희박한 그런 입장에서 임시직에 대한 권사임직식을 하는 것은 매우 잘

---

33) 그렇지만, J.Calvin은 여성집사제도를 인정한다; G.S.M.Walker, "칼빈과 교회",
Readings in Calvin's Theology, 칼빈신학의 이해, D.McKim 편, 서울:생명의 말씀사, 1991.
p.299.

34) 네덜란드 개혁교회(The Netherlands's Reformed Churches)는 여성목사, 여성장로 제도
를 수용하지 않지만, 1996년 여성 집사제도를 수용했다; 허순길, "여집사 제도에 관한 연
구", 개혁신학과 교회, 제8집, 1998, p.212. 참조.

35) 헌법, 대한예수교 장로회 고신, 교회정치 제4장 제30조 교회임시직원, 1992. 참조.

못된 관행이다. 다른 외국의 교회들에는 없는 직분이기 때문에 권사를 번역할 때 흔히 'Senior Deaconess'라고 한다. 이는 '선배 여집사'라는 말이다.

필자는 이 글의 앞부분에서 권사직분에 대한 언급을 하며 그것을 여자 장립집사로 이해할 수 있음을 이야기 했다. 그렇지만 한국교회가, 일반적으로 여성들이 항존직분을 가지지 않는다는 개혁주의 교회의 입장을 수용하면서 여성들에게 '권사'라는 이름의 특별한 직분을 만든 것은 성경에 의한 직분으로서가 아니라 여성 예우차원에서 제정한 제도이다. 그러나 임시직으로 규정된 권사직분이라면 더 이상 필요하지 않은 직분이라는 점을 생각해 보아야 한다.

그렇지만 다른 한편으로 권사는 장로, 장립집사 직분과 마찬가지로 고시를 쳐서 시험에 합격해야만 하는 직분이기도 하다.[36] 이는 한국교회의 직분이 그 정체성을 확립하지 못한 채 존재하고 있음을 여실히 보여주고 있는 것이다. 그러므로 우리는 권사직에 대한 분명한 정리를 할 필요가 있다.

'강도사'는 과거 한국교회에 목사들의 수가 부족할 때 독립적으로 설교를 할 수 있는 자격을 부여한 임시적 종속 직분이라 할 수 있다. 즉 '강도사'는 정상적인 교회 상황에서 있었던 직분이 아니라 한국교회에 말씀을 선포하는 목사의 수가 절대적으로 부족했을 때 목사와 동등한 자격으로 말씀을 선포할 수 있도록 허락된 임시적 방편이었던 것이다. 그러나 목사의 수가 부족하지 않은 때에는 더 이상 강도사 제도가 필요하지 않다. 설교할 수 있는 자격은 가졌으나 성례를 집행하거나 축도를 하지 못하는 직분이란 개혁주의 교회에서는 원칙적으로 있을 수 없는 직분이다.

우리가 일반적으로 말하는 전도사 역시 한국교회에 있는 특이한 임시

---

36) 헌법, 헌법적 규칙, 제8장 각종고시, 제12조 장로, 집사와 권사고시.

적 직능이다. 우리가 이해하고 있는 전도사는 Evangelist가 아니라 Assistant Pastor이다.[37] 한국교회의 전도사들 중에는 교육전도사, 심방전도사, 음악전도사, 행정전도사, 찬양전도사 등이 있다. 또한 한국교회에는 권찰이라는 매우 특이한 직임이 있다. 권찰은 심방전도사와 마찬가지로 교인을 심방하는 일을 하는데,[38] 심방은 원래 그들에게 맡겨질 일이 아니라 장로들이 해야할 직분적 사역이다.

서리집사 역시 사실상 한국교회에 더 이상 필요하지 않은 직분이다. 우리가 흔히 말하는 항존직으로서 장립집사를 세울 만한 형편이 되지 않은 어린 교회에서 일시적으로 그 직무를 맡기기 위해 있던 직분이 서리집사이다. 교회는 아직 당회를 구성할 만큼 성장하지 못한 미조직 교회라 할지라도 목사나 장로 등 특정 직분자가 단독으로 운영할 수 있는 단체가 아닌 것이다.

그러므로 지 교회가 성장하여 장립 집사들을 둘 수 있는 형편이라면 더 이상 서리집사가 필요하지 않다. 현재 한국 교회에서는 회중의 선출 과정을 거치지 않은 서리집사가 마치 일종의 대우 차원 혹은 교인 관리 차원에서 주어지는 직분처럼 되어 있는 것은 심히 안타까운 일이다. 그것은 직분을 오용 및 남용함으로써 교회의 질서를 어지럽힐 수 있는 불필요한 제도임에도 불구하고 서리집사가 직분자회의 회원이 되어 있는 것은 심각하게 재고해 보아야 할 일이다.

더구나 제직회에 속한 집사라고 하면서 직분과 관련된 자기의 책무가 없거나 직분 사역에 대한 인식이 전혀 없는 형식상의 집사직은 교회를 화석화할 위험마저 있음을 생각해 보아야 한다. 우리가 일반적으로 말

---

37) 한국교회의 전도사는 성경에서 말하는 직분인 전도자와는 무관한 것이다. 전도사는 교회의 직분이 아니라 임시적 직능이다. 사도바울은 직분을 말하며, "그가 혹은 사도로, 혹은 선지자로, 혹은 복음 전하는 자로, 혹은 목사와 교사로 주셨으니"(엡4:11, 개역성경)라고 기록하고 있다. 표준새번역에서는 이 본문에서 말하는 '복음전하는 자'를 '전도자' 즉 evangelist로 번역하고 있다. 이는 사도교회 시대에 있었던 중요한 직분이다.

38) 헌법, 헌법적 규칙, 제3장 제41조 권찰. 참조.

하는 성도들을 섬기고 봉사하는 일은 집사들이 특별히 행해야 할 직분적 일이 아니라 목사, 장로, 집사들을 포함한 모든 성도들이 참여하고 행해야 할 일이다.

그리고 공로목사, 원로목사, 원로장로 등 교회 내에 직분과 관련되어 존재하는 왜곡된 명예직들은 아무런 역할이 없을 뿐 아니라 직분적 의미 자체가 없는 것이다. 그런 잘못된 불건전한 제도를 바탕으로 한 직분적 이름들은 마땅히 없애야 할 명칭들이다. 교회는 어떤 경우에도 예수 그리스도 이외에 달리 특별한 명예를 받을 만한 예외적인 직분자들을 둘 수 없기 때문이다.

아울러 우리시대의 많은 교회들에서 일반적으로 두고 있는 부목사 제도는 바람직한 제도가 아니다. 동일한 목사 직분을 받은 성도들 사이에 또 다른 계급적 계층을 둘 아무런 성경적 근거가 없다. 교회의 원활한 유기적 활동을 위해 당회장이 필요하다면 목사들이 번갈아가며 봉사해야 한다. 한국교회에서 그것이 마치 권위나 권력의 상징처럼 되어 인식되어 행해지고 있는 것은 세속화의 결과이다.

2. 교회의 각 직분회와 그 기능

한국 교회에는 직분을 감당하기 위한 모임으로 대개 당회와 제직회가 있으며, 전체 성도들이 모이는 공동의회가 있다. 당회는 목사와 장로들로 구성된 치리회이다. 그리고 제직회는 당회원들을 포함한 집사들과 다른 임시 직분자들이 포함된다. 제직회는 교회를 대표하는 매우 중요한 의결기구라 할 수 있으나 한국 교회의 제직회는 회중에 의해 선출된 직분자가 아닌 서리 집사 등이 포함된, 기본 요건을 정상적으로 갖추지 못한 기형적 모습을 띠고 있다.

그런데 필자가 강조하고 싶은 것 중 한 가지는 한국교회에 마땅히 있어야 하지만 있지 않은 집사회이다. 한국교회에는 집사회가 없는 상태에서, 당회와 당회원들이 포함된 제직회가 재정을 비롯한 집사들에게 맡겨진 일들을 통괄적으로 논의하다 보니 직분적 봉사영역이 명확하지 않아 집사들의 직분기능이 약해지는 것이다.

당회로부터 독립된 집사회가 교회의 재정을 비롯한 구제사역에 관련된 제반사항을 논의하고 의결하는 것은 매우 중요하다. 그래야만 직분의 독립성과 다른 직분과의 상호연관성을 통한 협력이 원활하게 이루어질 수 있다. 그러므로 교회에 필요한 기관은 당회와 제직회 두 기구가 아니라, 당회, 집사회, 제직회 세 기구가 필요한 것이다. 당회에서 결정한 내용들은 당회가 제직회를 거쳐 공동의회를 통해 교회의 최종의사를 확인하듯이 집사회 역시 제직회와 공동의회에, 맡겨진 직무들에 대한 보고를 함으로써 교회의 최종의사를 확인해야 하는 것이다.

이미 앞에서도 언급한 것처럼 현재 한국 교회의 직분적 기관에 있어서 목사와 장로는 당회, 제직회, 공동의회의 회원이다. 그리고 집사는 제직회와 공동의회의 회원이며 일반 직분을 맡지 않은 모든 입교인들을 포함한 직분자들은 공동의회 회원이다. 그렇게 되면 직분의 역할과 경계가 균형 있게 구분되지 않을 우려가 있으며 한국교회에서는 그것이 그대로 드러나고 있는 실정이다.

교회에서 가장 중요한 영적인 권위는 당회가 가지지만 재정과 교회적 구제에 관련된 권위는 집사회가, 그리고 교회가 위임한 일들에 대한 의결권은 제직회가 가지며 그것들에 대한 일반적인 보고와 승인에 대해서는 전체 교인들의 회인 공동의회가 최고의 권위를 가지고 있음을 잘 알아야 한다.

(1) 당회

당회는 교회의 가장 중요한 영적인 분야를 맡은 직분자들인 목사와 장로로 구성된다. 당회는 당회에서 논의된 사항을 집사회에 보고할 의무를 가지지 않는다. 그렇지만 당회의 중요결정사항을 제직회와 공동의회에 공적으로 발표함으로써 교회의 승인을 받아야 한다.

당회의 가장 중요한 임무중 하나는 말씀연구와 성도들을 위한 기도임을 잊어서는 안된다. 당회는 목사를 통해서 선포된 하나님의 말씀을 함께 나누며 성도들을 말씀으로 지도하기 위해 힘써야 한다. 올바른 말씀 이해가 전제될 때 장로는 목사의 설교에 대한 논의에 참여할 수 있을 것이며, 그런 가운데서 각 성도들을 심방하며 파악하게 된 형편들을 기도 제목으로 함께 나누게 되는 것이다.

그것을 배경으로 성례와 권징사역에 관한 논의를 하며 교회를 말씀으로 세워나가게 된다. 그러므로 당회는 성례를 위해 실제적인 준비를 감당하는 사역을 담당한다. 성찬식을 위한 떡과 포도주를 준비하며, 세례와 유아세례 베풀 성도를 확인하며 그들에 대한 교육과 문답을 담당한다.[39]

(2) 집사회

집사회는 당회로부터 독립된 기관이다. 교회의 재정과 교회적 구제에 관련된 집사회의 논의와 결의는 당회의 허락을 받을 필요가 없다. 이는 집사회의 직분을 당회가 맡긴 것이 아니라 교회의 회중이 맡겼기 때문이다. 집사회의 논의사항을 당회에 달리 보고해야 할 의무가 없는 것은, 당회가 당회의 결의사항을 집사회에 보고하지 않아도 되는 것과 마찬가지이다. 그러나 집사회와 당회가 상호 대화 및 교감을 가질 필요가 없다고 말하는 것이 아니라 당회와 마찬가지로 집사회가 독립적인 기관임을 말하고 있는 것이다.

그 대신 집사회는 모든 의결사항과 실천사항을 제직회에 보고하여 확인과 인증을 받아야 한다. 당회원들은 당연히 제직회에 속해 있으므로 제직회를 통해 문제를 지적하며 감독의 직무를 감당할 수 있다. 집사회

---

39) 한국교회에서 장로회(당회)의 구체적인 교리교육과 문답절차가 있지 않은 상태에서 세례를 베푸는 행위가 일반화되어 있는 것과 성찬의 나눔을 전제하지 않은 군에서의 집단 세례 등은 심각한 타락현상이다.

는 교회에 속한 성도들의 일상생활을 잘 살핌으로써 그들의 의식주에 관련된 삶에 어려움이 없는지 살펴야 한다. 나아가 함께 살아가는 이웃의 궁핍이나 고통에 대해서도 적절한 관심을 기울여야 한다. 이 일을 위해 집사회는 정기적으로 모임을 가지면서 관련된 내용들을 나누며 기도하게 된다.

(3) 제직회

제직회는 교회가 맡긴 직분자들의 전체적 대의기관이다. 그 회에서는 목사, 장로, 집사 등 모든 직분자들이 함께 모여 영적인 일과 더불어 일반적인 교회의 형편들을 나누며 교회의 행사들과 제반 사항들에 대한 논의를 하며 의결하게 된다. 그리고 당회나 집사회에서 행해진 일반적인 중요한 사항에 대한 보고를 받고 논의하게 되는 것이다.

교회는 제직회를 통해 교회에 필요한 새로운 문제들을 논의하기도 하고 전반적인 교회 행사들에 대해 검증하기도 한다. 목사, 장로, 집사들의 모임인 제직회는 교회의 전반적인 일반 사항들에 대해 논의하는 직분자들의 최고 의결기관인 셈이다. 즉 당회와 집사회가 전문적 기능을 가지고 있다면 제직회는 일반 직분적 의결기관이라 할 수 있다.

(4) 공동의회

공동의회는 직분자 회는 아니지만 일반적인 사항들에 대한 최고 의결기관이다. 교회에 속한 모든 입교인들이 공동의회 회원이 되어 질의하고 의결할 수 있는 권리를 가지며 성도로서 갖추어야 할 모든 의무를 감당하게 된다. 공동의회는 교회 회중이 목사와 장로로 세워서 맡긴 당회의 일과 집사를 세워서 맡긴 집사회의 일, 그리고 제직회의 일들에 대해 보고를 받고 승인하는 기관이다.

여기서 우리가 잊지 말아야 할 점은, 영적인 일에 대해서는 목사와 장로로 구성된 직분자 회인 당회의 권위가 가장 소중하며, 일반적인 논의

에 있어서는 공동의회가 가장 중요한 최종 의결권을 가지게 된다는 사
실이다. 이것이 교회가 단순한 민주적 회합체가 아님을 잘 보여주는 대
목이다.

Ⅳ. 결론

우리는 위에서 직분에 대한 전반적인 내용들을 살펴보았다. 그것이
하나님의 몸된 교회를 세우기 위한 거룩한 방편으로서 얼마나 소중하
며, 그 본질적 의미가 무엇인지 확인했다. 그러나 안타깝게도 한국교회
에서는 각 직분이 크게 오해되고 있을 뿐 아니라 제 기능을 감당하지 못
하고 있다. 각 직분자들이 자기 직분에 대해 제대로 이해하지 못하고 있
으며 직분자들의 회인 각기관이 제 기능을 못하고 있다.

목사가 집사회에 맡겨진 직분을 마치 자기에게 부여된 권리인 양 행
사하고 있는가 하면, 장로는 마땅히 감당해야 할 자기의 직분 사역을 시
행하지 않으면서 도리어 재정에 관련된 집사의 직분을 대신하고 있
다.[40] 집사들은 마땅히 감당해야할 자기의 직분을 다른 직분자들에게
내어줌으로써 자기의 직분 사역을 태만히 하고 있다. 그렇게 되면 교회
의 모든 직분은 형식적으로만 남게 될 뿐 그 진정한 의미는 사라지게 된
다. 그렇지만 이는 한국교회에서 발생하는 엄연한 현실이다.

나아가 특정 직분자들은 다른 직분의 영역을 침범하거나 권위주의적
으로 다른 직분을 유린하고 있다. 이러한 현상은 의도적이라기보다 잘
못된 무지에 의한 한국교회의 관행이라 할 수 있다. 그러나 그 무지로
인한 관행이 교회의 올바른 직분이행을 가로막고 있음을 주목해야 한
다. 한국교회는 이제 각 직분자들이 다른 직분의 경계를 넘지 않으면서
자기에게 맡겨진 직분을 잘 감당할 수 있도록 제자리를 찾아야 한다. 이

---

40) 이광호, 한국교회 무엇을 개혁할 것인가, 서울: 예영 커뮤니케이션, 1999.

는 사실 대다수 교단 헌법들이 이미 명시하고 있는 바이기도 하다.

한국교회의 직분에 대해서는 이제 말씀의 원리에 따라 새롭게 정리해야 하며 각 직분들의 기능을 회복해야 한다. 강도사, 서리집사 등 더 이상 불필요한 직분들은 과감하게 폐지할 수 있어야 하며, 공로목사, 원로장로 등 명예직분은 당연히 없애야 한다. 나아가 당회장을 중심으로 권력 구조화되어 있는 부목사 제도 역시 계급적 성격을 띤 제도로서 마땅히 폐지되어야 한다.

그리고 직분자가 사임하거나 퇴직을 하게 되면 자연스럽게 일반성도로 돌아가야 한다. 특히 목사의 경우 퇴직후 더 이상 목사직분을 가지고 있지 않은 상태에서 스스로 아직도 목사라 생각하고 있다면 교회에서 정상적인 신앙생활을 하기 힘들 수밖에 없다.

또한 각 직분회를 분리할 필요가 있다. 즉 한국교회의 〈당회, 제직회〉 두 직분회를 〈당회, 집사회, 제직회〉 세 독립된 직분회로 분리해야 한다. 그리고 각 직분회는 다른 직분회를 주 안에서 존중해야 하며 그 직분들의 최종적인 기초가 되는 전체 회중의 공동의회를 염두에 두고 맡겨진 직분수행을 해야 하는 것이다.

또한 직분자를 말씀의 원리에 좇아 올바르게 선출하기 위해서는 우선 모든 성도들이 말씀의 터 위에서 성숙해야만 함을 생각하지 않을 수 없다. 성숙하지 못한 교회라면 성령의 인도하심에 따라 올바른 직분자 선출을 할 수 없는 것이다. 직분은 자기의 취향에 의해 개인이 선택할 수 있는 것이 아니라 교회의 회중이 기도 가운데 각 성도들의 은사를 확인해 맡기는 것이다.

그러므로 직분자는 개인적 성향에 의해서가 아니라 그 직분을 맡긴 교회의 의사에 따라 직분을 수행해야만 한다. 교회의 여러 직분들 간에 상호 균형이 맞는 가운데 직분적 사역이 이루어짐으로써 하나님을 섬기며 전체교회에 봉사해야 한다. 각기 다른 직분을 가진 성도들은 상호 존중하는 마음과 함께 건전한 견제기능까지 감당해야 하는 것이다.

허물어져 가는 한국교회의 회복을 위해서는 직분에 대한 올바른 이해와 수행이 절대로 필요하다. 교회는 말씀과 고백에 합치하는 방법으로 직분자를 세워야 하며, 세움을 받은 직분자들은 교회가 말씀을 근거로 맡긴 직분을 성실하게 실천해야 한다. 다양한 직분들 사이에 경계가 없이 혼합되어 있거나 계급적 경향으로 인한 치우침은 한국교회의 심각한 문제이다. 올바른 직분제도의 확립을 통해 원래의 아름다운 교회의 모습이 회복되기를 바란다. 직분에 대한 올바른 회복 없이는 한국교회의 개혁도 없음을 기억해야 할 것이다.

성구색인

〈창세기〉
창 1:28 ... 220
창 3:15 ... 193, 206, 213, 220, 228
창 3장 ... 219
창 6:1-7 ... 211
창 6:2 ... 209, 211
창 6:5 ... 209
창 6:8 ... 205
창 6장 ... 211
창 8:21 ... 218
창 8:22 ... 219
창 9:24-27 ... 226
창 9:25-27 ... 201
창 9:27 ... 203
창 15:18 ... 203
창 24:25,26,27 ... 221
창 24:27 ... 220, 222

〈출애굽기〉
출 24:8 ... 203
출 29:45,46 ... 221

〈신명기〉
신 25:4 ... 90

〈시편〉
시 89:3 ... 203

〈잠언〉
잠 24:1,19,20 ... 151

〈예레미야〉
렘 31:31 ... 203

〈마태복음〉
마 1:21 ... 249
마 6:24 ... 106
마 6:31-33 ... 104
마 7:21-23 ... 247
마 15:13 ... 240
마 16:18 ... 230
마 24:37-39 ... 208

〈누가복음〉
눅 17:26,27 ... 208

〈요한복음〉
요 8:12 ... 112
요 14:6 ... 111
요 14:27 ... 20

〈사도행전〉
행 5:1-11 ... 35
행 7:58 ... 27
행 19:35,36 ... 22
행 20:17-30 ... 22
행 27장 ... 170

〈로마서〉
롬 1:9 ... 120
롬 13:1 ... 191
롬 16:1 ... 259

〈고린도전서〉
고전 9:7-14 ... 133
고전 9:26,27 ... 131
고전 10:1,2 ... 210
고전 11:3 ... 46
고전 12,14장 ... 243

〈고린도후서〉
고후 2:17   ... 247
고후 4:4   ... 236

〈갈라디아서〉
갈 4:4,5   ... 42

〈에베소서〉
엡 1:3   ... 233
엡 1:3-6   ... 233
엡 1:4   ... 28, 232, 240
엡 1:4,5   ... 232
엡 1:6   ... 233
엡 4:1   ... 241
엡 4:1-3   ... 241
엡 4:1-6   ... 238
엡 4:1-16   ... 230
엡 4:3   ... 238
엡 4:4-6   ... 239
엡 4:7   ... 242
엡 4:7-10   ... 242
엡 4:11   ... 243, 266, 267
엡 4:11-12   ... 243
엡 4:13-14   ... 244
엡 4:13-16   ... 244
엡 4:16   ... 246,248
엡 4:21-24   ... 235
엡 4:24   ... 232,234
엡 6:12-17   ... 32

〈골로새서〉
골 1:15   ... 236
골 3:11   ... 185

〈데살로니가전서〉
살전 5:17   ... 120

〈디모데전서〉
딤전 1:1   ... 18
딤전 1:1,2   ... 17
딤전 1:2   ... 19
딤전 1:3   ... 21
딤전 1:3-7   ... 23

딤전 1:3-11   ... 21
딤전 1:8-11   ... 25
딤전 1:12   ... 26
딤전 1:12-17   ... 26
딤전 1:13   ... 27
딤전 1:14,15   ... 28
딤전 1:16   ... 29
딤전 1:17   ... 30
딤전 1:18   ... 31, 32
딤전 1:18-20   ... 31
딤전 1:19   ... 33
딤전 1:20   ... 34
딤전 2:1   ... 37
딤전 2:1-3   ... 36
딤전 2:2   ... 38
딤전 2:3   ... 39
딤전 2:4-7   ... 40
딤전 2:5   ... 41
딤전 2:6,7   ... 42
딤전 2:8   ... 46
딤전 2:8-10   ... 45
딤전 2:9,10   ... 47
딤전 2:11   ... 50
딤전 2:11-15   ... 49, 50
딤전 3:1   ... 53
딤전 3:1-7   ... 52
딤전 3:2-5   ... 53
딤전 3:3   ... 54
딤전 3:6   ... 56
딤전 3:7   ... 57
딤전 3:8-10   ... 58
딤전 3:8-13   ... 58
딤전 3:10,11   ... 257
딤전 3:11   ... 60
딤전 3:12   ... 61
딤전 3:13   ... 61
딤전 3:14   ... 63
딤전 3:14-16   ... 63
딤전 3:15   ... 64
딤전 3:16   ... 64, 65
딤전 4:1,2   ... 66
딤전 4:1-5   ... 66
딤전 4:3   ... 67

딤전 4:3-5 ... 68
딤전 4:4 ... 69
딤전 4:6 ... 70
딤전 4:6-10 ... 70
딤전 4:7 ... 70
딤전 4:8 ... 72
딤전 4:8,9 ... 71
딤전 4:10 ... 72
딤전 4:11 ... 74
딤전 4:11-16 ... 74
딤전 4:12 ... 75
딤전 4:13 ... 76
딤전 4:14 ... 77
딤전 4:15 ... 79
딤전 4:16 ... 79
딤전 5:1 ... 81
딤전 5:1-6 ... 81
딤전 5:3-6 ... 82
딤전 5:7,8 ... 84
딤전 5:7-16 ... 84
딤전 5:9,10 ... 85
딤전 5:11-15 ... 86
딤전 5:16 ... 87
딤전 5:17 ... 89, 267
딤전 5:17-25 ... 89
딤전 5:18 ... 90
딤전 5:19,20 ... 91
딤전 5:21 ... 92
딤전 5:22 ... 92, 93
딤전 5:23 ... 94
딤전 5:24 ... 94
딤전 6:1 ... 97
딤전 6:1,2 ... 96
딤전 6:2 ... 97
딤전 6:3 ... 99
딤전 6:3-6 ... 99
딤전 6:4 ... 100
딤전 6:5 ... 101
딤전 6:6 ... 101
딤전 6:7 ... 103
딤전 6:7-10 ... 103
딤전 6:8 ... 104
딤전 6:9 ... 105

딤전 6:10 ... 106
딤전 6:11,12 ... 108
딤전 6:11-16 ... 108
딤전 6:13,14 ... 109
딤전 6:15 ... 110
딤전 6:16 ... 111
딤전 6:17 ... 113
딤전 6:17-21 ... 113
딤전 6:18,19 ... 114
딤전 6:20 ... 115
딤전 6:21 ... 115

〈디모데후서〉
딤후 1:1,2 ... 119
딤후 1:1-8 ... 119
딤후 1:3,4 ... 120
딤후 1:5-8 ... 122
딤후 1:9-11 ... 124
딤후 1:9-18 ... 124
딤후 1:12-14 ... 125
딤후 1:15 ... 126
딤후 1:16-18 ... 127
딤후 2:1,2 ... 129
딤후 2:1-13 ... 129
딤후 2:3,4 ... 129
딤후 2:4 ... 130
딤후 2:5 ... 131
딤후 2:6 ... 132
딤후 2:7-10 ... 134
딤후 2:11-13 ... 135
딤후 2:14 ... 136
딤후 2:14-26 ... 136
딤후 2:15 ... 137
딤후 2:16-18 ... 137
딤후 2:19-21 ... 138
딤후 2:22,23 ... 140
딤후 2:24-26 ... 141
딤후 3:1 ... 142
딤후 3:1-9 ... 142
딤후 3:2-4 ... 143
딤후 3:5-7 ... 144
딤후 3:8,9 ... 145
딤후 3:10,11 ... 147

딤후 3:10-17 ... 147
딤후 3:12 ... 148
딤후 3:13 ... 150
딤후 3:14,15 ... 151
딤후 3:16,17 ... 152
딤후 4:1 ... 154
딤후 4:1-8 ... 154
딤후 4:2 ... 155
딤후 4:3 ... 156
딤후 4:5 ... 157
딤후 4:6-8 ... 157
딤후 4:9-12 ... 159
딤후 4:9-22 ... 159
딤후 4:13 ... 160
딤후 4:14-16 ... 161
딤후 4:17,18 ... 162
딤후 4:19-22 ... 164

〈디도서〉
딛 1:1,2 ... 167
딛 1:1-4 ... 167
딛 1:3 ... 168
딛 1:4 ... 169
딛 1:5 ... 170
딛 1:5-9 ... 170
딛 1:6-8 ... 171
딛 1:7-9 ... 173
딛 1:10,11 ... 174
딛 1:10,14 ... 175
딛 1:10-16 ... 174
딛 1:12-14 ... 176
딛 1:15,16 ... 177
딛 2:1 ... 179
딛 2:1-8 ... 179
딛 2:3 ... 180

딛 2:4,5 ... 181
딛 2:6-8 ... 182
딛 2:9 ... 184
딛 2:9-15 ... 184
딛 2:10 ... 185
딛 2:11,12 ... 186
딛 2:13,14 ... 187
딛 2:15 ... 187
딛 3:1 ... 190
딛 3:1-7 ... 189
딛 3:2 ... 191
딛 3:3 ... 192
딛 3:4,5 ... 193
딛 3:6,7 ... 194
딛 3:8 ... 195
딛 3:8-15 ... 195
딛 3:9 ... 196
딛 3:10,11 ... 197
딛 3:12-15 ... 197

〈히브리서〉
히 1:3 ... 236
히 11:7 ... 206

〈베드로전서〉
벧전 2:13,14 ... 191
벧전 3:19 ... 210
벧전 4:12 ... 149

〈요한일서〉
요일 3:13 ... 149

〈요한계시록〉
계 4장 ... 65